Die Reform
des Europäischen Kartellverfahrensrechts
durch die Verordnung (EG) Nr. 1/2003

Kölner Schriften zu Recht und Staat

Herausgegeben von
Prof. Dr. Hartmut Schiedermair und
Prof. Dr. Bernhard Kempen

Band 23

PETER LANG
Frankfurt am Main · Berlin · Bern · Bruxelles · New York · Oxford · Wien

FLORIAN SCHÖLER

Die Reform des Europäischen Kartellverfahrensrechts durch die Verordnung (EG) Nr. 1/2003

PETER LANG
Europäischer Verlag der Wissenschaften

Bibliografische Information Der Deutschen Bibliothek
Die Deutsche Bibliothek verzeichnet diese Publikation in der Deutschen Nationalbibliografie; detaillierte bibliografische Daten sind im Internet über <http://dnb.ddb.de> abrufbar.

Zugl.: Köln, Univ., Diss., 2004

D 38
ISSN 1433-0253
ISBN 3-631-53372-1
US-ISBN 0-8204-7650-1

www.peterlang.de

Meinen Eltern

Vorwort

Die vorliegende Arbeit wurde von der Rechtswissenschaftlichen Fakultät der Universität zu Köln im Sommersemester 2004 als Dissertation angenommen. Sie befindet sich auf dem Stand Januar 2004. Nicht mehr berücksichtigt werden konnte daher das „Modernisierungs-Paket“ der Europäischen Kommission vom 7. April 2004, durch das die Reform des Europäischen Kartellverfahrensrechts zum Abschluss gebracht werden soll.

Mein besonderer Dank gilt meinem Doktorvater, Herrn Prof. Dr. *Bernhard Kempen*, für die Betreuung der Arbeit und seine darüber hinausgehende Unterstützung sowie die Aufnahme der Arbeit in diese Schriftenreihe. Herrn Prof. Dr. *Ulrich Ehricke* bin ich für die Erstellung des Zweitgutachtens zu Dank verpflichtet.

Barbara Hesse danke ich für die Durchsicht des Manuskripts und *Karolina Herrlinger* für die vielfältige Hilfe, die zum Gelingen dieser Arbeit beigetragen hat.

Die Arbeit ist meinen Eltern gewidmet, die mich stets liebevoll und großzügig gefördert und unterstützt haben.

Hamburg, im Juli 2004 *Florian Schöler*

Inhaltsverzeichnis

Kapitel 1
Einleitung – Problemstellung und Gang der Untersuchung

Infolge des ständig wachsenden Binnenmarktes hat auch das Wettbewerbsrecht des Vertrages zur Gründung der Europäischen Gemeinschaft[1] stark an Bedeutung gewonnen, da ein Großteil des Handels nunmehr in den Anwendungsbereich der Art. 81 ff. EG (nach alter Zählweise Art. 85 ff. EGV[2]) fällt. Aufgrund der exklusiven Zuständigkeit der Kommission bei der Anwendung der Freistellungsvorschriften des EG hat sich ein erheblicher Rückstau an Verfahren gebildet, der die Kommission veranlasst hat, über eine grundlegende Reform der Verfahrensregelungen des Gemeinschaftskartellrechts nachzudenken.

Die Arbeit befasst sich mit den Reformvorschlägen der Kommission der Europäischen Union zur Durchführung der Art. 81 f. EG.

Am 16. Dezember 2002 verabschiedete der Rat der Europäischen Gemeinschaften die Verordnung (EG) Nr. 1/2003 zur Durchführung der in den Artikeln 81 und 82 des Vertrages niedergelegten Wettbewerbsregeln[3]. Diese Verordnung, die die im Weißbuch der Kommission vom 12. Mai 1999[4] und im Vorschlag für eine Verordnung des Rates vom 27. September 2000[5] vorgeschlage-

---

1 Vertrag zur Gründung der Europäischen Gemeinschaft vom 25.3.1957 (konsolidierte Fassung), ABl. Nr. C 325/33 vom 24.12.2002, (im Folgenden: EG, EG bezieht sich auf den EG-Vertrag in der Fassung seit dem 1.5.1999, also nach dem Inkrafttreten des Vertrages von Amsterdam vom 2.10.1997, ABl. Nr. C 340/1 vom 10.11.1997).

2 Im Folgenden: Art. 85 ff. EGV a. F. Die neue Zählweise beruht auf Art. 12 des Vertrages von Amsterdam vom 2.10.1997, ABl. Nr. C 340/1 vom 10.11.1997.

3 Verordnung (EG) Nr. 1/2003 des Rates vom 16. Dezember 2002 zur Durchführung der in den Artikeln 81 und 82 des Vertrags niedergelegten Wettbewerbsregeln, ABl. Nr. L 1/1 vom 4.1.2003, abrufbar unter: http://europa.eu.int/eur-lex/pri/de/oj/dat/2003/l_001/l_00120030104de00010025.pdf (zuletzt aufgerufen am 20.07.2004, im Folgenden: VO 1/2003).

4 *Kommission*, Weißbuch über die Modernisierung der Vorschriften zur Anwendung der Art. 85 und 86 RGV, Arbeitsprogramm der Kommission Nr. 99/027, ABl. Nr. C 132/1 vom 12.5.1999, abrufbar unter: http://europa.eu.int/eur-lex/pri/de/oj/dat/1999/c_132/c_13219990512de00010033.pdf (zuletzt aufgerufen am 20.07.2004, im Folgenden: Weißbuch).

5 *Kommission*, Vorschlag für eine Verordnung des Rates zur Durchführung der in den Artikeln 81 und 82 EG-Vertrag niedergelegten Wettbewerbsregeln vom 27.9.2000, KOM (2000) 582 endg., ABl. Nr. C 365/284 vom 19.12.2000, abrufbar unter: http://europa.eu.int/eur-lex/de/com/pdf/2000/de_500PC0582.pdf (zuletzt aufgerufen am 20.07.2004, im Folgenden: VO-Entwurf).

nen Änderungen der Verordnung (EG) Nr. 17/62[6] umsetzt, soll umfassende Modifikationen des Verfahrens in Kartellsachen, die von gemeinschaftsweiter Bedeutung sind, bewirken. Das Reformvorhaben wird nicht nur Auswirkungen auf Kartellverfahren vor der Kommission haben, sondern vor allem auch auf jene vor den nationalen Behörden und Gerichten, die nach Inkrafttreten der Änderungen in wesentlich höherem Maße zur Anwendung von Vorschriften des Gemeinschaftsrechts berechtigt sein werden.

Im Zentrum des Reformvorhabens steht das Bestreben der Kommission, ihre Tätigkeit auf wichtige Fälle zu konzentrieren, denen gravierende Verstöße gegen das Kartellrecht zu Grunde liegen[7]. Dies soll durch eine weit reichende Übertragung von Kompetenzen auf die nationalen Wettbewerbsbehörden und Gerichte geschehen, mit Hilfe derer diese effektiv in die Bearbeitung von Fällen, die nach Art. 82 f. EG zu behandeln sind, einbezogen werden können. Darüber hinaus ist die Umstellung auf ein Legalausnahmesystem beim Vollzug kartellrechtlich relevanter Absprachen vorgesehen, in dem keine Anmeldung mehr erforderlich ist.

Geplant ist somit eine Rückübertragung von Kompetenzen auf die nationalen Stellen auf einem wichtigen Gebiet des Gemeinschaftsrechts. Dieses Vorgehen ist ebenso neu wie erstaunlich, hat die Kommission doch bislang versucht, möglichst viele Kompetenzen von den Mitgliedstaaten abzuziehen, um sie bei sich zu vereinen. Diese Dezentralisierung trägt zugleich ein Hauptproblem des Reformvorhabens in sich, welches der schwedische Europarechtler *Bernitz* treffend als:

„...decentralisation without renationalisation...“[8]

bezeichnet hat. Diese Formulierung weist auf die Gefahr einer uneinheitlichen Anwendung des europäischen Wettbewerbsrechts auf dem gemeinsamen Markt hin, die ein Vollzug des Gemeinschaftsrechts durch die nationalen Behörden hervorrufen kann. Als Folgeproblem dieser uneinheitlichen Anwendung droht ein „forum shopping“ der Unternehmen, im Rahmen dessen Unternehmen stets

---

6 Verordnung (EWG) Nr. 17/62 des Rates: Erste Durchführungsverordnung zu den Art. 85 und 86 des Vertrages vom 6.2.1962 (EWG-KartVO), ABl. Nr. P 13/204 vom 21.2.1962 (im Folgenden: VO 17/62).

7 Vergleiche Weißbuch, Rn. 4 ff., 24 f., 41 ff.; siehe auch VO-Entwurf, Begründung, S. 2 und Erwägungsgrund Nr. 2.

8 *Bernitz* in einem Vortrag im Rahmen der Jean-Monet-Vorlesung am 22.11.2001 in Heidelberg. So auch die *Kommission*, Pressemitteilung IP/00/1064 vom 27.8.2000, abrufbar unter: http://www.europa.eu.int/rapid/start/cgi/guesten.ksh?p_action.getfile=gf&doc=IP/00/1064|0|AGED&lg=DE&type=PDF (zuletzt aufgerufen am 20.07.2004).

die nationale Behörde bemühen, von der sie am ehesten eine günstige Entscheidung erwarten.

Aus Sicht der Mitgliedstaaten besteht darüber hinaus die Gefahr, zu Handlangern der Kommission degradiert zu werden, sollte diese tatsächlich nur noch die wichtigen oder richtungsweisenden Fälle bearbeiten und den Rest auf die Mitgliedstaaten abwälzen.

Unmittelbar mit diesem Problemfeld verknüpft ist das Verhältnis der Kommission zu den mitgliedstaatlichen Kartellbehörden und Gerichten nach dem zukünftigen System sowie das Verhältnis der verschiedenen Rechtsordnungen zueinander[9].

Für Unternehmen ist im Zuge des Reformvorhabens in erster Linie ein Verlust an Rechtssicherheit zu befürchten, den insbesondere die geplante Umstellung vom System des Verbots mit Erlaubnisvorbehalt auf ein System der Legalausnahme bewirken könnte.

Im ersten Teil der Arbeit wird eine detaillierte Darstellung des alten Systems vorgenommen. Diesem System werden dann die Reformvorschläge der Kommission gegenübergestellt. In einem Vergleich sollen Vorzüge und Nachteile beider Systeme herausgearbeitet werden und die Vereinbarkeit der neuen Verfahrensregeln mit dem EG sowie die möglichen Auswirkungen auf die EG-Wettbewerbsregeln untersucht werden. Im Zentrum der Arbeit stehen die Neuerungen im Rahmen des Art. 81 EG, auf Art. 82 EG wird nur am Rande und zur Verdeutlichung eingegangen werden.

---

9 Dieses ist erstmals in Art. 3 VO 1/2003 geregelt.

Kapitel 2
Historischer Überblick über die Entwicklung des Kartellrechts

Die vorgeschlagenen Änderungen sind nicht die ersten, die das Kartellrecht „revolutionieren“ sollen. Um die Bedeutung der Reform besser einordnen zu können, soll zunächst der historische Hintergrund des Gemeinschaftskartellrechts beleuchtet werden.

Die geschichtliche Entwicklung des Kartellrechts ist geprägt von stetig wachsender Regulierung. In jüngerer Zeit ist eine zunehmende Zentralisierung auf europäischer Ebene zu beobachten[10].

I. Deutschland

In Deutschland galt zunächst die Kartellfreiheit. Kartelle wurden im 19. und zu Beginn des 20. Jahrhunderts weitestgehend zugelassen[11]. Man ging damals von einer gewissen Ordnungsfunktion der Kartelle aus[12]. Manifestiert wurde dies in einem Grundsatzurteil des Reichsgerichts aus dem Jahre 1897 betreffend das „sächsische Holzstoffkartell“[13]. Als Folge kam es insbesondere im Bereich der Schwerindustrie im Laufe der Zeit zur Bildung immer mächtigerer Kartelle. Die Ausweitung der Kartellisierung schaltete den Wettbewerb zwischen großen Unternehmen nach und nach aus. Erst im Jahr 1923 wurde in Deutschland aufgrund der verheerenden Wirtschaftslage eine Kartellverordnung erlassen[14]. Jene Verordnung enthielt jedoch keineswegs ein Kartellverbot, indes wurden Kartelle nun ausdrücklich legalisiert und in Form eines Missbrauchsverbots unter staatliche Aufsicht gestellt. Dieses Aufsichtsinstrument blieb jedoch im Ergebnis ohne Wirkung, da die Kontrolle in der Praxis nicht vollzogen wurde. Die Kartellverordnung hat die Kartellisierung in der Realität daher nicht etwa abgeschwächt, sondern durch die Legalisierungswirkung noch verstärkt.

---

10 Ausführlich zu den Entwicklungen des Kartellrechts in Europa siehe *Woll*, S. 27 ff.

11 Siehe dazu *Emmerich*, KartR, § 1, S. 13.

12 Vergleiche hierzu und zur Kartellrechtsgeschichte im Vorkriegsdeutschland im Allgemeinen *Barnikel*, S. 4 ff.

13 RGZ 38, 155 (158 ff.).

14 NotVO vom 2.11.1923, RGBl. 1923 I, S. 1067 (1090).

In der Zeit des NS-Regimes erfolgte zudem eine intensive Zwangskartellisierung aufgrund des Zwangskartellgesetzes vom 15. Juli 1933, mit der die Wirtschaft für die Zwecke der Nationalsozialisten nutzbar gemacht werden sollte[15].

Nach Beendigung des Krieges erließen die Westalliierten ein Dekartellisierungsgesetz. Der Vollzug des Gesetzes blieb zwar begrenzt, die Langzeitwirkung auf die spätere Entwicklung war jedoch von entscheidender Bedeutung[16]. Vorbild für diese Entflechtung nach dem zweiten Weltkrieg war das amerikanischen Antitrust-Recht, welches auf dem Sherman Antitrust Act von 1890 beruht[17].

In der Bundesrepublik trat das Gesetz gegen Wettbewerbsbeschränkungen (GWB) am 1. Januar 1958 in Kraft. Es sollte die Entfaltung und den Bestand des freien Wettbewerbs gewährleisten und eine marktwirtschaftliche Ordnung der sozialen Beziehungen aller Marktbeteiligten herstellen. Das GWB gilt prinzipiell für die gesamte deutsche Wirtschaft. Ausnahmen bestehen etwa für die Bereiche der Landwirtschaft, der Verkehrs- und Energiewirtschaft, sowie des Banken- und Versicherungswesens.

II. Europäische Regelungen

Ebenfalls am 1. Januar 1958 traten die Wettbewerbsregeln des Vertrags zur Gründung der Europäischen Gemeinschaft (EG) in Kraft. Diese Wettbewerbsregeln sind vor allem in den Vorschriften der Art. 81 ff. EG (Art. 85 ff. EGV a. F.) zu finden. Sie sind im Laufe der Jahre durch zahlreiche Verordnungen, Entscheidungen, Bekanntmachungen und Mitteilungen der Kommission und des EuGH präzisiert worden. Herauszuheben ist dabei insbesondere die VO 17/62 vom 13. Februar 1962[18]. Diese Verordnung ist Vorgänger der nun vorgelegten Verordnung (EG) Nr. 1/2003[19] und wird im Verlaufe der Arbeit noch im Einzelnen untersucht werden. Erwähnenswert ist weiterhin die Fusionskontrollverordnung aus dem Jahre 1989[20].

Das europäische Wettbewerbsrecht sieht weit reichende Kompetenzen für die Kommission vor, die sich aufgrund ihrer knappen Ressourcen jedoch schon bald

---

15 Zwangskartellgesetz vom 15.7.1933, RGBl. 1933, 488 f.

16 Amerikanisches Militärregierungsgesetz Nr. 56 vom 28.1.1947; britische VO Nr. 96 vom 9.6.1947; französische Verordnung VO Nr. 96 vom 9.6.1947.

17 Sherman Antitrust Act, 15 U.S.C. §§ 1-7.

18 Siehe oben Fn. 6.

19 Siehe oben Fn. 3.

20 VO 4064/89 des Rates über die Kontrolle von Unternehmenszusammenschlüssen vom 21.12.1989, ABl. Nr. L 395/1 vom 30.12.1989.

einer gewaltigen Überlastung ausgesetzt sah. Wegen ihrer begrenzten Möglichkeiten, förmliche Entscheidungen treffen zu können[21], sah man sich in der Kommission bereits früh gezwungen, eine Konzentration auf Schwerpunkte vorzunehmen und andere Gesuche im nicht-förmlichen Verfahren abzuhandeln. In den letzten Jahren wurden schwerpunktmäßig Verfahren im Rahmen der Fusionskontrolle bearbeitet. Daneben zählen insbesondere die Behandlung von Absprachen über den Vertrieb und gemeinschaftsweite Kartelle zum Kernbereich der Aufgaben der Kommission in Wettbewerbsfragen.

Vor allem die Ressourcenknappheit war es auch, die die Kommission zu den nun geplanten Reformen bewogen hat. Dieses Faktum wird durch die bereits beschlossene Erweiterung der Europäischen Union um zehn Staaten noch deutlich verstärkt[22]. Zum einen ist ein sprunghafter Anstieg der Zahl der zu behandelnden Fälle zu erwarten, zum anderen werden mit den ehemals planwirtschaftlich geführten Staaten Länder beitreten, in denen das Wettbewerbsrecht noch keine lange Tradition hat und in denen mithin noch keine ausreichenden Strukturen bestehen, diesen zu schützen.

Dies stellt das gemeinschaftliche Wettbewerbsrecht vor neue Probleme, deren Bewältigung Ziel der Verordnung (EG) Nr. 1/2003 ist.

---

[21] Die Zahl der formellen Entscheidungen liegt pro Jahr zwischen 10 und 20, bei mehreren tausend Anträgen im gleichen Zeitraum.

[22] Am 1.5.2004 werden Estland, Lettland, Litauen, Polen, die Tschechische Republik, die Slowakei, Ungarn, Slowenien, Zypern und Malta der Union beitreten.

Kapitel 3
Das bestehende System nach der Verordnung (EWG) Nr. 17/62

Zum besseren Verständnis der teils erheblichen Änderungen des Verwaltungsverfahrens in Kartellsachen durch die geplanten Reformen ist eine detaillierte Analyse des bestehenden Systems erforderlich. Im folgenden Teil soll daher das bis dato bestehende System zur Durchführung der Art. 81 EG (Art. 85 EGV a. F.) und 82 EG (Art. 86 EGV a. F.) dargestellt werden. Dieses System ist hauptsächlich in der Verordnung (EWG) Nr. 17/62 geregelt[23].

Die im Jahr 1962 vom Rat erlassene VO 17/62 ist, bis auf einige geringfügige Änderungen, noch heute in ihrer Grundkonzeption unverändert erhalten. Hauptziel der VO 17/62 ist und war es, ein effektives Verfahren zur Bekämpfung von Wettbewerbsverstößen durch die Kommission zu schaffen.

Der Rat ist durch Art. 83 II lit. c EG zudem ermächtigt, Sondervorschriften für einzelne Wirtschaftszweige zu erlassen. Davon hat er mit sehr detaillierten Regelungen allerdings nur im Bereich der Landwirtschaft Gebrauch gemacht[24]. Für den Verkehrssektor hat der Rat Sondervorschriften erlassen, die die Vorschriften der VO 17/62 zwar leicht modifizieren, die Verordnung aber im Übrigen unberührt lassen[25].

Für diese Untersuchung sollen die Regelungen der VO 17/62 im Mittelpunkt stehen.

I. Die Grundkonzeption der VO 17/62

Zunächst sind die grundlegenden Prinzipien der europäischen Wettbewerbsregeln und der VO 17/62 herauszuarbeiten.

A. Regelungsbereich der VO 17/62

Die VO 17/62, die ihre rechtliche Grundlage in Art. 83 I EG findet, regelt die Modalitäten der Anwendung der Art. 81 und 82 EG, die unterschiedlichen Verfahrensarten, die der Kommission und den Unternehmen für die Behandlung

---

23 Siehe oben Fn. 6.

24 VO 26/62, ABl. Nr. B 30/93 vom 20.4.1962; zusammenfassend: *Brinker*, in: Schwarze, Art. 83, Rn. 6 f.

25 So zum Beispiel die VO 141/62, ABl. Nr. B 124/2751 vom 28.11.1962.

von Kartellsachen zur Verfügung stehen sowie die Sanktionsmöglichkeiten der Kommission bei Verstößen gegen Art. 81 und 82 EG.

B. Anmeldesystem – Verbot mit Erlaubnisvorbehalt

Die Abfassung der VO 17/62 ging einher mit einer Diskussion über die grundsätzliche Konzeption des europäischen Kartellrechts. Zur Auswahl standen dabei ein Legalausnahmesystem und ein System, das ein Verbot mit Erlaubnisvorbehalt vorsieht[26].

Im EG-Vertrag ist allein das Verbotsprinzip vorgesehen, nach dem alle Vereinbarungen, die gegen Art. 81 I EG verstoßen, unabhängig von einer Behördenentscheidung verboten sind und das sowohl im Legalausnahmesystem als auch im System des Verbots mit Erlaubnisvorbehalt beinhaltet ist. Den Gegensatz dazu bildet das Missbrauchsprinzip, in dem die fraglichen Vereinbarungen solange sanktionslos praktiziert werden dürfen, bis eine Behörde oder ein Gericht dagegen einschreitet[27].

Der Rat der Europäischen Gemeinschaften hat sich im Jahr 1962 für das gemeinsame Kartellrecht für ein System des Verbots mit Erlaubnisvorbehalt entschieden, das sich stark am deutschen System nach dem GWB orientiert[28]. Danach ist Ausgangspunkt im europäischen Kartellrecht der Grundsatz der Nichtigkeit von Vereinbarungen, Beschlüssen und abgestimmten Verhaltensweisen, die gegen die europäischen Wettbewerbsregeln der Art. 81 I und 82 EG verstoßen. Dies ergibt sich unmittelbar aus Art. 81 II EG und Art. 1 VO 17/62. Danach sind Verhaltensweisen, die gegen Art. 81 I EG verstoßen, ohne dass es einer weiteren Entscheidung der Kommission bedarf, von Beginn an nichtig. Von diesem Nichtigkeitsgrundsatz bestehen jedoch Ausnahmen. Nach Art. 81 III EG können Absprachen im Sinne des Art. 81 I EG vom Kartellverbot freigestellt werden. Art. 4 I VO 17/62 legt folglich eine Anmeldepflicht für Vereinbarun-

---

26 So die *Kommission*, Weißbuch (siehe oben Fn. 4), Rn. 12; das Legalausnahmesystem wurde vor allem von italienischer und französischer Seite bevorzugt, wohingegen sich Deutschland für das System des Verbots mit Erlaubnisvorbehalt aussprach; siehe auch *Schaub/Dohms*, WuW 1999, 1055 (1066).

27 Vergleiche *Deselaers/Obst*, EWS 2000, 41 (43).

28 Interessant ist in diesem Zusammenhang, dass bei der Diskussion um Legalausnahme- oder Genehmigungssystem in der Kommission zwei Deutsche federführend waren, nämlich Kommissionspräsident *Hallstein* und der zuständige Wettbewerbskommissar *von der Groeben*. Fraglich ist, wie die damalige Entscheidung ausgegangen wäre, wenn an diesen beiden Schaltstellen zwei Franzosen oder zwei Italiener agiert hätten. In der Person von *Deringer* formulierte zudem ein weiterer Deutscher im so genannten „Deringer-Bericht" die Ansichten des Europäischen Parlaments zur Frage des zu wählenden Systems, siehe *Deringer*, Bericht.

gen, Beschlüsse und abgestimmte Verhaltensweisen im Sinne von Art. 81 I EG fest. Aus diesem Grunde wird das bestehende System auch als Verbot mit Erlaubnisvorbehalt qualifiziert[29].

C. Die Zuständigkeit zur Anwendung der EG-Wettbewerbsvorschriften

De lege lata hat die Kommission kein Anwendungsmonopol bezüglich des materiellen EG-Kartellrechts. Die nationalen Behörden und Gerichte vollziehen die Verbote der Art. 81 I und 82 EG, die unmittelbar geltendes Recht sind, im Rahmen eines nationalen Verfahrens[30]. Nach Art. 9 III VO 17/62 dürfen nationale Behörden die Art. 81 I, II und Art. 82 EG anwenden, soweit die Kommission das Verfahren nicht an sich gezogen hat. Ausgeschlossen ist jedoch eine Anwendung des Art. 81 III EG in Form einer Einzelfreistellung durch die nationalen Stellen (Art. 9 I VO 17/62)[31].

In Deutschland sind diese Befugnisse zur Anwendung des EG-Wirtschaftsrechts in § 50 GWB geregelt. Zu den Behörden im Sinne der Vorschrift des Art. 9 III VO 17/62 gehören nach allgemeiner Ansicht nicht die Gerichte der Mitgliedstaaten, sondern nur deren Kartellbehörden[32]. § 50 GWB regelt, dass für die Bundesrepublik Deutschland das Bundeskartellamt die Aufgaben wahrnimmt, die der EG den nationalen Behörden übertragen hat. § 50 II S. 1 GWB stellt jedoch klar, dass dem Bundeskartellamt nur die Befugnisse zustehen, die es auch nach dem GWB hat. Nach § 96 GWB sind die deutschen Zivilgerichte befugt, die wettbewerbsrechtlichen Vorschriften des EG anzuwenden[33].

In einigen Mitgliedstaaten der Union, zum Beispiel in den Niederlanden, Belgien und Italien, haben die nationalen Kartellbehörden zwar die Befugnis, die

---

29 Vergleiche dazu *Mestmäcker*, EuZW 1999, 523 (524); *Emmerich*, KartR, § 37, S. 417 ff.; *Sauter*, in: Immenga/Mestmäcker, Bd. I Art. 85 Abs. 3, Rn. 2, qualifiziert das momentan bestehende System als Verbot mit Ausnahmemöglichkeit, bleibt aber eine genauere Begründung für diese Unterscheidung schuldig. Sein Argument, es handle sich andernfalls nur um das „Hochziehen einer zu Kontrollzwecken angebrachten Schranke“, vermag nicht zu überzeugen, da die Kommission in einer Freistellungsentscheidung schließlich einen Dispens vom Kartellverbot erteilt, mithin ein verbotenes Verhalten erlaubt.

30 Auflistung bei *Zinsmeister*, in: Europäisches Wettbewerbsrecht im Zeichen der Globalisierung, S. 163 (165).

31 Vergleiche *Baur/Weyer*, in: FK, Bd. VI Art. 81 EG-Vertrag Zivilrechtsfolgen, Rn. 9 ff.

32 Siehe dazu *Emmerich*, KartR, § 39, S. 451.

33 Zu den Einzelheiten im Verhältnis von nationalen Behörden und Gerichten zur Kommission beziehungsweise zwischen dem Gemeinschaftsrecht und den nationalen Rechtsordnungen der Mitgliedstaaten im alten System siehe unten Kapitel 3 V und im neuen System Kapitel 6 II sowie Kapitel 6 IV.

europäischen Wettbewerbsregeln anzuwenden, diese Regelung ist in der Praxis jedoch nahezu irrelevant, da die nationalen Wettbewerbsregeln mit den europäischen weitestgehend identisch sind und somit für die nationalen Stellen keine Veranlassung zur Anwendung des Gemeinschaftsrechts besteht[34].

Eine parallele Anwendung der nationalen wie der gemeinschaftlichen Wettbewerbsregeln erfolgt in Deutschland, Frankreich, Griechenland, Schweden, Spanien und Portugal[35].

Die Länder, in denen keine Ermächtigung zur Anwendung der gemeinschaftsrechtlichen Wettbewerbsregeln besteht (Finnland, Irland und Luxemburg), berufen sich überwiegend darauf, dass ihre Rechtsordnungen dem Gemeinschaftsrecht weitestgehend entsprechen und daher eine Ermächtigung überflüssig ist. In Österreich und in Großbritannien besteht keine Kompetenz zur Anwendung des Gemeinschaftsrechts, die zuständigen Stellen sind jedoch gehalten dieses zu beachten. Die Kohärenz der Entscheidungen soll dadurch gewahrt werden, dass auf europäische Entscheidungen Bezug genommen wird[36].

Eine Besonderheit bei der Anwendung der Regeln des EG-Vertrags durch die Mitgliedstaaten der Europäischen Union besteht darin, dass zwar gemeinschaftsrechtliche Vorschriften angewendet werden, dies aber aufgrund nationaler Verfahrensregeln erfolgt[37].

Wichtig für das Verständnis der Rolle der Kommission im System des europäischen Kartellrechts ist vor allem deren exklusive Zuständigkeit für Freistellungen vom Kartellverbot nach Art. 81 III EG.

Die Anwendung des Art. 82 EG durch die nationalen Behörden spielt nur eine untergeordnete Rolle[38].

II. Verfahrensgrundsätze

Im Folgenden sollen die allgemeinen Verfahrensgrundsätze der VO 17/62, die für alle Verfahren gelten, kurz dargestellt werden.

---

34 Siehe *Zinsmeister*, WuW 1999, 115 (116).

35 Vergleiche *Zinsmeister/Lienemeyer*, WuW 2002, 331 (332); *Zinsmeister*, WuW 1999, 115 (116).

36 Siehe *Zinsmeister/Lienemeyer*, WuW 2002, 331 (332).

37 Vergleiche dazu *Zinsmeister/Lienemeyer*, WuW 2002, 331; *Zinsmeister*, WuW 1999, 115 (117); in Deutschland ergibt sich dies aus § 50 II S. 4 GWB.

38 So *Zinsmeister*, WuW 1999, 115 (118).

A. Opportunitätsprinzip

Die VO 17/62 geht grundsätzlich davon aus, dass die Kommission weitestgehend die „Herrin des Verfahrens“ in Kartellsachen ist, in weiten Bereichen ist es allein ihr überlassen ist, ob ein Verfahren stattfindet oder nicht. Diese Grundkonzeption findet in der Anwendung des so genannten Opportunitätsprinzips Ausdruck, das es ins pflichtgemäße Ermessen der Kommission stellt, wie und in welchem Maße sie tätig wird[39]. Dieses Aufgreifermessen steht zumindest vordergründig in einem Widerspruch zum Antragsrecht der Betroffenen aus Art. 3 II lit. b VO 17/62, worauf später noch einzugehen sein wird[40].

B. Subsidiaritätsprinzip

Die Ermessensausübung der Kommission wird weiterhin vom Subsidiaritätsprinzip geleitet[41]. Dieses beinhaltet, dass die Kommission im Rahmen ihres Entschließungsermessens prüft, ob nicht eine nationale Stelle besser geeignet ist, den streitigen Sachverhalt zu untersuchen und darüber zu entscheiden. Somit hat die Kommission schon heute in Anwendung des Subsidiaritätsprinzips die Möglichkeit, Fälle von gemeinschaftsweiter Bedeutung von solchen mit eher regionaler Bedeutung zu trennen.

C. Untersuchungsgrundsatz

Des Weiteren ist das Verfahren von der Untersuchungsmaxime geprägt[42]. Die Anwendung des Untersuchungsgrundsatzes schließt jedoch Amtshilfe und vor allem Beibringungspflichten der beteiligten Unternehmen nicht aus[43]. Den Unternehmen, die eine Freistellung für ihre Vereinbarung beantragen, obliegt es, die zur Freistellung nötigen Beweismittel beizubringen, wobei die Kommission gehalten ist, im Rahmen ihrer ordnungsgemäßen Verwaltungsführung Unterstützung anzubieten[44]. Diese Informationsrechte der Kommission werden durch die Art. 11-14 VO 17/62 in Verbindung mit Art. 284 EG auf eine rechtliche Grundlage gestellt. Durch die in Art. 20 VO 17/62 in Verbindung mit Art. 287 EG ge-

---

39 Siehe dazu *Ritter*, in: Immenga/Mestmäcker, Bd. 2 VO 17/62 Vorbemerkung, Rn. 34.

40 Siehe unten Kapitel 3 III.A.1.)b).

41 Das Subsidiaritätsprinzip ist in Art. 5 EG normiert und besagt im Grundsatz, dass in einem mehrstufigen Behördensystem mit paralleler Zuständigkeit immer diejenige Behörde eine Entscheidung fällen soll, die die größte Sachnähe aufweist und somit die größte sachliche Kompetenz hat.

42 Vergleiche *Ritter*, in: Immenga/Mestmäcker, Bd. 2 VO 17/62 Vorbemerkung, Rn. 35.

43 Siehe *Krück/Sauter*, in: Dauses, Bd. 2 H.I § 3, Rn. 52 und *Pernice*, in: Grabitz/Hilf, Bd. 1 -alt- nach Art. 87 EGV VO 17/62 (Vorbemerkung), Rn. 16 f.

44 So der EuGH, Rs. 56 u. 58/64, Slg. 1966, 321 (395f.) – „Grundig“; vergleiche auch *Pernice*, in: Grabitz/Hilf, Bd. 1 -alt- nach Art. 87 EGV VO 17/62 (Vorbemerkung), Rn. 17.

regelte limitierte Verwendbarkeit der nach Art. 11 ff. VO 17/62 gewonnenen Daten werden die Unternehmen vor einer sachfremden Verwendung der gewonnenen Informationen durch die Kommission oder andere Stellen geschützt.

D. Anhörung, Akteneinsicht und Informationspflichten

Gemäß Art. 19 I VO 17/62 sowie der VO 2842/98 über die Anhörung in bestimmten Verfahren nach Art. 85 und 86 EGV[45] muss allen Adressaten von Entscheidungen, deren Interessen möglicherweise berührt sind, die Möglichkeit eine Anhörung gewährt werden.

Des Weiteren sind den Betroffenen die Beschwerdepunkte der Kommission unter Anführung von Gründen genau mitzuteilen. Diese Mitteilung legt abschließend den Gegenstand des Verfahrens fest. Weitere Punkte kann die Kommission dann in ihrer Entscheidung nicht mehr in Betracht ziehen[46].

Ein Recht auf Akteneinsicht besteht weder de lege lata noch richterrechtlich, jedoch hat sich die Kommission durch Schaffung eines entsprechenden Verfahrens zur Akteneinsicht dahingehend selbst gebunden[47]. Gewährt die Kommission Akteneinsicht, so sind sensible Informationen vertraulich zu behandeln, dies gilt insbesondere bei der Weitergabe an Dritte.

Nach der Unterrichtung durch die Kommission haben die Betroffen zunächst nach Art. 3 VO 2842/98 das Recht, sich zu den Beschwerdepunkten schriftlich zu äußern, um sich so gegen die Vorwürfe zu verteidigen. In dieser schriftlichen Äußerung kann nach Art. 7 VO 2842/98 ein mündlicher Vortrag beantragt werden.

Alle verfahrensabschließenden Entscheidungen bedürfen einer Begründung nach Art. 253 EG und müssen nach Art. 21 VO 17/62 im Amtsblatt der Europäischen Union veröffentlicht werden.

Gemäß Art. 10 VO 17/62 sind die zuständigen nationalen Behörden umfassend in das Verfahren einzubeziehen. Ihnen sind alle wichtigen Dokumente zur Verfügung zu stellen und das Recht zur Stellungnahme einzuräumen. Darüber hinaus wird gemäß Art. 8 II VO 17/62 aus Vertretern der zuständigen Behörden ein

---

45 VO 2842/98 der Kommission vom 22.12.1998 über die Anhörung in bestimmten Verfahren nach Art. 85 und 86 EGV, ABl. Nr. L 354/18 vom 30.12.1998; EuGH, Rs. 17/74, Slg. 1974, 1063, Rn. 13 f. – „Transocean Marinen Paint Association".

46 Siehe dazu *Krück/Sauter*, in: Dauses, Bd. 2 H.I § 3, Rn. 100 mit Verweis auf EuGH, Rs. 48/69, Slg. 1972, 619, Rn. 1 ff. – „ICI".

47 Vergleiche *Krück/Sauter*, in: Dauses, Bd. 2 H.I § 3, Rn. 102 ff.

„Beratender Ausschuss für Kartell- und Monopolfragen" gebildet, der ebenfalls anzuhören ist.

III. Handlungsmöglichkeiten der Kommission nach geltendem Recht

Die VO 17/62 eröffnet der Kommission und den betroffenen Unternehmen die Wahl zwischen einer Vielzahl von möglichen Verfahren und Entscheidungen zum Zwecke der Regelung von Rechtsverhältnissen in Kartellsachen. Auf einer ersten Unterscheidungsebene lässt sich das mögliche Vorgehen der Kommission in zwei Haupthandlungsarten aufteilen: zum einen die Feststellung und Abstellung von Zuwiderhandlungen im Sinne von Art. 81 I EG und zum anderen die Freistellung vom Kartellverbot nach Art. 81 III EG. Beide sollen im Folgenden erläutert werden.

A. Verfahren zur Feststellung und Abstellung von Zuwiderhandlungen

Unter den in Art. 81 I EG in Verbindung mit Art. 3 I VO 17/62 genannten Entscheidungen ist die Möglichkeit der Kommission, Vereinbarungen, Beschlüsse und aufeinander abgestimmte Verhaltensweisen mit Art. 81 I und 82 EG für unvereinbar zu erklären und von den Unternehmen die Abstellung der fraglichen Verhaltensweise zu verlangen, hervorzuheben. Um diesem Vollzugsverbot Nachdruck zu verleihen, steht es der Kommission frei, im Falle der andauernden Zuwiderhandlung nach Art. 81 f. EG Sanktionen gegen das handelnde Unternehmen zu verhängen[48].

1.) Einleitung des Verfahrens

Das Verfahren zur Feststellung und Abstellung von Zuwiderhandlungen sieht zwei Arten der Einleitung vor: nach Art. 3 I VO 17/62 kann das Verfahren entweder durch den Antrag eines möglicherweise Geschädigten oder von Amts wegen eingeleitet werden.

a) Verfahrenseinleitung von Amts wegen

Die Einleitung des Verfahrens von Amts wegen erfolgt durch den Einleitungsbeschluss der Kommission, die in Ausübung ihres pflichtgemäßen Ermessens nach Art. 3 VO 17/62 dazu befugt ist, gegen Wettbewerbsverstöße, von denen sie Kenntnis erlangt hat, vorzugehen. Daraus ergibt sich, dass die Kommission nicht gegen jeden tatsächlichen Verstoß vorgehen muss – was sie im Übrigen

---

48 Siehe Art. 14 VO 17/62.

wegen der großen Anzahl von Fällen auch gar nicht könnte – sondern auf Grund ihres Entschließungsermessens in der Lage ist, nur solche Fälle anzunehmen, die sie zur Steuerung des Wettbewerbes und zur Entwicklung der gemeinsamen Wettbewerbsregeln für besonders wichtig erachtet oder denen ein besonders schädliches Verhalten zugrunde liegt.

Geht die Kommission von Amts wegen gegen einen Wettbewerbsverstoß vor, so handelt sie in der klassischen Funktion einer Kartellbehörde, deren vornehmliche Aufgabe nicht der Schutz von Individualinteressen, sondern der Schutz der Institution des Wettbewerbs ist[49].

b) Verfahrenseinleitung auf Antrag

Parallel dazu besteht nach Art. 3 I, II VO 17/62 auch ein Antragsrecht von Mitgliedstaaten und betroffenen Personen beziehungsweise Personenvereinigungen. Vor allem beim Antragsrecht von Drittbetroffenen wird die Doppelfunktion[50] der Kommission deutlich, nach welcher sie nicht nur zum Schutz und zur Wahrung der Institution des freien Wettbewerbs auf dem gemeinsamen Markt befugt ist, sondern auch zum Schutz privater Interessen tätig werden darf[51].

(1) Antragsberechtigung

Der Kreis der Antragsberechtigten ist sehr weit zu ziehen. Grundsätzlich sind sämtliche Mitgliedstaaten, Personen und Personenvereinigungen antragsberechtigt. Der Antrag auf Feststellung und Abstellung einer Zuwiderhandlung nach Art. 3 I VO 17/62 wird allgemein als „Beschwerde" bezeichnet. Grund dafür ist, dass dieser grundsätzlich nie von einer Person oder Personenvereinigung, die an der Absprache beteiligt ist, sondern stets von einem Außenstehenden gestellt wird[52].

Wäre jeder Außenstehende berechtigt, eine Beschwerde bei der Kommission der Europäischen Union einzureichen, so würde der Kreis der möglichen Beschwerdeführer unüberschaubar werden und Querulanten Tür und Tor geöffnet. Aus diesem Grund ist die Beschwerdelegitimation einzuschränken. Art. 3 II lit. b VO 17/62 legt daher fest, dass der Antragsteller ein berechtigtes Interesse daran darlegen muss, dass die Kommission gerade auf seinen Antrag hin tätig wird. Ein berechtigtes Interesse wird dann angenommen, wenn der Antragsteller durch die Verhaltensweise unmittelbar und individuell beeinträchtigt ist oder beein-

---

49 So *Ritter*, in: Immenga/Mestmäcker, Bd. 2 VO 17/62 Art. 2, Rn. 1.
50 Siehe unten Kapitel 3 V.B.
51 Siehe *Ritter*, in: Immenga/Mestmäcker, Bd. 2 VO 17/62 Art. 2, Rn. 1.
52 Vergleiche *Emmerich*, KartR, § 39, S. 452.

trächtigt werden kann[53]. Jedoch werden in der Entscheidungspraxis der Kommission und der Gerichte an diese Voraussetzungen keine allzu hohen Anforderungen gestellt, so dass ein Antrag auf Feststellung und Abstellung einer Zuwiderhandlung in der Regel nicht schon am Fehlen des berechtigten Interesses scheitern wird[54].

Mitgliedstaaten müssen, wie aus Art. 81 I EG und Art. 3 II VO 17/62 klar hervorgeht, dieses berechtigte Interesse in einem Verfahren der Kommission nicht nachweisen. Ausreichend ist bereits ein hinreichend substantiierter Antrag, auf Grund dessen die Kommission gezielte Ermittlungen anstellen kann[55].

(2) Anspruch auf eine Sachentscheidung durch die Kommission

(a) Sachentscheidungsanspruch von privaten Antragstellern

Umstritten war in der Literatur lange Zeit, ob das Beschwerderecht aus Art. 3 I, II lit. b VO 17/62 dem Antragsteller einen Anspruch auf eine Sachentscheidung durch die Kommission gibt[56]. Dies ist jedoch nach ständiger Rechtsprechung des Europäischen Gerichtshofs (EuGH) und des Gerichts erster Instanz (EuG) heute abzulehnen[57]. Begründet wird dieses Ergebnis vor allem damit, dass das Verfahren grundsätzlich dem Opportunitätsprinzip unterliegt, es also Sache der Kommission ist, ob sie ein Verfahren einleitet oder nicht[58]. Auf dem Opportunitätsprinzip beruht ferner, dass die Kommission als verantwortliche Stelle für die

---

53 *Ritter*, in: Immenga/Mestmäcker, Bd. 2 VO 17/62 Art. 2, Rn. 7 und *de Bronett*, WuW 1997, 865 (867) sehen das Erfordernis des berechtigten Interesses als untauglich an. Sie führt aus, dass dieses Interesse praktisch schon immer dann angenommen werden könne, wenn der Antragsteller eine Ware oder Dienstleistung von dem möglicherweise wettbewerbswidrig handelnden Unternehmen erwirbt, da in diesem Falle bereits eine Beziehung zu der fraglichen Vorgehensweise bestehe.

54 Siehe *Krück/Sauter*, in: Dauses, Bd. 2 H.I § 3, Rn. 9; *Kommission/Generaldirektion Wettbewerb*, XVI. Bericht über die Wettbewerbspolitik, Rn. 43 (S. 52); EuG, Rs. T-114/92, Slg. II-1995, 147, Rn. 28 – „BENIM".

55 Das durch einen Mitgliedstaat eingeleitete Beschwerdeverfahren hat in der Praxis bislang keine bedeutende Rolle eingenommen, so *Brinker*, in: Schwarze, Art. 83, Rn. 21.

56 Vergleiche *de Bronett*, WuW 1997, 865.

57 Siehe EuGH, Rs. 32/38 und 36-82/78, Slg. 1979, 2435, Rn. 17 ff. – „BMW"; EuGH, Rs. 125/78, Slg. 1979, 3173, Rn. 17 – „GEMA"; EuG, Rs. T-114/92, Slg. II-1995, 147, Rn. 62 – „BENIM"; EuG, Rs. T-24/90, Slg. II-1992, 2223, Rn. 75 f. – „Automec II"; *Krück/Sauter, in:* Dauses, Bd. 2 H.I § 3, Rn. 11; siehe auch *Kommission*, Bekanntmachung über die Zusammenarbeit zwischen der Kommission und den Wettbewerbsbehörden der Mitgliedstaaten bei der Bearbeitung von Fällen im Anwendungsbereich der Art. 85 und 86 EG-Vertrag vom 15.10.1997, ABl. Nr. C 313/3 vom 15.10.1997, Rn. 42 (im Folgenden 2. Bekanntmachung) und *Steindorff*, ZHR 162 (1998), 270 (273).

58 So *Emmerich*, KartR, § 39, S. 452; *de Bronett*, WuW 1997, 865, 869.

Durchführung und Ausrichtung der gemeinsamen Wettbewerbspolitik das Recht hat, den eingehenden Beschwerden eine unterschiedliche Priorität zuzuweisen. Diese Priorität ist am Maßstab des Gemeinschaftsinteresses festzulegen[59].

Es wäre jedoch mit der Verfahrensgarantie des Art. 3 I VO 17/62 nicht zu vereinen, wenn die Kommission einen Antrag ohne Grund ignorieren könnte. Das Beschwerderecht aus Art. 3 I VO 17/62 würde sich für den Abhilfe Suchenden andernfalls als ein allzu stumpfes Schwert erweisen[60]. Aus diesem Grund führt das EuG im „Automec II" – Urteil[61] exemplarisch aus, dass zwischen einer „Prüfung der Geeignetheit zur Wettbewerbsverfälschung" und einer „eingehenden Untersuchung" der angezeigten Verhaltensweise zu unterscheiden sei. Nur die Letztere zielt auf eine formelle Entscheidung im Sinne von Art. 3 I VO 17/62 ab. Ein Beschwerdeführer hat danach nur einen Anspruch darauf, dass die Kommission sein Vorbringen zur Kenntnis nimmt und darauf prüft, ob es opportun ist, eine „eingehende Untersuchung" einzuleiten. Kommt die Kommission zu dem Ergebnis, dass ein weiteres Vorgehen nicht geboten ist, so besteht ferner nach Art. 6 VO 2842/94 ein Anspruch auf Mitteilung dieser Entscheidung[62]. Es wäre im heute bestehenden System ein schwerlich zu überwindender Widerspruch, würde man das Opportunitätsprinzip anwenden, dem Beschwerdeführer aber gleichzeitig einen Anspruch auf eine Sachentscheidung zubilligen. Der konsequenten Anwendung des Opportunitätsprinzips wird also der Vorrang gegenüber dem Sachentscheidungsanspruch Dritter eingeräumt. Eine Untätigkeitsklage nach Art. 232 EG kommt folglich nur in Betracht, wenn die Kommission die Vorprüfung nicht anstellt oder dem Beschwerdeführer über ihre Entscheidung keine Mitteilung macht.

(b) Sachentscheidungsanspruch der Mitgliedstaaten

Anders verhält es sich bezüglich eines Anspruchs auf Sachentscheidung im Rahmen des Antragsrechts der Mitgliedstaaten. Die Mitgliedstaaten haben einen rechtlichen Anspruch darauf, dass die Kommission die Anträge nicht nur im oben dargestellten Sinne prüft, sondern darüber hinaus eine „eingehende Untersuchung" durchführt. Dieses „Privileg" wird mit dem Wortlaut des Art. 81 I S. 2 EG begründet, der ausdrücklich von einer Untersuchung spricht, die nach dem „Automec II" – Urteil des EuG ein „mehr" gegenüber der Prüfung darstellen soll, auf die ein privater Antragsteller einen Anspruch hat[63]. Das EuG spricht zwar nur von Untersuchung, legt man die „Automec II" – Entscheidung aber

---

59 So der EuG, Rs. T-24/90, Slg. II-1992, 2223, Rn. 77 – „Automec II".

60 Vergleiche *Ritter*, in: Immenga/Mestmäcker, Bd. 2 VO 17/62 Art. 3, Rn. 15.

61 Siehe EuG, Rs. T-24/90, Slg. II-1992, 2223, Rn. 79 – „Automec II".

62 Siehe EuG, Rs. T-24/90, Slg. II-1992, 2223, Rn. 79 ff. – „Automec II".

63 Siehe oben Kapitel 3 III.A.1.)b)(2)(a).

konsequent aus, so muss damit ein Anspruch auf eine Festlegung dahingehend verstanden werden, ob eine Zuwiderhandlung vorliegt oder nicht. Dies folgt aus dem Zusammenhang von Sachentscheidung und „eingehender Untersuchung“, denn eine solche Untersuchung kann nur zu dem Ziel erfolgen, eine Sachentscheidung zu ermöglichen[64]. Im Umkehrschluss haben Privatpersonen, die keine Sachentscheidung verlangen können (s.o.), auch keinen Anspruch auf eine „eingehende Untersuchung“. Besteht aber ein Anspruch auf eine Untersuchung, muss damit auch ein Anspruch auf eine Sachentscheidung einhergehen.

2.) Durchführung des Verfahrens

Sobald sich die Kommission durch einen Einleitungsbeschluss im Sinne des Art. 3 VO 17/62 für die Durchführung eines Verfahrens zur Feststellung und Abstellung von Zuwiderhandlungen entschieden hat, ist sie nach Art. 9 III VO 17/62 allein zuständig, und die mitgliedstaatlichen Kartellbehörden sind von der Bearbeitung ausgeschlossen.

Kommt die Kommission aufgrund ihrer Ermittlungen zu dem Schluss, dass die betreffende Handlung einen Verstoß gegen die Wettbewerbsregeln darstellt, so werden allen Betroffenen, insbesondere also auch den Unternehmen, gegen die sich die Beschwerde richtet, die so genannten Beschwerdepunkte mitgeteilt. Diese Mitteilung muss alle belastenden Punkte enthalten, um dem Grundsatz des rechtlichen Gehörs Rechnung zu tragen[65].

Kommt die Kommission dagegen nach der Prüfung zu dem Ergebnis, dass das Vorbringen unschlüssig ist oder keine Veranlassung zum Einschreiten besteht, teilt sie dies dem Beschwerdeführer zur Kenntnisnahme ebenfalls mit. Die eigentliche Ablehnung erfolgt in einem separaten Schritt entweder als formloses Schreiben oder als formelle Entscheidung. Nur dieser letzte Akt ist vor dem Gerichtshof anfechtbar[66].

3.) Abschluss des Verfahrens und Rechtsfolgen

Um das Beschwerdeverfahren zur Feststellung und Abstellung von Zuwiderhandlungen gegen Art. 81 I EG mit einem Abschlussakt zu beenden, kann die Kommission unter einer Reihe von Alternativen wählen:

---

64 Siehe EuG, Rs. T-24/90, Slg. II-1992, 2223, Rn. 75 ff. – „Automec II“.

65 Siehe oben Kapitel 3 II.D.

66 Siehe EuG, Rs. T-24/90, Slg. II-1992, 2223, Rn. 72 – „Automec II“.

a) Ausbleiben einer Entscheidung nach Art. 3 VO 17/62

Kommt die Kommission nach ihren Ermittlungen zu dem Ergebnis, dass kein Verstoß gegen Art. 81 I EG vorliegt, so kann sie das Verfahren einstellen[67] oder ein Negativattest[68] erteilen.

Des Weiteren kann sie die Verhaltensweise vom Kartellverbot freistellen, wenn sie zwar einen Verstoß gegen Wettbewerbsregeln feststellt, aber eine Freistellungsfähigkeit nach den Voraussetzungen des Art. 81 III EG oder einer Gruppenfreistellungsverordnung bejaht[69].

In diesen Fällen ergeht also keine Entscheidung nach Art. 3 VO 17/62, obwohl die Verfahrenseinleitung durch eine Beschwerde nach eben dieser Vorschrift erfolgte.

b) Mögliche Entscheidungen nach Art. 3 VO 17/62

Stellt die Kommission einen Verstoß fest, der nicht nach Art. 81 III EG oder einer Gruppenfreistellungsverordnung freistellungsfähig ist, so ist die Vereinbarung gemäß Art. 81 II EG nichtig. In diesem Fall hat die Kommission dafür Sorge zu tragen, dass der fragliche Verstoß abgestellt wird.

(1) Abstellungsempfehlung

Hierzu bietet sich der Kommission zunächst die Möglichkeit, dem Betroffenen nach Art. 3 III VO 17/62 eine Empfehlung zur Abstellung auszusprechen. Dieses Vorgehen hat den Vorteil, dass der Kommission, vor allem aber auch dem Betroffenen, ein Reaktionsspielraum eingeräumt wird, der es dem Betroffenen ermöglicht, ein Verhalten, das nicht freistellungsfähig ist, dessen Abstellung aber auch nicht zwangsläufig erforderlich erscheint, zu korrigieren und auf diese Weise einen Zustand herzustellen, der mit Art. 81 EG vereinbar ist[70]. In einem Beschwerdeverfahren ist die Kommission folglich nicht zu einer „Schwarz-Weiß-Entscheidung" gezwungen, sondern kann nach Verhandlungen mit den Beteiligten eine Kompromissentscheidung erlassen. Wird eine Empfehlung nicht befolgt, so nimmt die Kommission den Fall wieder auf und verfügt eine endgültige Abstellungsentscheidung.

---

67 Zu den Einzelheiten siehe unten Kapitel 3 III.B.3.)b)(1).

68 Zu den Einzelheiten siehe unten Kapitel 3 III.B.2.)c).

69 Zu den Einzelheiten der Freistellung von Kartellverbot siehe unten Kapitel 3 III.B.

70 In diesem Sinne EuGH, Rs. 792/79, Slg. 1980, 119, Rn. 16 ff. – „Camera Care".

(2) Verbotsentscheidung

Stellt das fragliche Verhalten jedoch einen derart schwerwiegenden Verstoß gegen die europäischen Wettbewerbsregeln dar, dass eine Kompromissformel als unmöglich erscheint und ein Verbot der Handlungsweise unumgänglich ist, so kann und muss die Kommission das betroffene Unternehmen verpflichten, die festgestellte Zuwiderhandlung abzustellen. Dieser Entscheidung kann die Kommission durch das parallele Androhen und Verhängen einer empfindlichen Geldbuße Nachdruck verleihen.

c) Entscheidungsinhalt

In der Regel wird eine Abstellungsentscheidung der Kommission in der Anordnung bestehen, ein bestimmtes Verhalten zu unterlassen.

(1) Besonderheiten im Rahmen des Art. 82 EG

Die Entscheidung der Kommission kann jedoch im Einzelfall auch in der Anordnung eines positiven Tuns liegen. Bei der Verletzung des Art. 82 EG nutzt das Unternehmen in Folge fehlenden Wettbewerbs die eigene starke Position missbräuchlich aus[71]. Die Abstellungsmaßnahme kann hier folglich nicht die Schaffung von Wettbewerb, sondern lediglich das Unterbinden der den Missbrauch begründenden Handlung zum Ziel haben. Derartige Maßnahmen können zum Beispiel in Form einer Anordnung zur Regulierung der Preise[72] oder einer Belieferungspflicht bestehen[73].

(2) Einstweilige Maßnahmen

Weiterhin ist die Kommission befugt, einstweilige Maßnahmen zu ergreifen. Diese Entscheidungsmöglichkeit ist zwar im EG oder der VO 17/62 nicht geregelt, gleichwohl ist sie jedoch unter sehr strengen Voraussetzungen in der Rechtsprechung von EuGH[74] und EuG[75] anerkannt. Als Begründung mag gelten, dass eine Entscheidung im Sinne von Art. 3 VO 17/62 auch vorbereitende Maßnahmen umfassen muss, um dem Normzweck der Vorschrift, dem effektiven Schutz des Wettbewerbes, gerecht zu werden. Solche Maßnahmen sind jedoch nur zum Schutze des status quo bei Bevorstehen eines nicht wieder gutzumachenden Schadens und bei erhöhter Dringlichkeit zulässig.

---

71 So *Ritter*, in: Immenga/Mestmäcker, Bd. 2 VO 17/62 Art. 3, Rn. 43.

72 Siehe hierzu EuG, Rs. T-65/89, Slg. II-1993, 389, Rn. 98 – „BPB".

73 Vergleiche EuG, Rs. T-23/90, Slg. II-1990, 195, Rn. 30 – „Peugeot".

74 Siehe EuGH, Rs. 792/79, Slg. 1980, 119, Rn. 17 f. – „Camera Care".

75 Siehe EuG, Rs. T-131/89, Slg. II-1990, 1, Rn. 11 ff. – „Cosimex"; EuG, Rs. T-23/90, Slg. II-1991, 653, Rn. 30 – „Peugeot".

B. Freistellungsentscheidung

1.) Allgemeines

Neben der oben beschriebenen Möglichkeit der Feststellung und Abstellung von Zuwiderhandlungen eröffnet die VO 17/62 der Kommission ein weites Feld von Vorgehensweisen, um eine Vereinbarung, einen Beschluss oder eine abgestimmte Verhaltensweise mit Art. 81 I EG für vereinbar zu erklären, vom Verbot des Art. 81 I EG freizustellen oder ein solches Verhalten schlicht zu tolerieren. Eine solche Entscheidung erfolgt in der Regel im Anschluss an die Anmeldung[76] einer möglicherweise unter Art. 81 I EG fallenden Vereinbarung durch ein an dieser Absprache beteiligtes Unternehmen.

Die Erklärung der Vereinbarkeit mit Art. 81 I EG kann sowohl durch eine förmliche Entscheidung der Kommission, als auch durch eine schlichtes Verwaltungsschreiben, einen so genannten „comfort letter", erfolgen. Folglich stehen einer Partei, die eine Vereinbarung, einen Beschluss oder eine abgestimmte Verhaltensweise von der Kommission überprüfen lassen will, verschiedene Anträge zur Verfügung. Zu nennen sind hier Anträge

- auf Freistellung durch eine förmliche Entscheidung,
- auf ein Negativattest als förmliche Entscheidung,
- auf ein Negativattest als Verwaltungsschreiben,
- auf Bestätigung, dass die Verhaltensweise unter eine Gruppenfreistellungsverordnung fällt oder
- auf Bescheinigung der Freistellungsfähigkeit durch einen „comfort letter".

Anders als im Verfahren nach der Fusionskontrollverordnung (FusKontrVO)[77] besteht im Rahmen der VO 17/62 jedoch keine Verpflichtung, eine wettbewerbsbeschränkende Vereinbarung bei der Kommission anzumelden, bevor die Maßnahmen dieser Vereinbarung in die Tat umgesetzt werden können. Der Wortlaut des Art. 4 I VO 17/62 macht deutlich, dass eine Vereinbarung ab Anmeldung bis zu einer Entscheidung durch die Kommission praktiziert werden darf und das Unternehmen für diese Zeit gegen ein Bußgeld immun ist.

---

[76] Die Anmeldung ist in Art. 4 VO 17/62 geregelt.

[77] Nach den Grundsätzen der Fusionskontrolle darf eine Fusion erst vollzogen werden, wenn die Kommission dieser zugestimmt hat.

Es entspricht der Anmeldepraxis vor der Kommission, dass sich das antragstellende Unternehmen bei der Anmeldung auf dem so genannten „Formblatt A/B“[78] damit einverstanden erklärt, dass lediglich ein „comfort letter“ ausgestellt wird. Diese Praxis lässt der Kommission einen größeren Spielraum bei der Entscheidungsfindung.

2.) Förmliche Entscheidungen

Wie oben erwähnt, kann die Kommission den Antragsteller vom Kartellverbot durch eine förmliche Entscheidung freistellen. Mit einer solchen Entscheidung erklärt die Kommission, dass eine Vereinbarung, ein Beschluss oder eine abgestimmte Verhaltensweise unter den von der Kommission festgesetzten Voraussetzungen praktiziert werden darf, obwohl sie eigentlich nach Art. 81 I EG verboten ist. Eine solche Freistellungserklärung wirkt gegenüber jedermann und ist auch von den nationalen Gerichten zu respektieren[79].

Im Rahmen der Freistellung nach Art. 81 III EG wird der Kommission ein weiter Beurteilungsspielraum zuerkannt. Dieser große Spielraum ergibt sich aus der Konzeption des Art. 81 III EG, der als Generalklausel formuliert ist und die Voraussetzungen für eine Freistellung dementsprechend unpräzise fasst. Es bedarf daher der Konkretisierung der Norm durch die Kommission im Wege der Auslegung und Anwendung. Dennoch sind die Art. 81 I und 82 EG unmittelbar anwendbar[80].

Im Rahmen der förmlichen Freistellung unterscheidet man zwischen Einzel- und Gruppenfreistellungen, wobei der Gruppenfreistellung in der Praxis die bei weitem größere Bedeutung zukommt. Dieser Dualismus der Freistellungsmöglichkeiten ist durch das Weißbuch der Kommission über die Modernisierung der Vorschriften zur Anwendung der Artikel 85 und 86 EG-Vertrag[81] und den VO-Entwurf der Kommission[82] nun erstmals von der Kommission selbst grundlegend in Frage gestellt worden[83].

---

78 Nach Art. 2 I VO 3385/94, ABl. Nr. L 377/28 vom 31.12.1994 müssen die Unternehmen ihre Anmeldungen auf dem Formblatt A/B durchführen, das im Anhang zur VO 3385/94 abgedruckt ist. Ausführlich zum Formblatt A/B, *Ritter*, in: Immenga/Mestmäcker, Bd. II Art. 4 VO 17, Rn. 27 ff.

79 Vergleiche dazu EuGH, Rs. 31/80, Slg. 1980, 3773, Rn. 7 ff. – „Oréal“; EuGH, Rs. C-91/95 P, Slg. I-1996, 5547, Rn. 59 – „Tremblay“; *Steindorff*, ZHR 162 (1998), 290 (292).

80 Der Grundsatz der unmittelbaren Anwendbarkeit von Art. 81 I und 82 EG wurde erneut bestätigt durch EuGH, Rs. C-234/89, Slg. I-1991, 935, Rn. 44 ff. – „Delimitis“.

81 Vergleiche Weißbuch, Rn. 74 ff.

82 Siehe VO-Entwurf, Begründung, S. 7.

83 Siehe dazu auch unten Kapitel 4 II.C.

a) Einzelfreistellung

Der „sicherste" Weg, eine Vorgehensweise, die unter Art. 81 I EG fällt, gegenüber seinen Konkurrenten als rechtlich unbedenklich erklären zu lassen, ist für das Unternehmen eine Einzelfreistellung vom Kartellverbot nach Art. 81 III EG durch Entscheidung nach Art. 4 I VO 17/62. In diesem Verfahren setzt sich die Kommission eingehend und isoliert mit dem fraglichen Verhalten eines einzelnen Unternehmens oder einer Gruppe von Unternehmen auseinander. Die Einzelfreistellungen stellen Entscheidungen im Sinne des Art. 249 IV EG dar und binden die beteiligten Parteien sowie insbesondere auch die nationalen Gerichte und Behörden[84].

Eine solche Einzelfallentscheidung stellt einen konstitutiv wirkenden Verwaltungsakt dar, der unmittelbar verbessernd in die rechtliche Stellung der beteiligten Unternehmen eingreift und korrespondierend die rechtliche Stellung eines konkurrierenden Unternehmens verschlechtern kann. Jedoch schließt die Kommission sehr wenige Verfahren pro Jahr im Wege der Einzelfreistellung ab, da es sich um ein sehr langwieriges Verfahren handelt, das unter anderem mitverantwortlich ist für die chronische Überlastung der Kommission[85]. Der Hauptgrund für diese Überlastung der Kommission ist im Zusammenspiel der Kompliziertheit des Verfahrens, der gestiegenen Zahl von Mitgliedstaaten, der personellen Knappheit innerhalb der Kommission und in der stetig wachsenden Bedeutung des Binnenmarktes zu sehen.

(1) Einleitung des Verfahrens und Anmeldeberechtigung

Im Unterschied zum Verfahren zur Abstellung einer Zuwiderhandlung nach Art. 3 VO 17/62 wird das Freistellungsverfahren durch einen Freistellungsantrag nach Art. 4 I VO 17/62 eingeleitet. Die Anmeldeberechtigung steht jedem Unternehmen oder jeder Unternehmensvereinigung zu, die an einer Vereinbarung, einem Beschluss oder einer abgestimmten Verhaltensweise beteiligt ist. Es müssen demnach nicht alle beteiligten Unternehmen gemeinsam die Freistellung be-

---

[84] Siehe *Brinker*, in: Schwarze, Art. 83 EGV, Rn. 24; *Odersky*, Mestmäcker-FS, S. 699 (705).

[85] *Emmerich*, KartR, § 36, S. 481, spricht von im Durchschnitt nur etwa zehn Einzelfreistellungen pro Jahr, demgegenüber stehen aber mehrere Tausend Anmeldungen pro Jahr. Diese gewaltige Diskrepanz war eines der Hauptmotive der Kommission, dem Rat den vorliegenden Verordnungsvorschlag zu präsentieren; siehe auch die ausführliche Auflistung der Anzahl der abgeschlossenen Verfahren in den einzelnen Verfahren bei *Lässig*, FIW-Schriftenreihe Heft 170, S. 6 ff. Siehe dazu auch *Kommission/Generaldirektion Wettbewerb*, XXXII. Bericht über die Wettbewerbspolitik (2002), S. 54, abrufbar unter: http://europa.eu.int/comm/competition/annual_reports/2002/report_short_de.pdf (zuletzt aufgerufen am 20.07.2004).

antragen, wie es zum Beispiel im Rahmen der Fusionskontrollverordnung der Fall ist (Art. 4 II FusKontrVO).

Bei der Anmeldung müssen diverse Formalitäten eingehalten werden, die in der VO 3385/94 vom 21. Dezember 1994[86] genau festgelegt sind[87]. Wird in einer Anmeldung der ihr zugrunde liegende Sachverhalt unvollständig mitgeteilt, so gilt die Anmeldung als nicht formgerecht bewirkt. Nach Art. 15 I lit. a VO 17/62 kann ein unrichtiger oder entstellender Antrag mit einer Geldbuße belegt werden.

(2) Ausnahmen von der Anmeldeverpflichtung

In den Vorschriften der Art. 4 II und 5 II VO 17/62 werden einige wenige Fälle reglementiert, in denen eine Befreiung von der Anmeldeverpflichtung des Art. 4 I VO 17/62 vorgesehen ist, da diese nach Auffassung der Kommission

> *„besondere Merkmale aufweisen, die sie weniger gefährlich für die Entwicklung des gemeinsamen Marktes machen können"*[88].

Hierbei handelt es sich um vertikale Vereinbarungen, die allgemein als wenig schädlich erachtet werden und deshalb vom Anmeldegebot ausgenommen werden können[89]. Grund dafür ist, dass Vertikalvereinbarungen, wie zum Beispiel Liefer-, Vertriebs- oder Bezugsverträge, in aller Regel nach außen im Markt deutlich zu erkennen sind, wohingegen horizontale Vereinbarungen zwischen Wettbewerbern verdeckt bleiben. Diese „natürliche" Öffentlichkeit von vertikalen Vereinbarungen ermöglicht es, Erleichterungen von der Anmeldeverpflichtung vorzunehmen. Dennoch hat der EuGH im „de Haecht" – Urteil[90] entschieden, dass Verhaltensweisen, die zwar eigentlich nach der oben genannten Vorschrift von der Anmeldung befreit sind, für den Fall, dass tatsächlich keine Anmeldung erfolgt, schwebend unwirksam bleiben und auf eigene Gefahr praktiziert werden können. Will die betroffene Partei in einem solchen Falle ein höheres Maß an Rechtssicherheit und Bußgeldimmunität erlangen, so hat sie eine Anmeldung bei der Kommission durchzuführen. Der einzige materielle Vorteil

---

86 VO 3385/94, ABl. Nr. L 377/28 vom 31.12.1994.

87 Die VO 3385/94, ABl. Nr. L 377/28 vom 31.12.1994 ersetzt die VO 27/62, ABl. Nr. 35/1118 vom 10.5.1962, die früher die Formfragen bezüglich der Anmeldung und der Beschwerde geregelt hat.

88 VO 17/62 Erwägungsgrund Nr. 4, ABl. Nr. P 13/204 vom 21.2.1962; siehe dazu auch EuGH, Rs. 96-102, 104, 105, 108 und 110/82, Slg. 1983, 3369, Rn. 34 ff. – „ANSEAU-NAVEVA".

89 So *Möschel*, ORDO 52 (2001), 63 (67).

90 Siehe EuGH, Rs. 48/72, Slg. 1973, 77, Rn. 7 ff. – „de Haecht"; vergleiche auch *Paulweber/Kögel*, AG 1999, 500 (508).

der Vorschrift des Art. 4 II VO 17/62 ist also, dass eine rückwirkende Freistellung auch über den Tag der Anmeldung hinaus erteilt werden kann[91].

(3) Durchführung des Verfahrens

Das eigentliche Freistellungsverfahren ist in der VO 17/62 nur teilweise geregelt. Jedoch haben Rechtsprechung und Kommission die verbleibenden Lücken im Laufe der Zeit fast vollständig ausgefüllt.

Besondere Bedeutung kommt dem Zeitpunkt zu, ab dem ein Verfahren vor der Kommission anhängig wird, da ab diesem Moment die so genannte Bußgeldimmunität greift. Dies bedeutet, dass das Unternehmen für diesen Zeitraum selbst dann kein Bußgeld zahlen muss, wenn die Kommission die Vereinbarung verbietet. Der Moment bestimmt sich ausschließlich durch einen gesonderten Rechtsakt der Kommission, der als Annahmeentscheidung bezeichnet wird. Dementsprechend reichen eine Empfangsbestätigung oder eine sonstige konkludente Handlung nicht aus, um die Anhängigkeit zu begründen[92].

Auch das Freistellungsverfahren ist von der Offizialmaxime beherrscht. *Krück/Sauter* sprechen in diesem Zusammenhang von einer „gemäßigten" Offizialmaxime, da die Kommission zwar verpflichtet ist, Verfahren planvoll zu lenken und Nachforschungen anzustellen, es jedoch nicht ihre Aufgabe ist, den Nachweis zu erbringen, dass die Ausnahmevorschrift des Art. 81 III EG im vorliegenden Fall nicht anwendbar ist. Es ist im Gegenteil Aufgabe der Unternehmen, die Kommission von der Freistellungsfähigkeit ihrer Absprache zu überzeugen[93]. Des Weiteren ist die Kommission im Rahmen ihrer „guten Verwaltungsführung" verpflichtet, den am Verfahren Beteiligten Hinweise auf mögliche Zweifel an der Freistellungsfähigkeit zu geben, damit diese ihr Verhalten dementsprechend überdenken und korrigieren können, um letztlich doch noch ein positives Ergebnis zu bewirken.

Gegenstand einer formellen Freistellungsentscheidung kann nur eine solche Verhaltensweise sein, die auch unter das Verbot des Art. 81 I EG fällt, alles weitere ist in einem Negativattest zu behandeln[94].

---

91 Siehe *Ritter*, in: Immenga/Mestmäcker, Bd. 2 VO 17/62 Art. 4, Rn. 8; vergleiche auch *Monopolkommission*, 28. Sondergutachten, Rn. 4.

92 Siehe EuGH, Rs. 48/72, Slg. 1973, 77, Rn. 15 f. – „ de Haecht".

93 Vergleiche *Krück/Sauter, in:* Dauses, Bd. 2 H.I § 3, Rn. 30 mit Verweis auf EuGH, Rs. 56 u. 58/64, Slg. 1966, 321 (395 f.) – „Grundig"; EuGH, Rs. 71/74, Slg. 1975, 563, Rn. 33 f. – „Frubo"; *Schröter/Jakob-Siebert*, in: v. d. Groeben/Thiesing/Ehlermann, Bd. 2/I Art. 87, Rn. 26.

94 Siehe unten Kapitel 3 III.B.2.)c).

Im Gegensatz zum Beschwerdeverfahren[95] besteht bei einem Antrag auf Freistellung unumstritten ein Anspruch auf eine Sachentscheidung[96]. Dies ist mit der ausschließlichen Zuständigkeit der Kommission zur Freistellung nach Art. 81 III EG gemäß Art. 9 III VO 17/62 zu erklären (Freistellungsmonopol). Ist allein die Kommission befugt, das Verfahren durchzuführen, so muss auch ein Anspruch des Unternehmens auf Sachentscheidung bestehen. Dieser Anspruch dürfte sich aber in der Regel auf eine sachgemäße Prüfung des Sachverhalts beschränken[97]. Zudem reicht grundsätzlich die Ausstellung eines „comfort letters" zur Erfüllung des Anspruchs aus. Grund dafür ist die im Formblatt A/B für das Unternehmen vorgesehene Möglichkeit, sich mit der Erteilung eines „comfort letters" zufrieden zu geben, von der die Antragsteller in aller Regel auch Gebrauch machen. Andernfalls wäre ein nochmaliger Anstieg der Überlastung der Kommission zu erwarten.

(4) Abschluss des Verfahrens und Rechtsfolgen

In ihrer Entscheidung hat die Kommission gemäß Art. 6 I, 8 I 1. Hs. VO 17/62 nach ihrem Ermessen den Zeitraum festzulegen, ab wann und wie lange die Art. 81 oder 82 EG für nicht anwendbar erklärt werden sollen. Durch diese Befristung soll eine wirkungsvolle Kontrolle des Vollzugs der eigentlich durch Art. 81 I EG verbotenen Handlung erreicht werden.

Liegen die Freistellungsvoraussetzungen des Art. 81 III EG vor, so ist die Kommission verpflichtet, das angemeldete Verhalten freizustellen[98]. Die Kommission hat diesbezüglich kein freies Ermessen[99]. Sie hat jedoch einen erheblichen Beurteilungsspielraum[100] hinsichtlich des Tatbestands des Art. 81 III EG, da dieser unbestimmte Rechtsbegriffe[101] enthält.

Für die in der Freistellungserklärung umschriebene Vorgehensweise kann für diesen Zeitraum keine Geldbuße mehr verhängt werden (Bußgeldimmunität).

---

95 Siehe dazu oben Kapitel 3 III.A.1.)b).

96 Siehe EuG, Rs. T-24/90, Slg. II-1992, 2223, Rn. 71 ff. – „Automec II"; EuG, Rs. T-23/90, Slg. II-1991, 653, Rn. 47 – „Peugeot"; vergleiche auch *Kommission, 2.* Bekanntmachung, ABl. Nr. C 313/3 vom 15.10.1997, Rn. 38, 57.

97 So *Sauter*, in: Immenga/Mestmäcker, Bd. 1 Art. 85 III, Rn. 7.

98 Siehe EuGH, Rs. 56 u. 58/64, Slg. 1966, 321 (396) – „Grundig"; vergleiche dazu auch *Bunte*, in: Langen/Bunte, Bd. 1 Art. 81 generelle Prinzipien, Rn. 171.

99 Siehe *Gillessen*, S. 9; vergleiche zum Begriff des Ermessens *Maurer*, VerwR, § 7, Rn. 1 ff.

100 Siehe zum Beurteilungsspielraum *Maurer*, VerwR, § 7, Rn. 31 ff.

101 Siehe zu den unbestimmten Rechtsbegriffen *Maurer*, VerwR, § 7, Rn. 27 ff.

Von besonderer Bedeutung ist auch die Regelung des Art. 8 I 2 Hs. VO 17/62, die festlegt, dass Freistellungsentscheidungen auch unter Auflagen erteilt werden können. Dadurch wird die Kommission in die Lage versetzt, flexibel auf Anträge zu reagieren.

In Art. 8 III VO 17/62 sind eine Reihe von möglichen Widerrufsgründen aufgeführt. Dieser Widerruf hat jedoch stets nur für die Zukunft Gültigkeit.

Kommt die Kommission dagegen zu der Auffassung, dass die beantragte Freistellung nicht erteilt werden kann, so gilt die angemeldete Handlung als verboten. Die Kommission wird dann dem Antragsteller aufgeben, die nicht freistellungsfähige Handlung einzustellen. Für die Zeit von der Anmeldung bis zur Entscheidung der Kommission, nicht freizustellen, besteht jedoch in jedem Fall Schutz vor Verhängung von Geldbußen[102].

Die von der Kommission getroffene Freistellungsentscheidung ist gemäß Art. 19 III VO 17/62 im Amtsblatt der Europäischen Union zu publizieren.

b) Gruppenfreistellung

Weitaus häufiger ist die Freistellung von Vereinbarungen, Beschlüssen und aufeinander abgestimmten Verhaltensweisen vom Kartellverbot des Art. 81 I EG aufgrund einer Gruppenfreistellungsverordnung[103]. Der immense Prüfungsaufwand bei Anträgen auf Einzelfreistellung und die sehr begrenzte Kapazität der Kommission erfordern die Möglichkeit, Vereinbarungen, Beschlüsse sowie abgestimmte Verhaltensweisen, die zwar gegen Art. 81 I EG verstoßen, deren Freistellung aber gleichzeitig wünschenswert wäre, ohne ausufernde Verfahren pauschal freizustellen. Aus diesem Grunde erlaubt Art. 81 III EG, dass die Verbote des Abs. 1 auch für Gruppen von Vereinbarungen für nicht anwendbar erklärt werden können. Es besteht also die Möglichkeit, gleichgelagerte Fälle, die für die Entwicklung des Wettbewerbs auf dem gemeinsamen Mark und die Verwirklichung der Ziele der Europäischen Union unbedenklich oder dieser sogar förderlich sind, gruppenmäßig vom Verbot des Art. 81 I EG freizustellen. Der Gesetzgeber schneidet damit praktisch eine Teilmenge aus allen wettbewerbsbeschränkenden Vereinbarungen heraus und stellt diese pauschal vom Kartellverbot frei.

---

102 Siehe Art. 15 V VO 17/62.

103 Ausführlich zu den Gruppenfreistellungsverordnungen *Coenen*, S. 36 ff.

(1) Rechtsnatur von Gruppenfreistellungsverordnungen

Gruppenfreistellungsverordnungen sind Verordnungen im Sinne von Art. 249 II EG und damit eine Norm des sekundären Gemeinschaftsrechts. Sie sind im Gegensatz zu den Einzelfreistellungsentscheidungen der Kommission keine Entscheidungen im Sinne von Art. 249 IV EG, da sie eine Vielzahl von unbestimmten Fällen umfassen[104].

Der Rat der Europäischen Gemeinschaften hat nach Art. 83 I, II lit. b EG das alleinige Recht, die Einzelheiten in der Anwendung von Art. 81 III EG festzulegen. Von diesem Recht hat er zum Beispiel in der VO 17/62 Gebrauch gemacht. Die VO 17/62 gilt jedoch nur für bestimmbare Einzelfälle, wie zum Beispiel Einzelfreistellungen. Gruppenfreistellungsverordnungen dienen zwar gerade nicht zur Regelung eines konkreten Falls, stellen jedoch ebenfalls eine Regelung im Sinne des Art. 83 II lit. b EG dar. Deshalb müssen auch sie vom Rat der Europäischen Gemeinschaften erlassen werden[105]. Dabei bleibt es dem Rat jedoch unbenommen, selbst nur eine Ermächtigungsverordnung zu erlassen und die detaillierte Ausgestaltung in Form der Gruppenfreistellungsverordnung der Kommission zu überlassen[106]. Der Rat hat auf diesem Wege die Kommission erstmals 1965 ermächtigt, einige Vereinbarungen generell freizustellen[107]. Die Kommission machte davon in der VO 67/67 betreffend Gruppen von Alleinvertriebsvereinbarungen erstmals Gebrauch[108] und erließ im Anschluss daran zahlreiche weitere Gruppenfreistellungsverordnungen[109]. Diese „Übertragung“ der Rechtssetzungskompetenz zum Erlass von Gruppenfreistellungsverordnungen durch den Rat der Europäischen Gemeinschaften an die Kommission hat der EuGH in einem Urteil vom 13. Juli 1969 für rechtmäßig erklärt[110].

Nach Art. 249 EG gelten Gruppenfreistellungsverordnungen im gesamten Gebiet der Europäischen Union. Die Bestimmungen von Gruppenfreistellungsverordnungen gelten unmittelbar, begründen für die begünstigten Unternehmen o-

---

104 Siehe *Bunte*, in: Langen/Bunte, Bd. 1 Art. 81 generelle Prinzipien, Rn. 194.

105 Siehe zu diesem zweistufigen System *Braakman*, Rn. 159 ff.

106 Siehe Art. 211 letzter Hs. EG.

107 Siehe VO 19/65, ABl. Nr. L 36/533 vom 6.3.1965; *Rittner*, § 8, Rn.13.

108 Siehe VO 67/67, ABl. Nr. L 57/849 vom 25.3.1967. Durch diese Gruppenfreistellungsverordnung erledigten sich von ca. 29.500 Anmeldungen, die Alleinvertriebsvereinbarungen betrafen, uno actu mehr als 25.000 Fälle, siehe *Sauter*, in: Immenga/Mestmäcker, Bd. 1 Art. 85 III, Rn. 15 f. Die VO 67/67 ist heute nicht mehr in Kraft.

109 Aufzählung bei *Emmerich*, KartR, § 36, S. 381 f., siehe auch den Verweis auf den Vollabdruck der verschiedenen Gruppenfreistellungsverordnungen bei Immenga/Mestmäcker, Bd. 2, S. 2201 ff.

110 Siehe EuGH, Rs. 32/65, Slg. 1966, 457 (481) – „Italien/Kommission“.

der Unternehmensvereinigungen Rechte[111] und sind durch die Gerichte und Kartellbehörden der Mitgliedstaaten zu beachten[112]. Im Übrigen entfalten Freistellungen auf Grund einer Gruppenfreistellungsverordnung die gleiche Wirkung wie Einzelfreistellungen. Der durch die Gruppenfreistellungsverordnung Bevorteilte kann sich gegenüber den Mitgliedstaaten sowie jedem Dritten auf diesen Vorteil berufen[113].

(2) Inhalt von Gruppenfreistellungsverordnungen

Der Aufbau von Gruppenfreistellungsverordnungen folgt regelmäßig einem sehr ähnlichen Schema. Zunächst wird der von der Verordnung behandelte Vertragstypus genau beschrieben. Im Anschluss werden ausführliche Listen von typischen Vereinbarungen, die für gewöhnlich freigestellt sind („weiße Listen"), und solchen, die gewöhnlich verboten sind („schwarze Listen"), angeführt. Schließlich gibt es in einigen Gruppenfreistellungsverordnungen noch Listen für Vereinbarungen, die nicht per se freigestellt sind, jedoch nicht die ganze Vereinbarung unwirksam werden lassen („graue Listen"). Verträge, die eine Absprache enthalten, die von einer „grauen Klausel" umfasst werden, können durch Anmeldung bei der Kommission ebenfalls freigestellt werden. Zuletzt wird noch die Geltungsdauer der Gruppenfreistellungsverordnung geregelt. Darüber hinaus können in Gruppenfreistellungsverordnungen auch Auflagen und Bedingungen enthalten sein.

Gruppenfreistellungsverordnungen lassen sich in zwei Kategorien unterteilen: Gruppenfreistellungsverordnungen für vertikale Vereinbarungen[114] und solche für horizontale Vereinbarungen[115]. Hierbei ist festzustellen, dass die tatsächliche Bedeutung vertikaler Gruppenfreistellungsverordnungen in der Praxis bedeutend größer ist. Grund dafür ist, dass sich horizontale Vereinbarungen wesentlich schwieriger in Kategorien einordnen lassen, die in Gruppenfreistellungsverordnungen zusammengefasst werden können[116].

---

111 Diese Frage hat der EuGH in der „Fonderies de Roubaix" – Entscheidung ausdrücklich bejaht, EuGH, Rs. 63/75, Slg. 1976, 111, Rn. 16 – „Fonderies de Roubaix"; diese Ergebnis wurde vom EuGH in der „Delimitis" – Entscheidung neuerlich bekräftigt, EuGH, Rs. C-234/89, Slg. I-1991,935, Rn. 45ff. – „Delimitis".

112 Vergleiche *Schmidt*, in: Immenga/Mestmäcker, Bd. 1 Art. 85 Abs. 2, Rn. 15.

113 Siehe EuGH, Rs. 31/80, Slg. 1980, 3775, Rn. 22 f. – „Oréal".

114 Um eine solche handelt es sich zum Beispiel bei der VO 2349/84 für Patentlizenzvereinbarungen, ABl. Nr. L 219/15 vom 16.8.1984 oder der VO 240/96 für Technologietransfervereinbarungen, ABl. Nr. L 31/2 vom 9.2.1996.

115 Um eine solche handelt es sich zum Beispiel bei der VO 2658/2000 für Spezialisierungsvereinbarungen, ABl. Nr. L 304/3 vom 5.12.2000.

116 So *Bechtold*, EWS 2001, 49 (50).

Problematisch im Zusammenhang mit der Gruppenfreistellungspraxis ist der so genannte „Zwangsjacken-Effekt“[117]. Dieser Effekt tritt dadurch ein, dass den Unternehmen durch die „weißen Klauseln“ in den Gruppenfreistellungsverordnungen Quasi-Formularverträge zum Abschluss vertikaler Vereinbarungen vorgeschlagen werden, die von der Kommission als freistellungsfähig eingestuft wurden[118]. Diese Quasi-Formularverträge führen de facto zu einer starken Limitierung der Handlungsmöglichkeiten der Unternehmen. Sie schränken die Vertragsfreiheit der Unternehmen überdimensional ein[119], da in der Regel auch andere Vertragsgestaltungen von der Gruppenfreistellungsverordnung gedeckt wären. Diesem Effekt soll die Einführung der VO 2790/99[120], der so genannten „Schirm-Gruppenfreistellungsverordnung“[121], entgegenwirken[122]. Die „Schirm-Gruppenfreistellungsverordnung“ sieht daher keine „weißen Klauseln“ mehr vor, die Quasi-Formularverträge enthalten. In Art. 2 der VO wird lediglich der Anwendungsbereich der VO 2790/99 geregelt und „schwarze und graue Listen“ aufgeführt. Die VO 2790/99 begründet somit ein System, im dem alles erlaubt ist, was nicht ausdrücklich verboten ist[123].

(3) Funktion von Gruppenfreistellungsverordnungen

In Gruppenfreistellungsverordnungen werden also Fallgruppen von Vereinbarungen zusammengefasst, die grundsätzlich unter das Verbot des Art. 81 I EG fallen, jedoch in aller Regel freistellungsfähig sind, da sie die Entwicklung des Wettbewerbs auf dem gemeinsamen Markt nicht gefährden.

Die spezielle Funktionsweise von Gruppenfreistellungsverordnungen wird anhand der Unterschiede zur Einzelfreistellungspraxis der Kommission deutlich. Der sicherlich bemerkenswerteste Unterschied zur Einzelfreistellungspraxis besteht darin, dass die Freistellung aufgrund einer Gruppenfreistellungsverordnung ohne vorherige Anmeldung erfolgt[124]. Dies mag zunächst überraschen, wird doch in Art. 4 I 1 VO 17/62 ausdrücklich von einer Anmeldepflicht für Verein-

---

117 Vergleiche dazu *Kommission,* Grünbuch zur EG-Wettbewerbspolitik gegenüber vertikalen Wettbewerbsbeschränkungen, KOM (1996) 721 endg. vom 22.1.1997; Mitteilung der *Kommission*, ABl. Nr. C 365/3 vom 26.11.1998.

118 Siehe *Bartmann*, S. 1.

119 Siehe *Lässig*, FIW-Schriftenreihe Heft 170, S. 9.

120 VO 2790/99, ABl. Nr. L 336/21 vom 29.12.1999.

121 Die „Schirm-Gruppenfreistellungsverordnung“ wurde durch die Leitlinien für Spezialisierung, VO 2658/2000, ABl. Nr. L 304/3 vom 29.11.2000 und die Leitlinien für Forschung und Entwicklung, VO 2659/2000, ABl. Nr. L 304/7 vom 29.11.2000 ergänzt. Vergleiche hierzu auch *Polley/Seeliger*, WRP 2001, 494.

122 Siehe unten Kapitel 4 II.C.2.).

123 Siehe dazu *Bechtold*, EWS 2001, 49 (51).

124 Vergleiche *Bunte*, in: Langen/Bunte, Bd. 1 Art. 81 Generelle Prinzipien, Rn. 200.

barungen im Sinne von Art. 81 I EG gesprochen[125]. Die Zwangsläufigkeit der Anmeldefreiheit ergibt sich aber aus der Tatsache, dass die Gruppenfreistellung die Einzelfreistellung ersetzt. Erfasst werden daher nur Konstellationen, die die Kommission für freistellungsfähig erachtet hat. Daraus folgt zwingend, dass es einer fallspezifischen Prüfung durch die Kommission in diesem Falle gerade nicht mehr bedarf[126] und demzufolge auch kein Antrag erforderlich ist[127].

Im umgekehrten Fall, dass eine Vereinbarung unter eine „schwarze" oder „graue" Klausel fällt, stellt sich die Frage, ob die ganze Vereinbarung nichtig, oder nur die wettbewerbsrechtlich bedenkliche Klausel ungültig ist. Dies ist von der jeweiligen Gruppenfreistellungsverordnung abhängig: während einige dem „Alles-oder-Nichts-Prinzip" folgen, ist bei anderen nur die fragliche Klausel ungültig.

Sollte eine Vereinbarung nicht von der einschlägigen Gruppenfreistellungsverordnung gedeckt sein, kann daraus nicht geschlossen werden, dass die Vereinbarung nicht nach Art. 81 III EG freistellungsfähig ist. In diesem Fall ist vielmehr die Einzelfallprüfung durch die Kommission möglich. Nicht alle denkbar freistellungsfähigen Konstellationen können in Gruppenfreistellungsverordnungen erfasst werden.

Gruppenfreistellungsverordnungen können unter Umständen eine prägende und steuernde Wirkung auf ganze Industriezweige, wie zum Beispiel die Automobilindustrie[128] und die Versicherungswirtschaft[129], entfalten. Grund dafür ist, dass Gruppenfreistellungsverordnungen häufig nur eine spezielle Branche betreffen und somit als wirtschaftspolitisches Steuerungsmittel für diese Branche nutzbar gemacht werden können[130]. Diese Steuerungsfunktion geht sogar teilweise deutlich über das hinaus, was zur kartellrechtlichen Regelung des jeweiligen Industriezweiges erforderlich wäre. So sind zum Beispiel in der Gruppenfreistellungsverordnung für die Automobilindustrie auch die Kündigungsfristen für Händlerverträge geregelt[131].

---

125 Siehe oben Kapitel 3 III.B.2.)a)(1).

126 Siehe *Sauter*, in: Immenga/Mestmäcker, Bd. 1 Art. 85 Abs. 3, Rn. 28.

127 Zu den Ausnahmen siehe unten Kapitel 3 III.B.2.)b)(6).

128 VO 1475/95, ABl. Nr. L 145/25 vom 29.6.1995; die Bedeutung der Gruppenfreistellungsverordnungen vor allem für die Automobilindustrie wird auch von der Bundesregierung immer wieder hervorgehoben, so zum Beispiel anlässlich des EU-Gipfeltreffens von Barcelona (16.-17. März 2002) von Bundeskanzler *Schröder*, FAZ 18.3.2001, S. 2.

129 VO 3932/92, ABl. Nr. L 398/7 vom 31.12.1992.

130 Siehe *Bechtold*, EWS 2001, 49.

131 Siehe VO 1475/95, ABl. Nr. L 145/25 vom 29.6.1995.

(4) *Kontrolle des Vollzugs der Gruppenfreistellungsverordnungen durch die Kommission*

Auch eine Freistellung aufgrund einer Gruppenfreistellungsverordnung erfolgt nicht gänzlich ohne Kontrolle durch die Kommission, da dieser die Aufsicht für auf diesem Wege legalisierte Vereinbarungen zusteht. Das bedeutet, dass die Kommission eine konkrete Vorgehensweise, die doch nicht oder nicht mehr nach Art. 81 III EG in Verbindung mit der jeweiligen Gruppenfreistellungsverordnung freistellungsfähig ist, mit Wirkung ex nunc untersagen kann. Dieses Verfahren verläuft nach den gleichen Regeln wie das Verfahren zur Feststellung und Abstellung von Zuwiderhandlungen[132]. Jedoch handelt es sich hierbei bedauerlicherweise um ein nicht sehr wirkungsvolles Kontrollinstrument, da es im Wirkungsbereich einer Gruppenfreistellungsverordnung, wie bereits dargestellt, keiner Anmeldung bedarf. Die Kommission bleibt daher häufig über den Inhalt der freigestellten Absprachen im Ungewissen. Eine Überprüfung der Absprache ist nur unter großen Schwierigkeiten möglich.

(5) *Bestätigung und Entzug der Anwendbarkeit einer Gruppenfreistellungsverordnung*

Die Kommission ist also nach dem Erlass einer Gruppenfreistellungsverordnung weitestgehend vom Verfahren ausgeschlossen. Die Freistellung tritt, sofern die Voraussetzungen erfüllt sind, ohne weiteres ein. In zwei Ausnahmefällen kann die Kommission jedoch dennoch mit einer gruppenfreigestellten Absprache befasst werden.

Dies gilt zum einen im Falle eines Antrags eines durch die Freistellung begünstigten Unternehmens auf Bestätigung, dass ein bestimmtes Verhalten tatsächlich durch die Gruppenfreistellungsverordnung erfasst ist[133]. Diese Bestätigung kann durch ein „starkes Negativattest“[134] oder durch ein formloses Verwaltungsschreiben[135] der Kommission erteilt werden.

Zum anderen kann die Kommission die mit einer Freistellung verbundenen Vorteile nach Einreichung einer Beschwerde[136] durch ein möglicherweise behindertes Unternehmen, die nach den Vorschriften des Art. 3 I VO 17/62 zu beurteilen ist, wieder entziehen.

---

132 Siehe oben Kapitel 3 III.A.

133 Vergleiche hierzu *Ritter*, in: Immenga/Mestmäcker, Bd. 2 VO 17/62 Art. 4, Rn. 33; EuGH, Rs. 170/83, Slg. 1984, 2999, Rn. 6 – „Hydrotherm“.

134 Siehe unten Kapitel 3 III.B.2.)c)(2).

135 Zu den Einzelheiten siehe unten Kapitel 3 III.B.3.)a).

136 Siehe oben Kapitel 3 III.A.

(6) *Gruppenfreistellungsverordnungen mit Widerspruchsverfahren*

Als ein Sonderfall innerhalb der Gruppenfreistellungsverordnungen sind Gruppenfreistellungsverordnungen zu nennen, die ein Widerspruchsverfahren vorsehen[137]. Soll eine Vereinbarung aufgrund einer solchen Gruppenfreistellungsverordnung rechtmäßig vollzogen werden, so bedarf es einer Anmeldung bei der Kommission. Die Vereinbarung gilt erst dann als wirksam, wenn die Kommission innerhalb von sechs Monaten nach der Anmeldung keinen Widerspruch erhebt. Das Widerspruchsverfahren richtet sich dann wiederum nach der VO 17/62[138]. In der Regel ist dieses Widerspruchsverfahren in Gruppenfreistellungsverordnungen vorgesehen, die auch so genannte „graue Klauseln" enthalten.

Die Rechtmäßigkeit dieser Art der Gruppenfreistellungsverordnung ist zweifelhaft. Es wird argumentiert, dass Gruppenfreistellungsverordnungen mit Widerspruchsvorbehalt einen unzulässigen Zwitter zwischen Einzel- und Gruppenfreistellung darstellen, da das langwierige Verfahren nach Art. 4 VO 17/62 zugunsten eines schlichten Widerspruchsverfahrens ersetzt wird[139]. Die VO 17/62 werde daher de facto teilweise außer Kraft gesetzt wird, wozu aber lediglich der Rat im Rahmen des Erlasses einer neuen Verordnung befugt wäre. Teilweise wird geltend gemacht, dass ein praktisches Bedürfnis für diese Art von Gruppenfreistellungsverordnungen bestünde, da sie ein ausgewogenes Verhältnis zwischen Rechtssicherheit und Arbeitsaufwand für die Kommission ermögliche und daher als zulässig angesehen werden müsse[140].

Das Widerspruchsverfahren in Gruppenfreistellungsverordnungen hat in der Praxis jedoch keine große Bedeutung erlangt. Dies hat dazu geführt, dass in letzter Zeit keine Gruppenfreistellungsverordnungen mit Widerspruchsverfahren mehr erlassen wurden und bereits bestehende Gruppenfreistellungsverordnungen mit Widerspruchsverfahren nach ihrem Auslaufen ohne Widerspruchsmöglichkeit neu gefasst werden[141]. Daher hat der Streit um ihre Rechtmäßigkeit an Relevanz verloren.

---

137 So zum Beispiel die VO 2349/84 für Patentlizenzverträge, ABl. Nr. L 219/15 vom 16.8.1984; *Ritter*, § 8, Rn. 16.

138 Siehe oben Kapitel 3 III.A.

139 So *Wiedemann*, in: Wiedemann AT, Rn. 204 ff.

140 So noch die *Kommission*, Grünbuch zur EG-Wettbewerbspolitik gegenüber vertikalen Wettbewerbsbeschränkungen, KOM (1996) 721 endg. vom 22.1.1997, Rn. 190.

141 Vergleiche *Bechtold*, EWS 2001, 49 (50); *Kommission*, Grünbuch zur EG-Wettbewerbspolitik gegenüber vertikalen Wettbewerbsbeschränkungen, KOM (1996) 721 endg. vom 22.1.1997, Rn. 103.

c) Negativattest

Eine weitere Handlungsform der Kommission, die von den Unternehmen beziehungsweise Unternehmensvereinigungen beantragt werden kann, ist das so genannte Negativattest nach Art. 2 VO 17/62.

(1) Aufgabe und Funktion des Negativattests

In einem Negativattest stellt die Kommission auf Antrag eines beteiligten Unternehmens fest, dass zum fraglichen Zeitpunkt in Anbetracht der ihr vorliegenden Tatsachen gegen eine Vereinbarung, einen Beschluss oder eine abgestimmte Verhaltensweise kein Grund zum Einschreiten besteht, da ein Verstoß gegen Art. 81 I EG oder Art. 82 EG nicht vorliegt. Daraus ergibt sich die Funktion des Negativattests als Gegenstück zur Freistellung: Ein Freistellungsantrag wäre mangels Verstoßes gegen Art. 81 I EG abzulehnen. Um aber dennoch eine gewisse Rechtssicherheit durch eine Entscheidung der Kommission zu gewähren, gibt Art. 2 VO 17/62 den Unternehmen die Möglichkeit, die Vereinbarkeit mit Art. 81 I EG positiv feststellen zu lassen.

(2) Formen des Negativattests

Es sind zwei Arten des Negativattests zu unterscheiden: Zum einen das so genannte „schwache Negativattest“ und zum anderen das „starke Negativattest“.

(a) „Schwaches Negativattest“

Im Rahmen des „schwachen Negativattests“ stellt die Kommission lediglich fest, dass im Moment kein Anlass zum Einschreiten gegen die fragliche Vorgehensweise des beantragenden Unternehmens besteht, ohne jedoch die Nichtanwendbarkeit der Verbotsvorschrift des Art. 81 I EG explizit festzustellen[142].

(b) „Starkes Negativattest“

Das „starke Negativattest“ hingegen stellt ausdrücklich fest, dass die Voraussetzungen der Art. 81 I oder 82 EG nicht vorliegen[143].

---

[142] Diese Art des Negativattests wird auch als „comfort letter“ bezeichnet, siehe unten Kapitel 3 III.B.3.)a).

[143] Durch ein „starkes Negativattest“ kann auch beschieden werden, dass die Voraussetzungen für ein Verbot nach Art. 81 I EG nicht vorliegen, weil dieser bereits durch eine Gruppenfreistellungsverordnung für nicht anwendbar erklärt wurde.

(3) Verfahren und Rechtsfolgen

Eingeleitet wird das Verfahren zur Erlangung eines Negativattestes durch den Antrag eines an der Absprache beteiligten Unternehmens unter Verwendung des Formblattes A/B[144]. Dieser Antrag ist prinzipiell derselbe wie der, der zur Erlangung einer Freistellung zu stellen ist. Der Antrag auf Erteilung eines Negativattests kann, wie jeder andere auch, mit anderen Anträgen hilfsweise verbunden werden. So ist es beispielsweise üblich zu beantragen, dass für den Fall, dass kein Negativattest erteilt werden kann, eine Freistellung erfolgt oder ein „comfort letter" ausgestellt wird.

Ein Negativattest hat gegenüber der Kommission nur deklaratorische Wirkung. Es führt aber aus Gründen des Vertrauensschutzes zu einer Selbstbindung der Kommission, die diese nur bei einer grundlegenden Änderung des Sachverhalts wieder aufgeben kann, indem sie das Verfahren nach Art. 8 III VO 17/62 neu aufgreift[145]. Umstritten ist die Bindungswirkung für die nationalen Kartellbehörden[146]. Teilweise wird eine Bindungswirkung des Negativattests mit der Begründung verneint, dass dieses ja gerade feststelle, dass Europarecht nicht anwendbar sei[147]. Richtigerweise ist die Bindungswirkung aber mit dem Argument zu bejahen, dass Art. 9 III VO 17/62 den nationalen Behörden die Zuständigkeit entzieht, sobald die Kommission ein Verfahren nach Art. 2 VO 17/62 eingeleitet hat. Die nationalen Behörden dürfen in diesem Falle also nicht mehr tätig werden und sind mithin an den Ausspruch der Kommission gebunden. Es wäre inkonsequent und mit Art. 10 EG nicht zu vereinbaren, wenn man dennoch eine Bindung der nationalen Behörden verneinen würde. Unstreitig nicht bindend ist ein Negativattest dagegen für die Gerichte der Mitgliedstaaten und jegliche Dritte. Es entfaltet jedoch auch hier eine gewisse faktische Bedeutung, da auch die Gerichte an Art. 10 EG gebunden sind und deshalb die Ansichten der Kommission in ihren Entscheidungen berücksichtigen müssen[148].

Ein Anspruch auf eine formelle Entscheidung besteht im Rahmen des Verfahrens zur Erteilung eines Negativattests im Gegensatz zu den Verfahren nach

---

[144] Siehe oben Kapitel 3 III.B.1.) und Fn. 78.

[145] Vergleiche *Krück/Sauter, in:* Dauses, Bd. 2 H.I § 3, Rn. 42; EuG, Rs. T-7/93, Slg. II-1995, 1533, Rn. 28 – „Langnese-Iglo".

[146] Siehe zum Ganzen *Ehricke*, ZHR 158 (1994) 170 ff.

[147] Siehe *Gleiss/Hirsch*, Bd. 1, Rn. 73.

[148] Vergleiche *Brinker*, in: Schwarze, Art. 83 EGV, Rn. 25 b; *Ritter*, in: Immenga/Mestmäcker, Bd. 2 VO 17/62 Art. 2, Rn. 27.

Art. 3 und 4 VO 17/62 unstreitig nicht, da Art. 2 VO 17/62 der Kommission ein Entschließungsermessen einräumt[149].

Die Rechtssicherheit, die ein Negativattest dem betroffenen Unternehmen gibt, ist im Vergleich zur Freistellung gering. Erstens wirkt es, wie bereits erwähnt, nicht gegenüber Dritten und zweitens trifft es nur eine Aussage über die der Kommission im Zeitpunkt der Entscheidung bekannten Tatsachen.

Ein Negativattest kann nicht, wie bei einer Freistellungsentscheidung üblich, befristet oder widerrufen werden. Statt dessen verliert es seine Wirkung mit dem Zeitpunkt, in dem sich die ihm zugrunde liegenden Verhältnisse oder die Rechtsprechung wesentlich geändert haben.

3.) Formlose Entscheidungen

Als Folge der chronischen Überlastung der Kommission haben sich einfachere Verfahren etabliert, die den betroffenen Parteien ein Mindestmaß an Rechtssicherheit gewähren und gleichzeitig den Prüfungsaufwand der Kommission erheblich reduzieren.

a) Einfaches Verwaltungsschreiben – „comfort letter“

Erhebliche Bedeutung hat dabei insbesondere eine Entscheidungsform erlangt, die weder vom EG noch von der VO 17/62 ausdrücklich vorgesehen wird: das einfache Verwaltungsschreiben oder auch „comfort letter“. Grund für die Einführung des „comfort letters“ war die Arbeitsüberlastung der Kommission, die ein unkompliziertes und schnelles Verfahren erforderlich machte[150].

(1) Funktion des „comfort letters“

Der „comfort letter“ kann sowohl eine Einzelfreistellung als auch ein Negativattest ersetzen. Die Kommission teilt dem Anmeldenden darin durch ihre Dienststellen – den Kommissar für Wettbewerb oder die Generaldirektion Wettbewerb – mit[151], dass die vorgelegten Tatsachen ein Tätigwerden zum vorliegenden Zeitpunkt nicht erforderlich machen, da das fragliche Verhalten freistellungsfähig ist oder ein Verstoß gegen Art. 81 I EG nicht vorliegt[152].

---

[149] Art. 2 VO 17/62 lautet: „...kann auf Antrag der Beteiligten feststellen...“; *Ritter*, in: Immenga/Mestmäcker, Bd. 2 VO 17/62 Art. 2, Rn. 7.

[150] Siehe nur *Sauter*, in: Immenga/Mestmäcker, Bd. 1 Art. 85 Abs. III, Rn. 6.

[151] Dazu *Lässig*, FIW-Schriftenreihe Heft 170, S. 14.

[152] *Ritter*, in: Immenga/Mestmäcker, Bd. 2 VO 17/62 Vorbemerkung, Rn. 31, unterscheidet sprachlich zudem zwischen dem „comfort letter“ und dem „discomfort letter“. Der „comfort letter“ bescheinigt danach, dass die fragliche Vorgehensweise nicht gegen

(2) Einfacher und qualifizierter „comfort letter"

Teilweise wird zwischen einem einfachen und einem qualifizierten „comfort letter" unterschieden. Der Unterschied besteht darin, dass in der einfachen Variante keine Veröffentlichung der Anmeldung im Sinne von Art. 19 III VO 17/62 erfolgt und somit für Dritte keine Möglichkeit der Kenntnisnahme besteht. Qualifizierte Verwaltungsschreiben werden dagegen im Amtsblatt veröffentlicht und eröffnen Dritten somit die Möglichkeit, auf die Erteilung des Verwaltungsschreibens, etwa durch eine Beschwerde, zu reagieren.

(3) Rechtsfolgen des „comfort letters"

Der „comfort letter" hat für die innerstaatlichen Gerichte keine Bindungswirkung[153], bleibt aber dennoch nicht ohne faktische Bedeutung für die Urteilsfindung der Gerichte. So wird das Gericht ein Verfahren aussetzen und dem EuGH nach Art. 234 EG vorlegen, wenn eine Partei einen „comfort letter" einbringt, der von der Freistellbarkeit ausgeht, das Gericht aber gegenteiliger Ansicht ist. Dazu ist das Gericht nach dem Grundsatz des gemeinschaftstreuen Verhaltens gemäß Art. 10 EG verpflichtet[154]. Diese Ausführungen lassen sich auch auf die Bindungswirkung des „comfort letters" in Bezug auf die mitgliedstaatlichen Kartellbehörden übertragen.

Der „comfort letter" stellt dem Adressaten keine verbindliche und förmliche Entscheidung in Aussicht[155]. Dennoch bietet er erfahrungsgemäß die Sicherheit, dass die Kommission, sollten sich die Verhältnisse nicht grundlegend ändern, nicht einschreiten und auch keine Geldbußen verhängen wird, obwohl diese Möglichkeiten im „comfort letter" ausdrücklich vorbehalten bleiben[156]. Die Kommission räumt dem Adressaten jedoch Vertrauensschutz ein, sofern alle Angaben vollständig und richtig erfolgt sind[157].

Art. 81 I EG verstößt beziehungsweise freistellungsfähig ist, wohingegen der „discomfort letter" feststellt, dass zwar ein Verstoß vorliegt, ein Einschreiten jedoch nicht geboten ist.

153 Siehe EuGH, Rs. 99/79, Slg. 1980, 2511, Rn. 17 f. – „Lancôme".

154 Das Urteil EuGH, Rs. C-344/98 EuZW 2001, 113 – „Masterfoods" verpflichtet die nationalen Gerichte, keine Entscheidung zu erlassen, die mit einer möglichen Kommissionsentscheidung im Widerspruch steht. Liegt ein „comfort letter" vor, der von einer Freistellungsfähigkeit ausgeht, so wäre dieser Widerspruch bei einer gegenteiligen Entscheidung des Gerichts offensichtlich.

155 Siehe EuGH, Rs. 253/78 und 1-379, Slg. 1980, 2327, Rn. 9 ff. – „Guerlain".

156 Siehe *Lässig*, FIW-Schriftenreihe Heft 170, S. 17.

157 Siehe dazu *Kommission,* Entscheidung IV/34.072 vom 23.12.1992, ABl. Nr. L 183/19 vom 26.7.1993 (S. 36) – „Langnese-Iglo"; *Kommission,* Entscheidung IV/31.533 und

Der „comfort letter“ beseitigt einen verfahrensrechtlichen Schwebezustand und befreit die Beteiligen von der Bußgeldgefahr. Dagegen bietet er den Unternehmen wegen seiner fehlenden Bindungswirkung in materieller Hinsicht keinen Vorteil[158].

(4) Bewertung der „comfort letter“ – Praxis

Das Instrument des „comfort letters“ scheint sich nicht widerspruchslos in das beschriebene Gefüge des Verfahrens in Kartellsachen einzuordnen. So wird häufig angeführt, dass der „comfort letter“, der wesentlich häufiger ausgestellt wird als eine Einzelfreistellung und ein Negativattest, das gewählte System des Verbots mit Freistellungsmöglichkeit unterminiert. Dennoch wurde die „comfort letter“ – Praxis bis heute beibehalten. Grund dafür ist wiederum die extreme Arbeitsüberlastung der Kommission, aufgrund derer ein Zusammenbruch des gesamten Systems des Kartellverfahrens drohte. Allerdings hat sich die Kommission in ihrer zweiten Bekanntmachung auferlegt, Fälle von besonderer politischer, wirtschaftlicher oder rechtlicher Bedeutung vorrangig zu behandeln und nicht per Verwaltungsschreiben zu beurteilen[159].

b) Verfahrenserledigung

(1) Einstellung des Verfahrens

Zu den formlosen Entscheidungen der Kommission wird auch der „Beschluss zur Einstellung des Verfahrens“ gezählt. Ein Verfahren wird von der Kommission eingestellt, wenn keine ausreichenden Nachweise einer Verletzung des Art. 81 I EG vorliegen oder wenn der Fall von keinem nennenswerten Gemeinschaftsinteresse ist, also auf Grund des Subsidiaritätsprinzips kein Einschreiten seitens der Kommission geboten ist und der Fall effektiver auf nationaler Ebene bearbeitet werden kann[160].

Die Einstellung des Verfahrens stellt den bei weitem häufigsten Abschluss eines Verfahrens dar. So wurden zum Beispiel im Jahr 2000 von 376 insgesamt abge-

---

IV/34.072 vom 23.12.1992, ABl. Nr. L 183/1 vom 26.7.1993 (S. 17) – „Schöller-Lebensmittel“.

158 Siehe auch *von Meibom/Zinsmeister*, FIW-Schriftenreihe Heft 153, S. 53 (54).

159 Siehe *Kommission,* 2. Bekanntmachung, ABl. Nr. C 313/3 vom 15.10.1997, Rn. 13 f.; *Lässig*, FIW-Schriftenreihe Heft 170, S. 16 weist allerdings daraufhin, dass die Kommission von diesem Grundsatz bereits mehrmals abgewichen ist.

160 Siehe *Ritter*, in: Immenga/Mestmäcker, Bd. 2 VO 17/62, Rn. 31.

schlossenen Verfahren allein 207 durch eine Verfahrenseinstellung beendet[161], im Jahr 2001 wurden von 378 abgeschlossenen Verfahren 191 eingestellt[162].

(2) Die „Settlement-Praxis“ der Kommission

Ebenfalls zur Erledigung des Verfahrens führt die so genannte „Settlement-Praxis“ der Kommission[163].

Ein „settlement“ stellt eine Mischung aus der Einstellung eines Verfahrens und dem „comfort letter“ dar. „Settlements“ sind informelle Gespräche zwischen einem Unternehmen und einem Vertreter der Generaldirektion Wettbewerb[164], in denen eine Art Kompromiss ausgehandelt wird, der in der Regel eine Zusicherung über die Art des Verhaltens im Wettbewerb seitens des Unternehmens beinhaltet. Im Gegenzug setzt die Kommission das Verfahren zur Beurteilung dieses Verhaltens aus[165].

Diese Vorgehensweise ist in der kartellrechtlichen Praxis weit verbreitet. Sie ist jedoch erheblichen Bedenken ausgesetzt. Zum einen gewährt sie Unternehmen nicht die geringste Rechtssicherheit, da es sich lediglich um informelle Gespräche und nicht bindende Abmachungen handelt, die in der Regel nicht einmal publiziert werden und die Kommission nicht daran hindern, jederzeit ein „formelles“ Verfahren einzuleiten[166]. Zum anderen besteht die Gefahr, dass zum Beispiel persönliche Beziehungen oder der gute Ruf eines Unternehmens die Meinungsbildung innerhalb der Generaldirektion Wettbewerb unsachlich beeinflussen und zu Ungleichbehandlungen führen[167]. Der im EG-Vertrag festgelegten Pflicht der Kommission, ein Umfeld zu schaffen, in dem ein gesunder Wettbewerb entstehen kann, läuft die Praxis des „settlements“ daher zuwider.

Es bleibt festzuhalten, dass gegen Gespräche zwischen der Kommission und den Unternehmen zwar grundsätzlich keine Einwände bestehen, diese sind indes sogar wünschenswert, da sie sachgerechte Ergebnisse fördern können. Erforderlich

---

161 Die Zahlen stammen aus *Kommission/Generaldirektion Wettbewerb*, XXX. Bericht über die Wettbewerbspolitik für das Jahr 2000, S. 389, abrufbar unter: http://europa.eu.int/comm/competition/annual_reports/2000/de.pdf (zuletzt aufgerufen am 20.07.2004).

162 Statistik aus *Kommission/Generaldirektion Wettbewerb*, XXXI. Bericht über die Wettbewerbspolitik für das Jahr 2001, S. 415, abrufbar unter: http://europa.eu.int/comm/competition/annual_reports/2001/de.pdf (zuletzt aufgerufen am 20.07.2004).

163 Siehe *Gierschmann*, S. 47.

164 Gelegentlich auch mit einem Vertreter der Kommission.

165 Vergleiche *Bartodziej*, S. 77 f.

166 Siehe *van Bael*, CMLRev. 23 (1986), 61 (70).

167 In diesem Sinne *Lässig*, FIW-Schriftenreihe Heft 170, S. 18 f.

ist aber, dass solche Gespräche, sei es auch nur in Form eines „comfort letters", dokumentiert werden.

C. Generelle Bekanntmachungen und Mitteilungen durch die Kommission

Seit langem hat die Kommission durch allgemeine Veröffentlichungen versucht, ihre Position zu gewissen Themenkomplexen zu verdeutlichen und den Rechtsanwendern Hilfestellungen bei der Auslegung von Rechtsinstituten zu geben[168].

Fraglich ist, welche Bindungswirkung diesen Veröffentlichungen zukommt. Der Rat hat die Kommission, soweit ersichtlich, zu derartigen Bekanntmachungen nicht ermächtigt. Demzufolge sollte diesen auch keine Bindungswirkung zukommen. Der Gehalt der Bekanntmachungen beschränkt sich daher auf ein öffentliches Aufzeigen der Ansichten der Kommission über das „Ob" und „Wie" der Anwendung der gemeinschaftsrechtlichen Wettbewerbsregeln.

Dennoch haben Bekanntmachungen der Kommission in der Praxis eine nicht von der Hand zu weisende faktische Bindungswirkung, die, solange sie nur zu einer Selbstbindung der Kommission führt, auch hinnehmbar ist. Sobald Bekanntmachungen der Kommission aber eine darüber hinausgehende Bindung bewirken, ist ihre Zulässigkeit im gegenwärtigen System fraglich.

IV. Durchsetzungsmittel der Kommission

Zur Durchsetzung ihrer Entscheidungen sehen der EG und die VO 17/62 eine Reihe von Maßnahmen der Kommission vor. Unterschieden wird dabei zwischen Zwangsgeldern und Geldbußen.

A. Zwangsgelder

Ein Zwangsgeld[169] dient zur Durchsetzung von Duldungs-, Unterlassungs- oder Handlungspflichten, die durch eine förmliche Entscheidung der Kommission gegen ein betroffenes Unternehmen oder gegen eine Unternehmensgruppe verhängt wurden.

---

[168] Als Beispiele seien hier nur *Kommission*, Bekanntmachung über die Zusammenarbeit zwischen der Kommission und den Gerichten der Mitgliedstaaten bei der Anwendung der Artikel 85 und 86 des EWG-Vertrages, ABl. Nr. C 39/6 vom 13.2.1993, (im Folgenden: 1. Bekanntmachung), beziehungsweise *Kommission,* 2. Bekanntmachung, ABl. Nr. C 313/3 vom 15.10.1997, erwähnt; eine ausführliche Liste der Bekanntmachungen der Kommission in Wettbewerbssachen findet sich etwa bei *Gleiss/Hirsch*, Bd. 1, Rn. 76.

[169] Das Zwangsgeld ist in Art. 16 VO 17/62 geregelt.

Das Zwangsgeld wird zunächst von der Kommission festgesetzt. Kommt das betroffene Unternehmen der Aufforderung zur Abstellung nicht nach, so teilt die Kommission den Vorgang nach Art. 16 III VO 17/62 in Verbindung mit Art. 10 VO 17/62 dem Beratenden Ausschuss für Kartell- und Monopolfragen mit, um sodann in zweiter Entscheidung den endgültigen Betrag festzusetzen. Umgekehrt kann die Kommission das Zwangsgeld im Falle der Abstellung nachträglich noch reduzieren[170]. Die Höhe des Zwangsgeldes wird nach Art. 16 I VO 17/62 in Tagessätzen zwischen € 50 und € 1000 festgesetzt.

B. Geldbußen

Die in Art. 15 VO 17/62 geregelte Geldbuße ermöglicht es der Kommission, von einem Unternehmen oder einer Gruppe von Unternehmen nachdrücklich die Befolgung der Verbote des Art. 81 f. EG und einiger Vorschriften der VO 17/62 zu erzwingen. Dieser auf die Erzwingung zukünftigen Verhaltens zielende Charakter der Geldbuße wird auch durch die Klarstellung des Art. 15 IV VO 17/62, wonach es sich nicht um eine strafrechtliche Norm handelt, unterstrichen.

Nach Ansicht des EuGH beinhaltet die Geldbuße eine Sühne- und eine Präventionsfunktion[171]. Die VO 17/62 unterscheidet zudem Verstöße gegen Regelungen betreffend das Verfahren in Kartellsachen[172] und Verstöße gegen materiellrechtliche Vorschriften[173]. Die Bußen nach Art. 15 I VO 17/62 sind, ähnlich den Zwangsgeldern, eher gering, wohingegen beim Verstoß gegen materiellrechtliche Verbote extrem hohe Strafen (bis zu 10 % des Umsatzes) ausgesprochen werden können.

Die Verhängung einer Geldbuße setzt ein tatbestandsmäßiges, rechtswidriges und schuldhaftes Verhalten voraus. Die verbotene Handlung muss also vorsätzlich oder fahrlässig erfolgen, wobei den Unternehmen, die selbst nicht schuldfähig sind, die Verletzungen der für sie handelnden Organe zugerechnet werden[174]. Dabei indiziert die tatbestandsmäßige Begehung einer durch Art. 15 VO 17/62 verbotenen Handlung deren Rechtswidrigkeit[175]. Dies gilt, wie Art. 15 V VO 17/62 festlegt, auch für den Fall, dass die Handlung an sich nach Art. 81 III EG freistellungsfähig ist, eine Freistellung aber nicht erfolgt ist. Im Umkehrschluss besteht ein Verbot für die Verhängung einer Geldbuße (Buß-

---

170 Siehe Art. 16 II VO 17/62.

171 Siehe EuGH, Rs. 41/69, Slg. 1970, 661, Rn. 170 ff. – „Chemiefarma"; EuGH, Rs. 45/69, Slg. 1970, 769, Rn. 27 f. – „Boehringer".

172 Siehe Art. 15 I VO 17/62.

173 Siehe Art. 15 II VO 17/62.

174 Siehe EuGH, Rs. 100-103/80, Slg. 1983, 1825, Rn. 94 – „Musique Diffusion Française".

175 Vergleiche *Krück/Sauter, in:* Dauses, Bd. 2 H.I § 3, Rn. 87 f.

geldimmunität) für die Zeit zwischen Stellung des Freistellungsantrages und der Entscheidung der Kommission[176]. Dieses Wechselspiel zeigt die Zäsurwirkung des Anmeldeantrags exemplarisch auf[177].

Der Schutz vor Geldbußen in der Zeit zwischen Stellung des Antrags und Entscheidung der Kommission kann gemäß der Vorschrift des Art. 15 VI VO 17/62 durch die Kommission aufgehoben werden.

Die Höhe des festzusetzenden Bußgeldes liegt im pflichtgemäßen Ermessen der Kommission, wobei nach Art. 15 II VO 17/62 Schwere und Dauer des Verstoßes maßgebliche Berücksichtigung finden.

V. Das Verhältnis der Rechtsordnungen und der befassten Stellen zueinander

Im Folgenden soll das Verhältnis zwischen Kommission und nationalen Kartellbehörden und nationalen Gerichten sowie das Verhältnis zwischen gemeinschaftsrechtlichen und nationalen Wettbewerbsregeln dargestellt werden. Die bestehenden Probleme auf diesem Gebiet werden schon angesichts der Anzahl von 16 verschiedenen Rechtsordnungen – das Gemeinschaftsrecht und die Rechtsordnungen von 15 Mitgliedstaaten – deutlich. Zwar sind zwischen den Rechtsordnungen der Mitgliedstaaten Harmonisierungstendenzen zu beobachten, jedoch macht die Harmonisierung eine Klärung des Verhältnisses zum Gemeinschaftsrecht keinesfalls obsolet.

Zwar hätte der Rat nach Art. 83 II lit. e EG grundsätzlich die Möglichkeit, das Rangverhältnis zwischen Gemeinschaftsrecht und nationalem Recht zu reglementieren, er hat davon aber bis dato keinen Gebrauch gemacht[178].

A. Verhältnis zwischen europäischem und nationalem Kartellrecht

Der Anwendungsbereich des Gemeinschaftsrechts ist nach Art. 81 I EG dann eröffnet, wenn nach der so genannten „Zwischenstaatlichkeitsklausel" die in

---

[176] Siehe Art. 15 V lit. a und 25 III VO 17/62.

[177] Siehe oben Kapitel 3 III.B.2.)a)(3).

[178] Vergleiche VO-Entwurf, Begründung, S. 2; *Kommission*, Bulletin EU 9-2000 Wettbewerb (1/25) 1.3.29., abrufbar unter: http://europa.eu.int/abc/doc/off/bull/de/200009/p103029.htm (zuletzt aufgerufen am 20.07.2004); das Verhältnis der beiden konkurrierenden Rechtsordnungen ist zwar derzeit noch nicht geregelt, dies soll aber ein Kernbestandteil des Verordnungsentwurfes werden (siehe Art. 3 VO-Entwurf). Nicht zuletzt aus diesem Grunde sind die Umwälzungen, die durch den Vorschlag zu erwarten sind, gewaltig und diesbezügliche Reaktionen so stark.

Rede stehende Verhaltensweise spürbar dazu geeignet ist, den Handel zwischen den Mitgliedstaaten zu beeinträchtigen.

Gemeinschaftsrecht und das jeweilige Recht der Mitgliedstaaten sind grundsätzlich nebeneinander anwendbar, solange die Wirksamkeit und die einheitliche Anwendung der gemeinschaftlichen Wettbewerbsregeln dadurch nicht vereitelt wird[179]. Sollte dies der Fall sein, so setzt sich das Gemeinschaftsrecht aufgrund des Grundsatzes des Vorrangs des Gemeinschaftsrechts durch.

Der Vorrang des Europarechts wurde 1964 in der grundlegenden Entscheidung des EuGH „Costa/ENEL“ grundsätzlich festgestellt[180]. Er ergibt sich zwingend aus der aus Art. 10 S. 2 EG resultierenden Verpflichtung der Mitgliedstaaten, alles zu unterlassen, was die Verwirklichung der Ziele des Vertrags gefährden könnte sowie aus dem Wesen des Gemeinschaftsrechts selbst, dessen Wirkweise nicht von Mitgliedstaat zu Mitgliedstaat unterschiedlich sein darf. Dagegen vertreten die Befürworter der so genannten „Zwei-Schranken-Theorie“ für das Kartellrecht die Ansicht, dass die beiden Rechtsordnungen zwei völlig verschiedene Materien und Schutzbereiche regeln, nämlich den innerstaatlichen und den zwischenstaatlichen Bereich, zwischen denen eine Konkurrenz nicht möglich sei[181]. Im Urteil „Walt Wilhelm“ hat sich der EuGH jedoch deutlich gegen die „Zweischranken-Theorie“ ausgesprochen und den Vorrang des Europarechts nochmals ausdrücklich hervorgehoben[182]. „Vorrang“ des Europarechts bedeutet danach allerdings nicht, dass die „unterlegene“ nationale Vorschrift unwirksam wird, sondern vielmehr, dass die fragliche Vorschrift des mitgliedstaatlichen Rechts im Falle der Widersprüchlichkeit mit einer europarechtlichen Vorschrift im konkreten Fall nicht angewendet werden darf[183].

Nach der „Walt Wilhelm“ – Rechtsprechung ist es daher grundsätzlich möglich, dass ein und derselbe Sachverhalt von der Kommission nach Gemeinschaftsrecht und von einer mitgliedstaatlichen Kartellbehörde nach nationalem Recht

---

179 Siehe *Wesseling*, S. 117 ff.

180 Siehe EuGH, Rs. 6/64, Slg. 1964, 1251 (4. Leitsatz) – „Costa/ENEL“.

181 Vergleiche *Koch*, BB 1959, 241 (247); *Gleiss/Hirsch*, Bd. 1, Rn. 59; *Schwarze*, JZ 1996, 57 (58).

182 Siehe EuGH, Rs. 14/68, Slg. 1969, 1, Rn. 6 – „Walt Wilhelm“; *Kommission*, 1. Bekanntmachung, ABl. Nr. C 39/6 vom 13.2.1993, Rn. 12. Diese Wertung wurde zuletzt im Urteil EuGH, Rs. C-344/98 EuZW 2001, 113, Rn. 49 – „Masterfoods“, in dem der EuGH einige Wertungen des Weißbuchs bereits vorwegnimmt, nochmals deutlich untermauert und sogar ausgedehnt (siehe zu den Einzelheiten der „Masterfoods“ – Entscheidung unten Kapitel 3 V.B.3.).

183 So *Brinker*, in: Schwarze, Art. 83 EGV, Rn. 11.

behandelt wird. Dieses parallele Verfahren findet seine Grenzen aber wiederum in der Vorschrift des Art. 10 EG[184].

Dieses Verständnis des Verhältnisses von Europarecht zu nationalem Recht scheint zwingend, da bei jeder anderen Betrachtungsweise eines der Hauptziele des Vertrages, die Schaffung eines gemeinsamen Marktes[185], schwerlich verwirklicht werden könnte. Dennoch wurde und wird zum Teil in der Literatur noch immer eine Schwächung dieses Grundsatzes angestrebt. So wird vorgetragen, dass eine Entscheidung der Kommission nur dann vorrangig sein soll, wenn sie ein positiver Ausdruck rechtspolitischer Wertung und Kursbestimmung durch die Kommission ist[186]. Zusätzlich zur grundlegenden Bedeutung wird dabei auf die Art der Entscheidung abgestellt. Einer Einzelfreistellung und einer Gruppenfreistellungsverordnung wird die positive Gestaltungswirkung in der Regel zuerkannt[187]. Dagegen wird sie im Rahmen eines Negativattestes und vor allem eines bloßen Verwaltungsschreibens teilweise mit dem Argument abgelehnt, dass diese beiden Handlungsformen gegenüber den nationalen Stellen keine Bindungswirkung entfalten würden[188]. Diese Einschätzung bezüglich des Negativattestes beziehungsweise des „comfort letters“ vermag zumindest insoweit nicht zu überzeugen, als damit jeglicher Vorrang des Gemeinschaftsrechts negiert wird. Es ist zwar richtig, dass diese beiden Handlungsformen nationale Stellen nicht binden, sie haben jedoch über Art. 10 EG eine erhebliche Ausstrahlungswirkung auf das Handeln der nationalen Kartellbehörden und Gerichte, die in der „Masterfoods“ – Entscheidung des EuGH noch einmal ausdrücklich bekräftigt worden ist[189].

Im „Walt Wilhelm“ – Urteil hat sich der EuGH darüber hinaus zu der Frage geäußert, ob sowohl eine Sanktion nach Gemeinschaftsrecht durch die Kommission, als auch eine parallele Sanktion nach nationalem Recht durch eine Kartellbehörde möglich ist. Diese Frage ist zu bejahen, sofern eine Verletzung des Prinzips des Art. 10 EG ausgeschlossen ist. Nach Ansicht des EuGH ist aller-

---

184 Siehe EuGH, Rs. 14/68, Slg. 1969, 1, Rn. 2 f. – „Walt Wilhelm“.

185 Art. 2 EG.

186 Vergleiche *Schwarze*, JZ 1996, 57 (62); *Schröter/Delsaux*, in: v. d. Groeben/Thiesing/Ehlermann, Bd. 2/I vor Art. 85 bis 86, Rn. 61 mit zahlreichen weiteren Verweisen; EuGH, Rs. 14/68, Slg. 1969, 1, Rn. 2 – „Walt Wilhelm“.

187 Vergleiche *Brinker*, in: Schwarze, Art. 83, Rn. 13; *Lässig*, FIW-Schriftenreihe Heft 170, S. 12 f. Allerdings sind Gruppenfreistellungsverordnungen eigentlich kein „positiver Gestaltungsakt“, sondern Bestandteil des sekundären Gemeinschaftsrechts und damit von sich aus schon als vorrangig zu behandeln, so auch *Gleiss/Hirsch*, Bd.1, Rn. 71.

188 So zum Beispiel *Gleiss/Hirsch*, Bd. 1, Rn. 73 ff.

189 Siehe EuGH, Rs. C-344/98 EuZW 2001, 113 – „Masterfoods“; siehe unten Kapitel 3 V.B.3.).

dings aus Billigkeitserwägungen die erste Sanktion bei der Verhängung der zweiten zu berücksichtigen[190]. In der Praxis kommt es aufgrund des gegenseitigen Informationsaustausches jedoch relativ selten zu einem derartigen Parallelverfahren[191].

B. Verhältnis zwischen Kommission und nationalen Behörden sowie nationalen Gerichten

Das Verhältnis zwischen der Kommission und den mitgliedstaatlichen Stellen, die mit den Aufgaben der Sicherstellung des Wettbewerbs betraut sind, ist entscheidend von der Vorschrift des Art. 9 VO 17/62 geprägt. Dieser ordnet das grundsätzliche Nebeneinander der beiden Stellen an[192], räumt aber gleichzeitig der Kommission das Recht ein, eine ausschließliche Zuständigkeit zu ihren Gunsten zu erwirken, indem sie ein Verfahren nach Art. 2, 3 oder 6 VO 17/62 einleitet. Dieser Umstand hat neben der ausschließlichen Zuständigkeit der Kommission für Freistellungen nach Art. 81 III EG zu dem bereits mehrfach angeführten Überlastungsproblem der Kommission geführt. Bereits im Vorfeld des Reformvorhabens, das durch das Weißbuch[193] eingeleitet wurde und im Kommissionsvorschlag für eine Verordnung des Rates[194] und in der Verordnung (EG) Nr. 1/2003[195] seine Fortsetzung fand, war die Kommission um eine Dezentralisierung in der Anwendung der Wettbewerbsregeln bemüht. Diesem Bemühen hat sie vor allem in zwei Bekanntmachungen Ausdruck verliehen: zum einen in der Bekanntmachung der Kommission über die Zusammenarbeit zwischen der Kommission und den Gerichten der Mitgliedstaaten bei der Anwendung der Artikel 85 und 86 des EG-Vertrages[196], und zum anderen in der Bekanntmachung der Kommission über die Zusammenarbeit zwischen der Kommission und den Wettbewerbsbehörden der Mitgliedsstaaten bei der Bearbeitung von Fällen im Anwendungsbereich der Art. 85 und 86 EG-Vertrag[197]. Diese Bekanntmachungen stellen einen wichtigen Schritt in der Entwicklung der Wettbewerbspolitik der Kommission dar und zeigen das Verhältnis zu nationalen Stellen aus Sicht der Kommission deutlich auf[198]. Eine genaue Analyse des be-

---

190 Siehe EuGH, Rs. 14/68, Slg. 1969, 1, Rn. 11 – „Walt Wilhelm".

191 So *Schröter/Delsaux*, in: v. d. Groeben/Thiesing/Ehlermann, Bd. 2/1 vor Art. 85 bis 89, Rn. 65.

192 Bestätigt durch EuGH, Rs. 14/68, Slg. 1969, 1, Rn. 9 – „Walt Wilhelm".

193 Siehe oben Fn. 4.

194 Siehe oben Fn. 5.

195 Siehe oben Fn. 3.

196 *Kommission,* 1. Bekanntmachung, ABl. Nr. C 39/6 vom 13.2.1993.

197 *Kommission,* 2. Bekanntmachung, ABl. Nr. C 313/3 vom 15.10.1997.

198 Die Kommission selbst gibt jedoch im Weißbuch zu, dass die Annahme dieser Bekanntmachungen in der Praxis nur zögerlich von statten ging, Weißbuch, Rn. 39.

stehenden Systems ist deshalb für das Verständnis der späteren Schritte der Kommission unerlässlich.

1.) Verhältnis der Kommission zu den Kartellbehörden der Mitgliedstaaten

Die Kommission ist sich der exponierten Stellung der nationalen Stellen im Gefüge der europäischen Wettbewerbsaufsicht durchaus bewusst[199], dies nicht zuletzt deshalb, weil der Wettbewerbspolitik und dem Wettbewerbsrecht durch die zunehmende Verwirklichung und der Stärkung des Binnenmarktes innerhalb der EU eine stetig wachsende Rolle zukommt[200].

Sowohl die Kommission als auch die nationalen Kartellbehörden handeln vornehmlich im öffentlichen Interesse und nicht zum Schutz Privater[201]. Aus diesem Grunde muss sich das Verhältnis der beiden Behörden zueinander auch an diesem Tätigkeitsgebiet ausrichten.

Die Art. 81 f. EG haben seit ihrem Inkrafttreten unmittelbare Wirkung. Das bedeutet, dass sie in jedem Verfahren von „jedermann", also auch von den nationalen Behörden und Gerichten, beachtet werden müssen. Dies wird in §§ 50, 96 GWB für Deutschland ausdrücklich bestätigt. Das Interesse der Mitgliedstaaten an der Anwendung des Gemeinschaftskartellrechts ist im Laufe der Zeit stetig gewachsen[202]. Bislang sind neun von 15 mitgliedstaatlichen Kartellbehörden ausdrücklich zur Anwendung der europäischen Regeln zuständig erklärt worden[203].

Zwar haben die nationalen Kartellbehörden die Vorschriften der Art. 81 f. EG zu beachten, es ist ihnen jedoch nicht gestattet, eine Freistellungsentscheidung im Sinne des Art. 81 III EG zu treffen[204]. Diese Befugnis hat laut Art. 9 I VO 17/62 allein die Kommission, Art. 81 III EG galt bislang als nicht unmittelbar anwendbar. Dies hat zur Folge, dass nationale Behörden bei der dezentralen Anwendung von Art. 81 I EG insbesondere darauf zu achten haben, dass sie sich

---

199 Siehe Weißbuch, Rn. 46.

200 Siehe *Kommission,* 1. Bekanntmachung, ABl. Nr. C 39/6 vom 13.2.1993, Rn. 1f. Siehe auch *Wolf*, in: Europa zwischen Ordnungswettbewerb und Harmonisierung, S. 237.

201 Siehe *Kommission,* 2. Bekanntmachung, ABl. Nr. C 313/3 vom 15.10.1997, Rn. 4. Die nationalen Gerichte handeln demgegenüber vornehmlich zur Durchsetzung der schützenswerten Interessen der Bürger der Europäischen Union; siehe auch *Kommission,* 1. Bekanntmachung, ABl. Nr. C 39/6 vom 13.2.1993, Rn. 4.; Weißbuch, Rn. 91.

202 So *van Miert*, in: Europa zwischen Ordnungswettbewerb und Harmonisierung, S. 219 (223).

203 Zahlen aus *Zinsmeister*, WuW 1999, 115.

204 Siehe oben Kapitel 3 III.B.

mit ihrem möglichen Verbot der fraglichen Vorgehensweise nicht mit einer ebenfalls möglichen Freistellungsentscheidung der Kommission in Widerspruch setzen[205]. In der Praxis kann dieser problematischen Situation nur durch eine Aussetzung des Verfahrens seitens der nationalen Behörden bis zu einer Entscheidung der Kommission über die Freistellung begegnet werden[206]. Die Freistellung ist indes nur möglich, wenn die fragliche Vereinbarung bei der Kommission angemeldet worden ist[207]. Leitet die Kommission daraufhin ein Freistellungsverfahren im Sinne des Art. 6 VO 17/62 ein, entfällt die parallele Zuständigkeit der nationalen Behörden ohnehin auf Grund von Art. 9 III VO 17/62[208]. Art. 9 III VO 17/62 gestattet es der Kommission, ein Verfahren jederzeit mit der Wirkung an sich zu ziehen, dass die nationalen Kartellbehörden vom Verfahren ausgeschlossen sind. Diese auf den ersten Blick nicht sofort ersichtliche Folge zeigt, dass die nationalen Behörden de facto nur für solche Fälle von gemeinschaftsweiter Bedeutung zuständig sind, die entweder schon nicht unter das Verbot des Art. 81 I EG fallen oder aber in keinem Falle freistellungsfähig sind[209]. Alle Fälle aus der Grauzone zwischen diesen beiden Extremen, die genauerer Abwägung bedürfen, fallen aufgrund der ausschließlichen Freistellungszuständigkeit der Kommission gemäß Art. 9 I VO 17/62 allein in deren Zuständigkeitsbereich. Der entscheidende Zeitpunkt für die Beantwortung der Frage nach der parallelen Zuständigkeit der nationalen Behörden ist folglich der Beschluss der Kommission, eine Entscheidung im Sinne von Art. 9 III VO 17/62 zu erlassen. Dieser Beschluss stellt dabei noch keine endgültige Freistellungsentscheidung dar, sondern beruht auf einer vorläufigen Beurteilung des Sachverhalts[210].

Hat die Kommission eine Freistellungsentscheidung – sei es eine Einzelfreistellung oder eine Freistellung aufgrund einer Gruppenfreistellungsverordnung – getroffen, so haben die nationalen Kartellbehörden diese Entscheidung zu res-

---

205 So schon EuGH, Rs. 14/68, Slg. 1969, 1, Rn. 3 ff. – „Walt Wilhelm"; die Anforderungen an die nationalen Kartellbehörden und Gerichte wurden kürzlich noch verschärft durch EuGH, Rs. C-344/98 EuZW 2001, 113 – „Masterfoods".

206 Wegbereitend bereits das Urteil des EuGH, Rs. 14/68, Slg. 1969, 1, Rn. 4 – „Walt Wilhelm", in dem er ausdrücklich feststellte, dass die nationalen Gerichte Maßnahmen zu unterlassen haben, die die praktische Wirksamkeit der im EG-Vertrag niedergelegten Grundsätze beeinträchtigen könnten.

207 Siehe Art. 4 VO 17/62.

208 Siehe *Sauter*, in: Immenga/Mestmäcker, Bd. 1 Art. 85 Abs. 3, Rn. 3.

209 So der EuGH ausdrücklich für die nationalen Gerichte, EuGH, Rs. C-234/89, Slg. I-1991, 935, Rn. 50 – „Delimitis", dies muss aber wegen Art. 10 EG auch für die nationalen Behörden gelten, solange die Kommission von Art. 9 III VO 17/62 noch keinen Gebrauch gemacht hat, also eine parallele Zuständigkeit besteht.

210 Siehe *de Bronett*, in: v. d. Groeben/Thiesing/Ehlermann, Bd. 2/I Art. 87 VO 17/62, Rn. 7 f.

pektieren und müssen deren Grundüberlegungen für künftige Entscheidungen in ihre Erwägungen mit einbeziehen[211].

In diesem komplexen System, in dem das Verfahren auf der jeweils günstigsten Stufe durchgeführt werden kann, sieht die Kommission die Möglichkeit, zu einer möglichst bürgernahen Entscheidung zu gelangen[212]. Aus diesem Grunde hat sich die Kommission in ihrer 2. Bekanntmachung aus dem Jahre 1997 dafür ausgesprochen, zur Stärkung und Förderung der Entwicklung des Binnenmarktes unter Wahrung des Subsidiaritätsprinzips die nationalen Kartellbehörden verstärkt in Verfahren mit gemeinschaftsweiter Bedeutung einzubeziehen[213].

Die Kommission bemüht sich dabei, zu Zwecken der Kostendämmung und Effizienzsteigerung Doppelverfahren zu vermeiden. Um dieses Ziel zu erreichen, soll ein umfangreiches System von Amtshilfe- und Informationspflichten etabliert werden. Daneben regt die Kommission an, die nationalen Vorschriften so auszulegen, dass möglichst einheitliche Ergebnisse erzielt werden[214].

Die Kommission begründet ihren Wunsch nach stärkerer Partizipation der nationalen Kartellbehörden an der Anwendung der gemeinschaftlichen Wettbewerbsregeln mit deren angeblich besseren Kenntnissen über die nationalen Begebenheiten und der damit korrespondierenden Überlegenheit im Treffen interessengerechter Entscheidungen. Die Betrauung der nationalen Behörden ist nach Ansicht der Kommission zudem ökonomischer, da von den streitenden Unternehmen häufig sowohl nationale als auch gemeinschaftsrechtliche Vorschriften herangezogen werden, die Kommission jedoch nicht befugt ist, mitgliedstaatliche Regelungen anzuwenden.

Die Entscheidungskompetenz der nationalen Behörden ist durch Art. 4 II Nr. 1 VO 17/62 limitiert, wonach diese vornehmlich für Fälle mit nationaler Begrenzung zuständig sind. Sind nach Ansicht der Kommission jedoch zugleich gemeinschaftsweite Interessen betroffen, nimmt diese für sich die Kompetenz in Anspruch, auch derartige national geprägte Fälle selbst aufzugreifen[215].

a) Verfahren, in denen die Kommission als Erste befasst war

Ist die Kommission in einem Verfahren als erste befasst, stellt sich die Frage, was geschieht, wenn sie diese wegen mangelnder Betroffenheit von Gemein-

---

211 Siehe *Kommission,* 2. Bekanntmachung, ABl. Nr. C 313/3 vom 15.10.1997, Rn. 5.

212 Siehe *Kommission,* 2. Bekanntmachung, ABl. Nr. C 313/3 vom 15.10.1997, Rn. 3.

213 Siehe dazu auch *Tesauro*, in: Modernisation and Decentralisation of EC Competition Law, S. 1 (6).

214 Siehe *Kommission,* 2. Bekanntmachung, ABl. Nr. C 313/3 vom 15.10.1997, Rn. 10.

215 Siehe *Kommission,* 2. Bekanntmachung, ABl. Nr. C 313/3 vom 15.10.1997, Rn. 26.

schaftsinteressen nicht selbst entscheiden möchte, sondern die Regelung durch eine nationale Kartellbehörde bevorzugt.

Ein Tätigwerden von nationalen Behörden scheidet nach dem Grundsatz der gemeinschaftsrechtlichen Pflicht zur Beachtung der Freistellung[216] in den Fällen aus, in denen die Kommission auf einen Freistellungsantrag nach Art. 4 I VO 17/62 hin tätig wurde, da nach Art. 9 I VO 17/62 für Freistellungen eine ausschließliche Zuständigkeit der Kommission besteht. Für diesen Fall hat der EuGH einen Sachentscheidungsanspruch des Anmeldenden bejaht[217]. Ist Art. 82 EG betroffen oder eine Anwendung des Art. 81 III EG auszuschließen, können die nationalen Behörden dagegen jederzeit das Verfahren aufgreifen.

Komplizierter ist die Rechtslage, wenn der Kommission eine Beschwerde im Sinne von Art. 3 I VO 17/62 vorliegt[218]. Fraglich ist, ob in einem solchen Falle die Wettbewerbsbehörde eines Mitgliedstaates noch befugt ist, das Verfahren aufzunehmen. Dies hängt davon ab, ob dem Beschwerdeführer ein Anspruch auf eine Sachentscheidung seitens der Kommission zugesprochen werden soll. Nach Rechtsprechung des EuG ist ein solcher Anspruch in Fällen, in denen kein gemeinschaftsweites Interesse besteht, abzulehnen[219]. Wird das gemeinschaftsweite Interesse verneint, hat die Kommission daher die Möglichkeit, bei derjenigen Behörde, die den größten Bezug zum Sachverhalt aufweist, anzufragen, ob sie die Beschwerde prüfen und bescheiden will. Erklärt sich die mitgliedstaatliche Behörde dazu in der Lage, hat die Kommission wiederum die Pflicht, ausreichende Amtshilfe zu leisten und die entscheidungserheblichen Informationen bereitzustellen[220].

b) Verfahren, in denen eine nationale Behörde als Erste befasst war

Für den Fall, dass die Kommission einen Fall behandeln möchte, mit dem zunächst eine Kartellbehörde eines Mitgliedstaates befasst war, bedarf es eines gut funktionierenden Informationssystems zwischen der gemeinschaftlichen und der nationalen Ebene. Andernfalls wäre es der Kommission bei 15 oder mehr unabhängigen Kartellbehörden und einer unüberschaubaren Flut von Fällen unmöglich, den Überblick über die anhängigen Fälle zu bewahren. Besondere Bedeutung haben nach Ansicht der Kommission in diesem Zusammenhang zwei Fall-

---

216 Siehe EuGH, Rs. 14/68, Slg. 1969, 1, Rn. 4 – „Walt Wilhelm“; vergleiche auch *Gleiss/Hirsch*, Bd. 1, Rn. 65.

217 Siehe EuG, Rs. T-23/90, Slg. II-1991, 653, Rn. 47 – „Peugeot“; dazu auch *Emmerich*, KartR, § 39, S. 452; siehe oben Kapitel 3 III.B.2.)a)(1).

218 So *Zinsmeister*, WuW 1997, 5 (8).

219 Siehe oben Kapitel 3 III.A.1.)b)(2)(a).

220 Siehe *Kommission*, 2. Bekanntmachung, ABl. Nr. C 313/3 vom 15.10.1997, Rn. 44 ff.

gruppen: Zum einen Fälle, die ein neues Rechtsproblem aufwerfen und zur Stärkung der Einheitlichkeit des Binnenmarktes zweckmäßigerweise zentral entschieden werden sollten und zum anderen Fälle von großer wirtschaftlicher Bedeutung. Hierunter fallen zum Beispiel jene Fälle, in denen die Marktzutrittschancen in einem Mitgliedstaat erschwert werden oder ein wettbewerbswidriges Vorgehen eines öffentlichen Unternehmens vorliegt[221]. Droht die Gefahr widersprüchlicher Entscheidungen, so ist es Aufgabe der nationalen Stellen, die Kommission zu informieren, um unterschiedliche Entscheidungen und damit die Schwächung der Durchsetzung der gemeinsamen Wettbewerbsregeln zu verhindern.

Eine gute Zusammenarbeit zwischen Kommission und nationalen Behörden ist auch dann erforderlich, wenn eine so genannte hinauszögernde Anmeldung bei der Kommission erfolgt[222]. Dies ist dann der Fall, wenn zu einem bereits laufenden nationalen Verfahren noch ein zusätzliches Verfahren bei der Kommission zu dem Zweck angestrengt wird, aufgrund der Wirkung des Art. 9 III VO 17/62 den mitgliedstaatlichen Stellen die Zuständigkeit für das Verfahren zu entziehen, da von diesen möglicherweise eine für das Unternehmen negative Entscheidung droht. Aufgrund des Anspruches auf Bescheidung ist die Kommission verpflichtet, diese Verfahren zu behandeln[223]. Es ist ihr jedoch möglich, den verschiedenen Verfahren unterschiedliche Priorität einzuräumen[224]. Kommt die Kommission in der Vorprüfung zu dem Ergebnis, dass eine Freistellung unwahrscheinlich ist und der gemeinschaftsweite Bezug fehlt, teilt sie dies der nationalen Behörde und dem Antragsteller mit und beschließt, eine Entscheidung erst im Anschluss an eine Entscheidung der nationalen Stelle zu erlassen. Die Kommission weist dem fraglichen Verfahren also eine geringe Priorität zu. Um divergierende Entscheidungen zu vermeiden, bedarf es hierbei wiederum einer funktionierenden Kommunikation zwischen den beiden Stellen.

Die Kommission verpflichtet sich in der 2. Bekanntmachung, ein Verfahren im Sinne des Art. 9 III VO 17/62, das zum Entzug der Zuständigkeit der nationalen Stelle führen würde, nur in Ausnahmefällen einzuleiten. Solche Fälle liegen

---

221 Siehe *Kommission,* 2. Bekanntmachung, ABl. Nr. C 313/3 vom 15.10.1997, Rn. 50.

222 Siehe *Kommission,* 2. Bekanntmachung, ABl. Nr. C 313/3 vom 15.10.1997, Rn. 55 ff; zur Anmeldung im Allgemeinen siehe oben Kapitel 3 III.B.2.)a).

223 Siehe oben Kapitel 3 V.B.1.)a).

224 Siehe die Entscheidungen EuGH, Rs. C-344/98 EuZW 2001, 113, Rn. 48 – „Masterfoods“; so auch schon EuGH, Rs. C-234/89, Slg. I-1991, 935, Rn. 44 – „Delimitis“ und EuG, Rs. T-24/90, Slg. II-1992, 2223 Leitsatz 2 – „Automec II“; siehe auch oben Kapitel 3 III.A.1.)b)(2)(a).

nach Meinung der Kommission bei der Verschleppung des Verfahrens oder einer völlig unerwarteten Entscheidung der Kartellbehörde vor[225].

c) Beratender Ausschuss für Kartell- und Monopolfragen

Die enge Zusammenarbeit zwischen der Kommission und den Behörden der Mitgliedstaaten wird durch Art. 10 VO 17/62 bekräftigt.

Zur weiteren Verbesserung der Partizipation der Kartellbehörden der Mitgliedstaaten sieht Art. 10 II und III VO 17/62 die Bildung des „Beratenden Ausschusses in Kartell- und Monopolfragen" vor, der bei jeder abschließenden Entscheidung anzuhören ist. In diesen Ausschuss entsenden die nationalen Behörden je einen Vertreter[226]. Der Ausschuss verfasst zu den von ihm behandelten Fällen Empfehlungen, die er der Kommission zukommen lässt.

Die tatsächliche Wirkung des Beratenden Ausschusses ist jedoch eher beschränkt, da zum einen die Empfehlungen nach Art. 10 VI VO 17/62 nicht veröffentlicht werden und zum anderen die Kommission an diese Empfehlungen auch nicht gebunden ist.

2.) Verhältnis der Kommission zu den nationalen Gerichten

Im Folgenden soll das Verhältnis zwischen Kommission und nationalen Gerichten nach der Rechtslage unter der VO 17/62 untersucht werden.

a) Aufgabenteilung zwischen der Kommission und den Gerichten der Mitgliedstaaten

Hinsichtlich der Aufgabenteilung zwischen der Kommission und den Gerichten der Mitgliedstaaten ist zunächst zu berücksichtigen, dass die beiden Stellen zwei grundsätzlich verschiedene Aufgaben haben: die Gerichte haben primär die Interessen von Privaten zu schützen, während Aufgabe der Kommission der Schutz des Bestands des Wettbewerbs im gemeinsamen Markt ist[227]. Auch dieses Verhältnis ist maßgeblich von der Gratwanderung zwischen Dezentralisierung und einheitlicher Anwendung des gemeinsamen Rechts geprägt.

---

[225] Vergleiche *Kommission,* 2. Bekanntmachung, ABl. Nr. C 313/3 vom 15.10.1997, Rn. 62.

[226] Vertiefend *Ritter*, in: Immenga/Mestmäcker, Bd. 2 VO 17/62 Art. 10, Rn. 21.

[227] Siehe *Kommission,* 1. Bekanntmachung, ABl. Nr. C 39/6 vom 13.2.1993, Rn. 4; *Kommission,* 2. Bekanntmachung, ABl. Nr. C 313/3 vom 15.10.1997, Rn. 3. Vergleiche dazu auch *Bornkamm*, FIW-Schriftenreihe Heft 158, S. 51 ff. und *Lieb*, S. 115 ff.

b) Differenzierung zwischen Gerichten in Kartellverwaltungssachen und Zivilgerichten

Der Hauptunterschied im Vergleich zum Verhältnis zwischen der Kommission und den nationalen Kartellbehörden besteht darin, dass Art. 9 III VO 17/62 auf die nationalen Zivilgerichte unstreitig keine Anwendung findet[228]. Behörden im Sinne der Vorschrift sind nur solche Gerichte, die

> *„besonders damit betraut sind, das nationale Wettbewerbsrecht anzuwenden oder die Gesetzmäßigkeit seiner Anwendung durch Verwaltungsbehörden zu überwachen"*[229].

Dies sind in Deutschland die Gerichte, die in Kartellverwaltungssachen entscheiden, also zum Beispiel die Entscheidungen des Bundeskartellamts überprüfen. An einem solchen Gericht hat der Richter selbst nach Einleitung eines Kommissionsverfahrens die Möglichkeit, anhand der von EuGH, EuG und Kommission aufgestellten Grundsätze die Freistellungsfähigkeit zu beurteilen[230], dagegen besteht diese Möglichkeit für die Zivilgerichte nicht.

Um den nationalen Gerichten die Erfüllung ihrer Aufgaben, die Durchsetzung privater Interessen, zu ermöglichen, hat der EuGH im Urteil „BRT" daher unmissverständlich festgestellt, dass die Art. 81 I, II und 82 EG unmittelbare Wirkung entfalten und Rechte für Personen und Unternehmen begründen. Diese Rechte haben die mitgliedstaatlichen Zivilgerichte als private Interessen zu schützen[231].

c) Anwendung von Art. 81 und 82 EG

Bei der Anwendung des EG-Rechts durch die nationalen Zivilgerichte ist wiederum zwischen den verschiedenen Handlungsformen zu differenzieren.

Wie oben bereits erwähnt, ist ausschließlich die Kommission befugt, Freistellungsentscheidungen nach Art. 81 III EG zu erlassen. Hat sie aber eine Einzelfreistellung oder eine Gruppenfreistellungsverordnung erlassen, so sind die Ge-

---

[228] Zu pauschal hierzu *Emmerich*, KartR, § 39/2, S. 450 f.

[229] EuGH, Rs. 127/73, Slg. 1974, 51, Rn. 14 – „BRT/SABAM"; vergleiche auch *Merker*, S. 353 f.

[230] So *Bornkamm*, in: Neuere Entwicklungen auf dem Gebiet des europäischen Wettbewerbsrechts, S. 47.

[231] Siehe EuGH, Rs. 127/73, Slg. 1974, 51, Rn. 16 – „BRT/SABAM".

richte befugt, aber auch verpflichtet, diese Entscheidungen oder Verordnungen bei ihrer Urteilsfindung zu berücksichtigen[232].

Hält ein nationales Gericht eine Verhaltensweise für offensichtlich nicht freistellungsfähig, so ist es ohne weiteres befugt, Maßnahmen nach Art. 81 I, II EG einzuleiten. Kommt es aber zum Ergebnis der Freistellungsfähigkeit oder hegt es Zweifel, so ist das nationale Gericht geheißen, das Verfahren auszusetzen und die Kommissionsentscheidung abzuwarten beziehungsweise eine Vorabentscheidung des Gerichtshofes gemäß Art. 234 EG herbeizuführen[233]. Zudem müssen die Gerichte stets Sorge dafür tragen, dass sie keiner von der Kommission getroffenen oder beabsichtigten Entscheidung zu Art. 81 I und 82 EG sowie vor allem zu Art. 81 III EG entgegentreten. Dies lässt sich nur durch eine sorgfältige Prüfung und genaue Kenntnis des Vorgehens der Kommission seitens der nationalen Gerichte gewährleisten. Dabei können nach Meinung der Kommission allgemeine Bekanntmachungen eine entscheidende Rolle spielen[234].

Im Rahmen der Anwendung des Art. 81 III EG kommen dem nationalen Richter verschiedene Aufgaben zu. Ist bereits eine förmliche Freistellung ergangen, so hat er diese zu respektieren. Liegt weder eine Gruppen- noch eine Einzelfreistellung vor, so hat der Richter das Verhalten des Unternehmens anhand der Art. 81 f. EG und der VO 17/62 zu prüfen. Kommt er daraufhin zu einer möglichen Freistellungsfähigkeit, muss er die Entscheidung der Kommission abwarten, kommt er zu dem Ergebnis, dass das Verhalten nicht freistellungsfähig ist, hat er die zur Durchsetzung der Art. 81 I und 82 EG notwendigen Maßnahmen zu treffen.

d) Gruppenfreistellungsverordnungen

Kommt das Gericht bei der Prüfung eines Sachverhalts zu dem Ergebnis, dass der Fall zwar unter Art. 81 I EG fällt, aber durch eine Gruppenfreistellungsverordnung freigestellt sein könnte, so darf das Gericht das Verhalten vom Kartellverbot freistellen. Dies stellt keinen Verstoß gegen Art. 9 I VO 17/62 dar, weil diese Entscheidung gerade keine förmliche Freistellungsentscheidung im Sinne von Art. 81 I EG ist. Die förmliche Freistellungsentscheidung ist vielmehr im Erlass der Gruppenfreistellungsverordnung zu sehen[235].

---

[232] Vergleiche *Kommission,* 1. Bekanntmachung, ABl. Nr. C 39/6 vom 13.2.1993, Rn. 8 mit Verweis auf EuGH, Rs. C-234/89, Slg. I-1991, 935, Rn. 46 – „Delimitis“ und EuGH, Rs. 63/75, Slg. 1976, 111 – „Fonderies de Roubaix“.

[233] Siehe EuGH, Rs. C-234/89, Slg. I-1991, 935, Rn. 49 – „Delimitis“.

[234] Siehe oben Kapitel 3 III.C.

[235] Vergleiche dazu *Esser-Wellié*, WuW 1995, 457 (462).

Kommt das Gericht zu dem Ergebnis, dass die Verhaltensweise nicht von der Gruppenfreistellungsverordnung gedeckt ist, muss es die Maßnahmen einleiten, die zur Durchsetzung der Art. 81 und 82 EG erforderlich sind.

In diesem Zusammenhang ist weiterhin von Bedeutung, dass die Gerichte nicht befugt sind, den Anwendungsbereich von Gruppenfreistellungsverordnungen neu zu interpretieren[236]. Bestehen diesbezüglich Unklarheiten, so sind die Gerichte gehalten, eine Kommissionsentscheidung abzuwarten beziehungsweise den Gerichtshof anzurufen.

e) Negativattest

Liegt dem nationalen Gericht ein Negativattest vor, so bindet dieses das Gericht nicht, da es grundsätzlich nur deklaratorische Wirkung hat[237]. Nach Ansicht der Kommission[238] und des Gerichtshofs[239] entfaltet ein Negativattest jedoch eine faktische Ausstrahlungswirkung dahingehend, dass es die Sichtweise der Kommission bezüglich des verhandelten Sachverhalts zum Ausdruck bringt. Das Gericht ist gemäß des Grundsatzes des gemeinschaftsfreundlichen Verhaltens gemäß Art. 10 S. 2 EG gehalten, solche Positionen in seiner Entscheidung angemessen zu berücksichtigen.

f) „Comfort Letter"

Ähnlich wie ein Negativattest entfaltet auch ein einfaches Verwaltungsschreiben keine Bindungswirkung für die Gerichte[240]. Es gilt jedoch, entsprechend zum Negativattest, den Inhalt des Verwaltungsschreibens als Kundgabe der Meinung der Kommission angemessen zu berücksichtigen[241].

g) Rolle der Kommission im Verhältnis zu den Gerichten

Die Kommission versteht ihre Aufgabe dahingehend, dass sie als gemeinschaftliche Verwaltungsbehörde zuvorderst den allgemeinen Interessen der Gemeinschaft zu dienen hat. Da sie aber nur über sehr limitierte Mittel verfügt, sieht sie sich schon in der Bekanntmachung von 1993 genötigt, eine Auswahl hinsichtlich derjenigen Verfahren zu treffen, die von ihr selbst bearbeitet und entschie-

---

236 So EuGH, Rs. C-234/89, Slg. I-1991, 935 – „Delimitis".

237 Siehe oben Kapitel 3 III.B.2.)c)(3).

238 Siehe *Kommission,* 1. Bekanntmachung, ABl. Nr. C 39/6 vom 13.2.1993, Rn. 20.

239 Siehe EuGH, Rs. 99/79, Slg. 1980, 2511, Rn. 11 – „Lancôme".

240 Ständige Rechtsprechung des Gerichtshofs: EuGH, Rs. 253/78 und 1-379, Slg. 1980, 2327, Rn. 13 –„Guerlain"; EuGH, Rs. 99/79, Slg. 1980, 2511, Rn. 11 – „Lancôme"; so nun auch die *Kommission,* 1. Bekanntmachung, ABl. Nr. C 39/6 vom 13.2.1993, Rn. 20.

241 Vergleiche oben Kapitel 3 III.B.2.)c)(3).

den werden können. Alle übrigen Verfahren sollen nach der 1. Bekanntmachung durch Verwaltungsschreiben geregelt werden. Werden diese Schreiben durch eine Beschwerde angegriffen, so soll diese nach dem Willen der Kommission von den nationalen Behörden und Gerichten bearbeitet werden[242]. Darin sieht die Kommission folgende Vorteile[243]:

- Nur ein nationaler Richter kann geltendgemachte Schadensersatzansprüche im Zusammenhang mit Wettbewerbsverletzungen zusprechen.

- Der nationale Richter kann einstweilige Verfügungen und die Abstellung von Zuwiderhandlungen in aller Regel schneller anordnen als die Kommission.

- Vor dem nationalen Richter können sowohl Ansprüche aus Gemeinschaftsrecht als auch aus nationalem Recht geltend gemacht werden. Diese Möglichkeit besteht vor der Kommission hingegen nicht.

Zur Verwirklichung des in Art. 10 und 3 lit. g EG proklamierten Ziels des Schutzes des Wettbewerbs auf dem gemeinsamen Mark vor Verfälschungen bedarf es der intensiven Zusammenarbeit von Kommission und nationalen Gerichten. Dies beinhaltet eine Verpflichtung zur Amtshilfe sowohl auf gemeinschaftlicher als auch auf mitgliedstaatlicher Seite[244]. Zu dieser Amtshilfe macht die Kommission am Ende ihrer 1. Bekanntmachung Ausführungen[245]: Umfasst sein sollen unter anderem Auskunftsrechte der nationalen Richter, Konsultationen, die Pflicht zu Stellungnahmen seitens der Kommission sowie die Übermittlung der entscheidungserheblichen Daten. Besondere Bedeutung erlangen in diesem Zusammenhang die diversen Bekanntmachungen der Kommission, die die nationalen Richter über die grundlegende Rechtsauffassung informieren sollen.

3.) Das „Masterfoods" – Urteil des EuGH

Im Jahre 2000 wurde in der „Masterfoods" – Entscheidung des EuGH[246] die Aussage der Kommission aus der ersten und zweiten Bekanntmachung, wonach kein nationales Gericht (Behörde) eine Entscheidung treffen dürfe, die einer

---

242 Siehe *Kommission,* 1. Bekanntmachung, ABl. Nr. C 39/6 vom 13.2.1993, Rn. 14.
243 Siehe *Kommission,* 1. Bekanntmachung, ABl. Nr. C 39/6 vom 13.2.1993, Rn. 15.
244 So der EuGH, Rs. C-234/89, Slg. I-1991, 935, Rn. 53 – „Delimitis".
245 Siehe *Kommission,* 1. Bekanntmachung, ABl. Nr. C 39/6 vom 13.2.1993, Rn. 33 ff.
246 Siehe EuGH, Rs. C-344/98 EuZW 2001, 113 – „Masterfoods"; auch, Slg. I-2000, 11369.

möglichen Entscheidung der Kommission entgegensteht[247], vom EuGH bestätigt und neuerlich bekräftigt. In diesem Fall ging es um die Gültigkeit einer Ausschließlichkeitsbindung beim Vertrieb von Speiseeis in Irland. Das Unternehmen HB Ice Cream Ltd. gab seinen Wiederverkäufern auf, die von ihr zur Verfügung gestellten Kühltruhen ausschließlich für Eis von HB zu verwenden. Als nunmehr Masterfoods Ltd. in den Speiseeismarkt eintrat und die Wiederverkäufer anregte, auch ihr Eis in diesen Kühltruhen anzubieten, mahnte HB die Eisverkäufer ab, woraufhin Masterfoods Klage zum High Court erhob. Dieser wies die Klage ab, worauf Masterfoods parallel Berufung zum Supreme Court einlegte und eine Beschwerde bei der Kommission nach Art. 3 VO 17/62 erhob. Die Kommission lehnte die Freistellung der Vertriebsbindung ab. Gegen diese Entscheidung klagte wiederum HB beim EuGH. Der Supreme Court setzte das Verfahren aus und legte es zur Vorabentscheidung ebenfalls dem EuGH vor[248].

Der EuGH billigt in seiner Entscheidung der Kommission die Kompetenz zu, jederzeit eine Einzelentscheidung zur Anwendung von Art. 81 und 82 EG zu treffen, selbst dann, wenn ein nationales Gericht bereits eine widersprechende Entscheidung erlassen hat[249]. Diese Kompetenz sei für die Kommission zwingend erforderlich, damit sie ihrer wichtigen Aufgabe gemäß Art. 81 EG, der Verwirklichung der Grundsätze der Art. 81 und 82, gerecht werden könne. Dieses Recht der Kommission korrespondiert mit der Pflicht der Mitgliedstaaten aus Art. 10 S. 2 EG, alles zu unterlassen, was der Verwirklichung der Zielsetzung des EG-Vertrages zuwiderläuft[250]. Insbesondere sind von den nationalen Behörden und Gerichten die Entscheidungen der Kommission angemessen zu berücksichtigen. Dazu gehören nun laut EuGH auch ausdrücklich jene Entscheidungen der Kommission, die diese möglicherweise in der Zukunft treffen wird[251]. Hängt also die Entscheidung eines nationalen Gerichts von einem noch abzugebenden Votum der Kommission ab, so hat das Gericht nunmehr das Verfahren auszusetzen und die entscheidungserhebliche Frage vorzulegen.

---

247 Zur Rechtslage vor der „Masterfoods" – Entscheidung vergleiche *Weyer*, WuW 2000, 841.

248 Siehe *Wagemann/Pape*, Rn. 1097 ff.

249 Siehe EuGH, Rs. C-344/98 EuZW 2001, 113, Rn. 48 – „Masterfoods".

250 Diese Pflicht gilt für alle Organe der Mitgliedstaaten, also auch für die nationalen Gerichte, so *Geiger*, EuZW 2001, 116 (117); dieses Grundprinzip im Verhältnis der gemeinschaftlichen Stellen zu den nationalen Stellen hat der EuGH bereits im grundlegenden Urteil EuGH, Rs. 14/68, Slg. 1969, 1, Rn. 4 – „Walt Wilhelm" festgestellt. Dadurch soll gesichert werden, dass die Wirkweise der Gemeinschaftsrechtsordnung in allen Mitgliedstaaten möglichst gleich ist.

251 Siehe EuGH, Rs. C-344/98 EuZW 2001, 113, Rn. 48 – „Masterfoods".

Mit dem „Masterfoods" – Urteil hat der EuGH in Bezug auf das Verhältnis zwischen gemeinschaftlichen und nationalen Stellen bereits den Weg in Richtung der Reformvorschläge der Kommission geebnet, die, wie zu zeigen sein wird, ganz ähnliche Ansätze verfolgten[252].

[252] Vergleiche *Geiger*, EuZW 2001, 116 (117); zur „Masterfoods" – Entscheidung siehe ferner *Schaub*, in: Internationales Kartellrechtsforum, S. 1 (13); *Kamann/Horstkotte*, WuW 2001, 458 ff.; *Bornkamm*, ZWeR 2003, 73 ff.

Kapitel 4
Schwächen des bestehenden Systems nach der Verordnung (EWG) Nr. 17/62

Das folgende Kapitel der Arbeit setzt sich mit den Schwächen des bestehenden, in der Verordnung (EWG) Nr. 17/62[253] geregelten europäischen Kartellverfahrensrechts auseinander und versucht, die Veranlassung der Kommission für ihren umwälzenden Reformvorschlag zu verdeutlichen.

Um die Schwächen des alten Systems aufzuzeigen, ist zunächst ein kurzer Überblick über die wichtigsten Eckpunkte der Regelungen der Verordnung (EG) Nr. 1/2003[254] nötig, da nur so die vorgetragene Kritik an den bestehenden Regelungen deutlich werden kann[255].

I. Überblick über die Reformvorschläge der Kommission

A. Umstellung auf das System der Legalausnahme – direkte Anwendbarkeit von Art. 81 III EG

Der wohl wichtigste Unterschied zum bestehenden System nach der VO 17/62 ist in der Umstellung vom System mit Erlaubnisvorbehalt (Anmeldeverpflichtung mit Freistellungsmöglichkeit) zu einem System der Legalausnahme zu sehen. Zu beachten ist jedoch, dass auch weiterhin das Verbotsprinzip nach Art. 81 I EG gilt, wonach alle vertragswidrigen Vereinbarungen, Beschlüsse und abgestimmten Verhaltensweisen grundsätzlich ex tunc verboten sind und eine Freistellung nach Art. 81 III EG ausscheidet[256].

1.) Legalausnahmesystem

Unter dem Regime eines Legalausnahmesystems bedarf es in Zukunft keiner konstitutiv wirkenden Freistellungsentscheidungen seitens der Kommission mehr, um eine unter Art. 81 I EG fallende Vereinbarung zu legalisieren. Eine Vereinbarung, ein Beschluss oder eine abgestimmte Verhaltensweise, die unter das Kartellverbot des Art. 81 I EG fällt, darf zukünftig immer schon dann prak-

---

253 Siehe oben Fn. 6.

254 Siehe oben Fn. 3.

255 Eine eingehende Darstellung des Reformvorschlags der Kommission erfolgt unten in Kapitel 5 und Kapitel 6

256 Vergleiche die Ausführungen der *Kommission*, Weißbuch (siehe oben Fn. 4), Rn. 11 f. und 48.

tiziert werden, wenn die Freistellungsvoraussetzungen des Art. 81 III EG erfüllt sind.

Art. 1 VO 1/2003 erklärt folglich Art. 81 III EG für direkt anwendbar. Das bedeutet zunächst, dass die Unternehmen selbst prüfen dürfen und müssen, ob die fragliche Abrede vom Kartellverbot des Art. 81 I EG freigestellt ist oder nicht. In diesem Zusammenhang wird oftmals, leicht polemisch, von der so genannten Selbstveranlagung durch die Unternehmen gesprochen, nach der die Unternehmen sich quasi selbst vom Kartellverbot freistellen können[257]. Kommt die Prüfung durch die beteiligten Unternehmen zu dem Ergebnis, dass die Vereinbarung unter den Voraussetzungen des Art. 81 III EG freigestellt ist, so kann die Vereinbarung ohne weitere Anzeige an irgendeine Behörde in Vollzug gesetzt werden.

2.) Abschaffung von Freistellungsanträgen

Die unmittelbare Folge dieser Regelung ist der Wegfall der Freistellungsanträge, da eine Freistellungsentscheidung aufgrund einer Prüfung durch die Kommission nicht mehr erfolgt. Die Freistellung tritt also bei Vorliegen der Voraussetzungen des Art. 81 III EG von selbst und sofort ein[258].

Die Kommission wird mit einer möglicherweise kartellrechtlich relevanten Absprache daher nur noch befasst, wenn sie nach Art. 7 I VO 1/2003 das Verfahren zur Feststellung eines Verstoßes entweder von Amts wegen aufgreift oder im Rahmen einer Beschwerde eines Drittbetroffenen tätig wird. Damit geht die Kommission von der bisherigen ex-ante Prüfung zu einer ex-post Kontrolle von eventuell wettbewerbswidrigen Vereinbarungen über. Diese Maßnahmen sollen der Kommission freie Ressourcen zur Aufspürung und Bearbeitung von wirklich gravierenden Verstößen (so genannten „Hardcore-Kartellen“) verschaffen[259]. Als derartige „Hardcore-Kartelle“ werden zum Beispiel branchenweite Preisabsprachen, Marktaufteilungen und Submissionskartelle[260] angesehen.

---

[257] Vergleiche *Bechtold*, in: Europäisches Wettbewerbsrecht im Zeichen der Globalisierung, S. 143; *ders.*, WuW 2003, 343; *Schnelle*, Compliance von Verträgen, S. 1; *Schütz*, WuW 2000, 686 (689).

[258] Vergleiche dazu *Stillfried/Stockenhuber*, WBL 2001, 145 (148); *Weinand*, S. 2.

[259] Siehe *Wolf*, Handelsblatt Nr. 196 vom 11.10.1999, S. 6.

[260] Unter einem Submissionskartell versteht man eine wettbewerbswidrige Absprache bei Ausschreibungen. Die Bildung eines Submissionskartells ist gemäß § 298 StGB strafrechtlich untersagt.

3.) Untersuchungsbefugnisse der Kommission und neues Informationssystem

Um die Effizienz dieses neuen ex-post Kontrollmechanismus zu erhöhen und den Informationsverlust in Folge des Wegfalls der Anmeldeverpflichtung zu kompensieren, soll die Kommission nach Art. 17 ff. VO 1/2003 wesentlich weitreichendere Untersuchungsbefugnisse erhalten und sich auf diese Art und Weise die entscheidungserheblichen Informationen beschaffen können[261].

Dazu korrespondierend werden die Informations- und Kooperationspflichten zwischen der Kommission auf der einen und den nationalen Gerichten und Kartellbehörden auf der anderen Seite durch die Art. 11 ff. VO 1/2003 erheblich intensiviert.

4.) Aufgabe des Freistellungsmonopols der Kommission – unmittelbare Anwendbarkeit des Art. 81 III EG

Weiterhin wird das Freistellungsmonopol der Europäischen Kommission, das bislang in Art. 9 VO 17/62 normiert war, aufgegeben[262]. Nunmehr sind alle nationalen Stellen, soweit das Recht des jeweiligen Mitgliedstaates diese Möglichkeit vorsieht, dazu befugt, neben der schon bisher vorgesehenen Prüfung der Art. 81 I und 82 EG[263] auch Prüfungen im Rahmen des Art. 81 III EG vorzunehmen und entsprechende Maßnahmen einzuleiten[264]. Dies ergibt sich aus Art. 1 I, II VO 1/2003, der nun auch Art. 81 III EG für direkt anwendbar erklärt. Nach Art. 5 f. VO 1/2003 sind sowohl nationale Gerichte als auch Behörden zuständig für die Anwendung des Art. 81 III EG[265]. Diese Öffnung des Anwendungsbereichs des Art. 81 III EG zugunsten der nationalen Gerichte und Behörden ist wohl wichtigster Bestandteil der von der Kommission seit langem propagierten Dezentralisierungsbestrebungen im Bereich des gemeinschaftlichen Wettbewerbsrechts.

---

261 So das Weißbuch, Rn. 108 und die *Kommission*, VO-Entwurf (siehe oben Fn. 5), Begründung zu Art. 17 ff., S. 26 ff.

262 Dazu ausführlich oben Kapitel 3 III.B und unten Kapitel 4 II.B.1.)b).

263 Der Grundsatz der unmittelbaren Anwendbarkeit von Art. 81 I EG und Art. 82 EG wurde zuletzt bestätigt durch EuGH, Rs. C-234/89, Slg. I-1991, 935, Rn. 44 ff. – „Delimitis".

264 Siehe auch die ausführliche Erläuterung der *Kommission*, Weißbuch, Rn. 69 und im VO-Entwurf, Erwägungsgrund Nr. 4 und S. 6. Die Kommission jedenfalls möchte die Norm des Art. 81 EG nun als einheitliche Vorschrift verstanden wissen. Siehe unten Kapitel 6 II.C.

265 Siehe auch VO-Entwurf, Erwägungsgrund Nr. 4, der im Gegensatz zu Art. 5 VO-Entwurf deutlich von einer Zuständigkeit der Kartellbehörden für die Anwendung von Art. 81 III EG spricht. Die genaue Formulierung des Art. 5 VO 1/2003 ist an späterer Stelle noch zu untersuchen. Siehe dazu unten Kapitel 6 II.C.

B. Vorrang des Gemeinschaftsrechts

Ein weiterer Punkt, in dem das geplante System sich vom bislang bestehenden System unterscheidet, ist die erstmalige positive Regelung des Verhältnisses zwischen den Vorschriften des Gemeinschaftsrechts und dem Wettbewerbsrecht der einzelnen Mitgliedstaaten gemäß Art. 83 II lit. e EG [266].

Das bislang durch die Rechtsprechung des EuGH richterrechtlich untermauerte grundsätzliche Nebeneinander der verschiedenen Rechtsordnungen mit einem Vorrang des Gemeinschaftsrechts im Konfliktfall[267] wurde nun von der Kommission in Art. 3 VO 1/2003 in normative Form gekleidet. Hiernach muss bei Fällen mit gemeinschaftsweiter Bedeutung von den Wettbewerbsbehörden und Gerichten der Mitgliedstaaten in jedem Falle das Gemeinschaftswettbewerbsrecht angewendet werden. Verdrängende Wirkung hat das Gemeinschaftsrecht sowohl dann, wenn es eine strengere Rechtsfolge, sprich ein Verbot der Vereinbarung, anordnet, als auch wenn es im Vergleich zum jeweiligen nationalen Recht eine mildere Rechtsfolge bestimmt.

C. Dezentralisierung durch Erweiterung des Zuständigkeitsbereichs der Mitgliedstaaten

1.) Die neuen Kompetenzen der nationalen Stellen

Durch die erhebliche Erweiterung des Befugnisrahmens der Behörden und Gerichte der Mitgliedstaaten will die Kommission den bereits eingeleiteten Weg der Dezentralisierung des kartellrechtlichen Verfahrens von der Kommission auf die nationalen Stellen weiter beschreiten[268]. Dies soll zum einen den Bedeutungsverlustes der nationalen Rechtsordnungen aufgrund des Vorrangs des Europarechts kompensieren und zum anderen die Kommission weiter entlasten und ihr somit einen effektiveren Einsatz ihrer begrenzten personellen Mittel ermöglichen. Zugleich soll die Akzeptanz des Europarechts in den Mitgliedstaaten gestärkt werden.

---

[266] Zum Verhältnis der Rechtsordnungen im bisherigen System siehe oben Kapitel 3 V.A.

[267] Für das europäische Kartellrecht dazu erstmals grundlegend EuGH, Rs. 14/68, Slg. 1969, 1 – „Walt Wilhelm", zuletzt bekräftigt durch EuGH, Rs. C-344/98 EuZW 2001, 113 – „Masterfoods"; siehe dazu auch die Anmerkung von *Geiger*, EuZW 2001, 116, *Kamann/Horstkotte*, WuW 2001, 458; sowie oben Kapitel 3 V.B.3.).

[268] Diese Dezentralisierungsbestrebungen fanden vor allem in den beiden schon in Kapitel 3 V.B erwähnten Bekanntmachungen der Kommission über die Zusammenarbeit zwischen ihr und den Behörden beziehungsweise den Gerichten der Mitgliedstaaten Ausdruck, siehe dazu *Kommission,* 1. Bekanntmachung, ABl. Nr. C 39/6 vom 13.2.1993 und *Kommission,* 2. Bekanntmachung, ABl. Nr. C 313/3 vom 15.10.1997.

Die Kommission erhofft sich dadurch eine bessere Zuordnung der zu bearbeitenden Fälle[269]. Während sie sich auf die so genannten „Hardcore-Kartelle" konzentrieren möchte[270], sollen die nationalen Behörden und Gerichte die Fälle bearbeiten, zu denen sie die größere Sachnähe haben.

Eingeschränkt wird der Grundsatz der parallelen Zuständigkeit jedoch dadurch, dass die Kommission jedes Verfahren zu jedem Zeitpunkt nach Art. 11 VI VO 1/2003 an sich ziehen kann[271]. Dies hat zur Folge, dass die nationale Behörde automatisch in dem Moment ihre Zuständigkeit verliert, in dem die Kommission tätig wird. Diese Regelung stellt gegenüber der bisherigen Situation nach Art. 9 III VO 17/62 keine Veränderung dar.

2.) Kohärenz der Entscheidungen durch verbessertes Informationssystem

Der aufgrund der Dezentralisierung zu befürchtenden mangelnden Kohärenz der Entscheidungen innerhalb der Union versucht der Kommissionsvorschlag durch ein evaluiertes und stark erweitertes System der gegenseitigen Information und Konsultation zu begegnen[272].

Die Kommission ist sich dabei ihrer herausgehobenen Position als „Hüterin der Verträge" bewusst und sieht sich allein dafür zuständig, die Wettbewerbspolitik zu steuern[273].

Ein Hauptaugenmerk des Reformvorhabens soll die Vermeidung widersprüchlicher Entscheidungen und die Verteilung der zu bearbeitenden Fälle auf die dazu am besten geeignete Stelle sein. Durch ein funktionierendes Fallverteilungssystem soll jeglichem „forum shopping" der Nährboden entzogen werden.

D. Neue Verfahrensarten

Die umfassenden Änderungen machen es unvermeidbar, die verschiedenen Verfahrensarten, die von nun an auch für die nationalen Stellen von Bedeutung sind, den neuen Gegebenheiten anzupassen. Dies geht von der Anpassung beziehungsweise dem ersatzlosen Wegfall bestehender Entscheidungstypen bis hin zur Einführung gänzlich neuer Vorgehensweisen.

Die neu zu etablierenden Entscheidungstypen sind dabei vom repressiven Grundgedanken des neuen Systems geprägt. Die Kommission wird durch den

---

269 Siehe *Edward*, WuW 2001, 1185 (1187).
270 Siehe oben Kapitel 4 I.A.
271 Siehe Art. 11 VI VO-Entwurf.
272 Siehe Art. 11 ff. VO-Entwurf.
273 Siehe Weißbuch, Rn. 83.

Wegfall der Freistellungsentscheidung fortan nicht mehr präventiv gegen Kartellverstöße vorgehen, sondern im Falle der Anzeige eines Verstoßes repressive Maßnahmen ergreifen.

1.) Behelfe zur Steuerung des Wettbewerbs im Allgemeinen

Da der Kommission direkte und präventive Eingriffsmittel bisheriger Prägung weitestgehend fehlen werden, soll die Steuerung des Wettbewerbs auf Gemeinschaftsebene durch Leitlinien, Bekanntmachungen und Gruppenfreistellungsverordnungen erfolgen, die die Kommission erlassen will [274].

Die Kommission bleibt zunächst weiterhin berechtigt[275], selbst Gruppenfreistellungsentscheidungen zu erlassen[276]. Die nationalen Stellen sollen aber die Befugnis erhalten, Gruppenfreistellungsentscheidungen der Kommission für ihr Gebiet für nicht anwendbar erklären zu können[277]. Dadurch soll eine bessere Ausrichtung auf die nationalen Gegebenheiten erreicht werden[278].

2.) Behelfe bei individuellen Verstößen gegen die Wettbewerbsregeln der Gemeinschaft

Da die Kommission sich nicht allein auf grundsätzliche Steuerungsmittel verlassen will, plant sie die Einführung einiger neuer Entscheidungstypen für Einzelfälle, um individuell auf einzelne, besonders gelagerte Fälle oder auf Fälle, die eine Grundsatzentscheidung erfordern, reagieren zu können.

a) Positiventscheidung

Nach Art. 10 VO 1/2003 ist die Kommission auch weiterhin zu Einzelentscheidungen, von der Kommission auch Positiventscheidungen genannt, berechtigt. Der Wortlaut ist jedoch verwirrend, da diese Entscheidungen Leitlinie für eine Vielzahl von Fällen sein sollen und rein deklaratorisch sind[279]. Zudem besteht auch hier kein Antragsrecht des Betroffenen; Entscheidungen nach Art. 10 VO 1/2003 werden ausschließlich von Amts wegen und im öffentlichen Interes-

---

[274] Vergleiche VO-Entwurf, Begründung zu Art. 10, S. 21; siehe ferner auch Weißbuch, Rn. 86.

[275] Siehe VO 1/2003, Erwägungsgrund Nr. 10.

[276] Ob der Erlass von Gruppenfreistellungsverordnungen in einem Legalausnahmesystem überhaupt möglich ist, erscheint höchst fraglich. Die Zulässigkeit von Gruppenfreistellungsverordnungen und deren rechtlicher Gehalt werden an späterer Stelle daher noch eingehend zu untersuchen sein. Siehe dazu unten Kapitel 6 I.A.5.).

[277] Siehe Art. 29 II VO 1/2003.

[278] So Weißbuch, Rn. 95.

[279] So VO 1/2003, Erwägungsgrund 14 und vgl. VO-Entwurf, Begründung zu Art. 10, S. 21.

se ergehen, so zum Beispiel bei neu gelagerten Fällen[280]. Im Ergebnis weisen die neuen Positiventscheidungen Ähnlichkeiten zu den Negativattesten der VO 17/62 auf[281].

b) Zusageentscheidung

Weiterhin soll eine so genannte Zusageentscheidung[282] etabliert werden. Danach kann sich ein Unternehmen dazu verpflichten, gewisse Abreden mit der Kommission einzuhalten, die dazu geeignet sind, etwaige Zweifel der Kommission an der Vereinbarkeit mit Art. 81 EG zu beseitigen. Hierbei handelt es sich allerdings um eine einseitige Bindung des Unternehmens. Eine Zusageentscheidung dient also vornehmlich der Feststellung eines Sachverhalts zu einem bestimmten Zeitpunkt.

c) Feststellung und Abstellung von Zuwiderhandlungen

Selbstverständlich bleibt die Kommission auch weiterhin nach Art. 7 VO 1/2003 dazu befugt, Zuwiderhandlungen gegen Art. 81 I EG festzustellen und diese Abstellungsentscheidungen anschließend auch durchzusetzen.

II. Kritik am bestehenden System

Im Rahmen der Darstellung des alten Systems[283] wurde bereits deutlich, dass die Regelung des Verfahrens in Kartellsachen, wie sie derzeit durch die Erste Durchführungsverordnung zu den Art. 85 und 86 des Vertrages (VO 17/62) erfolgt, teilweise in sich widersprüchlich ist und häufig sehr lange Bearbeitungszeiten der Verfahren nach sich zieht.

Die gegenwärtige Verfahrensordnung birgt weitere aufzuzeigende Schwächen in sich, die die Kommission zu ihrem Reformprojekt veranlasst. Dieses soll eine zeitgemäße Verfahrensordnung etablieren, die eine effektive Kontrolle des Wettbewerbs durch die Kommission und die nationalen Stellen auf dem gemeinsamen Markt ermöglicht[284]. Wichtig ist der Kommission im Rahmen des Reformprojektes die Ausrichtung und Anpassung der Wettbewerbskontrolle auf zukünftige Problemfelder, die insbesondere in der Osterweiterung der Union

---

280 Siehe auch die Begründung im Weißbuch, Rn. 88 f.

281 Vergleiche Weißbuch, Rn. 89; siehe oben Kapitel 3 III.B.2.)c).

282 Siehe Art. 9 VO 1/2003.

283 Siehe oben Kapitel 3

284 Siehe auch die *Kommission,* Bulletin EU 9-2000 Wettbewerb (1/25) 1.3.29., abrufbar unter: http://europa.eu.int/abc/doc/off/bull/de/200009/p103029.htm (zuletzt aufgerufen am 20.07.2004).

und dem damit verbundenen sprunghaften Anstieg der zu bearbeitenden Fälle liegen.

Da weitgehend Einigkeit über die Reformbedürftigkeit des europäischen Kartellverfahrensrechts besteht, kommen die Reformierungsbestrebungen der Europäischen Kommission zwar nicht unerwartet, sie rufen in ihrem Umfang und ihrer Umsetzung aber dennoch Erstaunen hervor. Grund dafür ist, dass die VO 17/62 seit ihrem Inkrafttreten im Jahre 1962 praktisch unverändert Bestand hatte[285] und ihre Umsetzung und Anwendung daher durchaus erfolgreich gewesen zu sein scheinen[286]. Es ist trotz des herrschenden „Reformstaus" nicht anzunehmen, dass ein System von solcher Bedeutung wie das Kartellverfahrensrecht über 40 Jahre unverändert praktiziert würde, wenn es sich zu keinem Zeitpunkt bewährt hätte[287]. Diese Tatsache muss bei der nun folgenden Untersuchung stets im Blickfeld gehalten werden, da andernfalls in Anbetracht der Reformvorschläge der Eindruck entstehen könnte, die VO 17/62 sei ein völlig fehlentwickeltes und untaugliches Instrument zur Regelung des Verfahrens in Kartellsachen vor der Europäischen Kommission. *Eilmansberger* hat dazu treffend festgestellt:

> *„Problematisch ist also nicht die Grundstruktur von Art. 81 EG. Problematisch und dringend reformbedürftig ist dessen Vollzug"*[288].

Es ist daher nach den Gründen zu fragen, aus denen die Reform der VO 17/62 so umwälzend ausgefallen ist und nicht lediglich eine Überarbeitung und Anpassung des bestehenden Systems erfolgt ist, wie es von einem Teil der Literatur befürwortet wird[289].

---

285 Vergleiche Weißbuch, Rn. 5 und 21.

286 So sprach der ehemalige Generaldirektor der Generaldirektion IV (Wettbewerb) *Ehlermann* noch 1993 von einem „System, das sich hervorragend bewährt hat" und das nicht grundlegend geändert werden müsse, *Ehlermann*, WuW 1993, 997. Hiernach sah die Kommission Mitte der 90er Jahre noch keinerlei Veranlassung, etwas am Verfahren zu ändern. Um so mehr vermag der nun erfolgte, radikale Umschwung zu verwundern.

287 So *Ehlermann*, WuW 1993, 997.

288 *Eilmansberger*, Koppensteiner-FS, S. 317 (319).

289 Vergleiche etwa die Vorschläge von deutscher Seite bei *Deringer*, EuZW 2000, 5 (9) sowie *Schaub/Dohms*, WuW 1999, 1055 (1056) und von österreichischer Seite *Eilmansberger*, JZ 2001, 365 (369); Verbesserungsvorschläge für eine neue Verfahrensordnung siehe unten Kapitel 6 VI.B.

A. Änderung der Rahmenbedingungen in der Europäischen Gemeinschaft

Seit ihrer Einführung vor mittlerweile 40 Jahren wurde die VO 17/62 fast nicht verändert. Im gleichen Zeitraum haben sich innerhalb der Europäischen Union erhebliche Entwicklungen vollzogen. Diese Veränderungen betreffen sowohl die institutionelle als auch die wirtschaftliche Seite.

Zu denken ist hierbei etwa an die in der Vergangenheit erfolgte Erweiterung von 6 auf 15 Mitgliedstaaten und von 4 auf mittlerweile 11 Amtssprachen, ganz zu Schweigen von einer zukünftigen Erweiterung auf weit über 20 Mitgliedstaaten[290]. Andererseits haben sich die institutionellen Voraussetzungen für die Anwendung des EG-Kartellrechts auf mitgliedstaatlicher Ebene erheblich verbessert. So sind heute bereits die meisten Kartellbehörden der Mitgliedstaaten befugt, die gemeinschaftlichen Regelungen anzuwenden[291]. Der wohl wichtigste Entwicklungsschritt seit Schaffung der VO 17/62 ist aber in der Vollendung des Binnenmarktes am 1. Januar 1993 und der Gründung der Wirtschafts- und Währungsunion mit der Einführung des Euro am 1. Januar 1999 zu sehen[292], infolge dessen die einzelnen Märkte der Mitgliedstaaten nochmals deutlich näher zusammengerückt sind[293]. Diese Entwicklung hat korrespondierend zu einem erheblichen Anstieg der Fälle von gemeinschaftsweiter Bedeutung geführt. In Anbetracht dieser teils grundlegenden Änderungen der Umstände, in denen die VO 17/62 angewendet werden muss, wirkt es nicht verwunderlich, dass die Rufe nach einer umfassenden Reform immer lauter wurden[294]. So mag der Zentralismus, wie ihn die VO 17/62 vorsieht, mangels ausreichender Wettbewerbsstrukturen und Wettbewerbspolitik in den Mitgliedstaaten[295] zu Beginn der gemeinsamen Wettbewerbspolitik noch das einzig probate Mittel zur Reglementierung gewesen sein, seit Anfang der sechziger Jahre haben sich die Umstände so

---

290 Siehe Weißbuch, Rn. 4. Am 1.5.2004 werden mit Estland, Lettland, Litauen, Polen, der Tschechischen Republik, der Slowakei, Ungarn, Slowenien, Malta und Zypern zehn weitere Staaten der Gemeinschaft beitreten, so dass die EU dann 25 Mitgliedstaaten umfassen wird.

291 Vergleiche *Immenga*, EuZW 1999, 609; *Zinsmeister*, WuW 2002, 321 (322), zählt die Länder auf, in denen die Kartellbehörden das Gemeinschaftsrecht anwenden dürfen. Dazu zählen Belgien, Dänemark, Deutschland, Frankreich, Griechenland, Italien, Niederlande, Portugal, Schweden und Spanien.

292 Siehe Weißbuch, Rn. 6.

293 Siehe *Montag*, Abschnitt „The need for reform“.

294 So *Kommission,* MEMO/02/268 vom 26.11.2002, Rn. 10, abrufbar unter: http://www.europa.eu.int/rapid/start/cgi/guesten.ksh?p_action.getfile=gf&doc=MEMO/02/268|0|AGED&lg=EN&type=PDF (zuletzt aufgerufen am 20.07.2004).

295 Siehe Weißbuch, Zusammenfassung, Rn. 4 f.

grundlegend geändert, dass die Reformbedürftigkeit des Systems heute von niemandem ernsthaft bestritten wird.

B. Langwieriges Verfahren – Bedeutung des „comfort letters“

Der maßgebliche Kritikpunkt, der schon seit langer Zeit von vielen Seiten gegen das bestehende System vorgetragen wird, ist die teilweise enorme Dauer der Freistellungsverfahren vor der Kommission. Die durchaus übliche Verfahrensdauer von 12-24 Monaten führt auf Seiten der Kommission zum schon beschriebenen Verfahrensrückstau und auf Seiten der betroffenen Unternehmen zu einer häufig unzumutbaren Wartezeit[296], die den von der Vereinbarung intendierten Zweck aus unternehmerischer Sicht häufig als überholt erscheinen lässt.

1.) Gründe für die übermäßige Dauer der Verfahren

Die Gründe für die enorme Dauer eines formellen Verfahrens sind zum größten Teil in der VO 17/62 selbst angelegt. Zwar erscheint der Einwand nahe liegend, dass mit mehr Personal das System nach der VO 17/62 eigentlich „ordnungsgemäß“ vollzogen werden könnte[297]. Dies würde jedoch, wenn man von dem finanziellen Aufwand einer personellen Aufstockung einmal absieht, lediglich zu einer Aufschiebung der Probleme führen. Durch die Osterweiterung der EU wird sich in absehbarer Zeit die Zahl der zu bearbeitenden Fälle noch erheblich erhöhen, so dass selbst eine starke Kapazitätserweiterung wiederum bald an ihre Grenzen stoßen würde[298]. Zudem ist zu bedenken, dass die Kartellbehörden des ehemaligen Ostblocks derzeit noch wenig Erfahrung mit marktwirtschaftlichem Wettbewerbsrecht haben und somit die Funktion der Kommission als „Hüterin der Verträge“ eine neue Dimension annehmen wird.

a) Anmeldeverpflichtung

Die Belastung der Kommission ist zu einem hohen Maß auf die den Unternehmen in Art. 4 I VO 17/62 vorgeschriebene Anmeldeverpflichtung zurückzuführen. Danach wird grundsätzlich jedem Unternehmen, das eine Freistellung be-

---

296 Vergleiche *Schaub*, in: Europäisches Wettbewerbsrecht im Wandel, S. 13 (14); *Pernice*, in: Europa zwischen Ordnungswettbewerb und Harmonisierung, S. 245 (249).

297 Siehe auch den Vergleich der Anzahl der Beschäftigten einzelner Generaldirektionen bei *Gillessen*, S. 17.

298 *Stockmann*, in: Perspektiven des Europäischen Kartellrechts, S. 47 (51), merkt hierzu an, dass sich eine Personalaufstockung in Anbetracht dessen rechnen könnte, dass diese Mehrkosten durch den in Folge effizienterer Verfolgung von „Hardcore-Kartellen“ zu erwartenden Anstieg an Bußgeldern leicht gedeckt werden könnten.

gehrt, auferlegt, die Vereinbarung gemäß Art. 81 III EG bei der Kommission anzumelden[299].

(1) Regelung des Art. 4 I VO 17/62

Es ist zwar begrüßenswert, dass die Kommission durch die zahlreichen Anmeldungen umfangreich vom Vorgehen auf den Märkten unterrichtet ist, der große Nachteil der Anmeldeverpflichtung ist jedoch, dass die Kommission mit übermäßig vielen, relativ unproblematischen Fällen konfrontiert wird, die in der Regel ohne Bedenken freistellungsfähig sind. Den besten Beweis für diese Annahme führt die Kommission im Weißbuch selbst an: In den vergangenen knapp 40 Jahren der Geltung der VO 17/62 wurden nur neun Anmeldungen mit einer Verbotsentscheidung abgeschlossen, alle übrigen Verbotsentscheidungen beruhten dementsprechend auf Beschwerden von Drittbetroffenen[300] oder einem Aufgreifen von Amts wegen durch die Kommission selbst[301]. Diese unproblematischen Anmeldungen sind zwar relativ schnell abzuwickeln, sie müssen aber dennoch im Rahmen eines höchst formalisierten Verfahrens behandelt werden und binden die Mitarbeiter der Generaldirektion Wettbewerb[302]. Der Aufwand, der für die Bearbeitung relativ einfacher Fälle betrieben wird, steht mithin in keinem Verhältnis zu deren Bedeutung für den Wettbewerb auf dem gemeinsamen Markt und hindert die Kommission daran, Fällen in der problematischen Grauzone nachzugehen[303].

Dazu kommt, dass die wirklich gravierenden Verstöße gegen die Wettbewerbsordnung, die so genannten „Hardcore-Kartelle“, von den Unternehmen ohnehin nicht angemeldet werden, da eine Freistellung durch die Kommission hier von vornherein ausgeschlossen ist[304]. Um diese investigativ aufzuspüren, benötigt die Kommission aber das Personal, das durch andere, relativ unproblematische Verfahren gebunden ist[305]. Daher kann die Kommission oftmals nur auf Erscheinun-

---

299 Siehe oben Kapitel 3 III.B.

300 Siehe Art. 3 I VO 17/62.

301 Siehe Weißbuch, Rn. 78 (Fn. 53); vergleiche auch *Schaub*, in: Perspektiven des Europäischen Kartellrechts, S. 15 (16).

302 Siehe zum Beispiel *von Meibom/Zinsmeister*, FIW-Schriftenreihe Heft 153, S. 53 (54).

303 So auch *DIHT*, Stellungnahme, S. 2.

304 Siehe *Möschel*, ORDO 52 (2001), 63 (66).

305 Der Generaldirektor der 1998 gegründeten Niederländischen Wettbewerbsbehörde, die ein der VO 17/62 vergleichbares System verwendet, berichtet von sehr ähnlichen Problemen in den Niederlanden. Gleichzeitig äußert er jedoch Bedenken gegen die Abschaffung des Anmeldesystems, da er befürchtet, dass sich das Wettbewerbsrecht nicht mehr effektiv durchsetzen lässt, sobald man auf eine Anmeldeverpflichtung verzichtet. Die Wettbewerbsbehörden leben nach Meinung des Generaldirektors von den an sie herangetragenen

gen auf den Märkten reagieren, anstatt das Geschehen auf dem gemeinsamen Markt durch ihre Politik und ihre Entscheidungen planvoll zu lenken, wie es nach Art. 211 EG ihre eigentliche Funktion im Wettbewerbsgefüge ist.

Eine Aufgabe des Anmeldesystems liegt daher nahe.

(2) Diskussion um effiziente Reduzierungsmöglichkeiten der auflaufenden Verfahren

(a) Reduzierung der angestauten Verfahren

Nach anderer Ansicht wird die Überlastung der Kommission von dieser verzerrt dargestellt[306]. So sollen die Zahlen der bei der Kommission anhängigen Verfahren belegen, dass die Kommission sehr wohl in der Lage sei, die Anzahl der jährlich anlaufenden Fälle zu bearbeiten. Danach habe sich die Zahl der Fälle, deren Bearbeitung die Kommission vor sich herschiebt, in den letzten Jahren nicht wesentlich verändert[307]. Diese These mag zwar rein rechnerisch zutreffen, jedoch lässt sie keinen eindeutigen Rückschluss auf die „Qualität" der von der Kommission tatsächlich getroffenen Entscheidungen zu. Unberücksichtigt bleibt zudem, dass sich an den langen Verfahrenslaufzeiten nichts ändert, da die neuen Fälle in der Regel zunächst auf den Stapel gelegt werden, bevor sie zu einem wesentlich späteren Zeitpunkt abgearbeitet werden (so genanntes „First-in-First-out-Prinzip"). Zudem wird nicht ausreichend in Betracht gezogen, dass sich die Kommission, um die Zahl der unbearbeiteten Verfahren nicht weiter anwachsen zu lassen, in zunehmendem Maße des „comfort letters" bedient, der dem in der VO 17/62 intendierten Konzept der Anmeldung und Genehmigung zuwiderläuft[308].

Möschel regt an, diesen Rückstau in einer konzentrierten Aktion abzuarbeiten[309]. Dies mag wohl möglich sein, es würde jedoch langfristig keinen Vorteil bringen, da die eigentlichen Ursachen der Überlastung nicht beseitigt und der fragwürdige „comfort letter" weiterhin der alles bestimmende Verfahrensabschluss bleiben würde. Darüber hinaus stellt *Möschel* die These auf, dass das Anmeldesystem entgegen der Auffassung der Kommission eine formale Entscheidung nicht

---

Informationen, wobei die Anmeldungen eine ganz entscheidende Rolle spielen, siehe *Kist*, in: Perspektiven des Europäischen Kartellrechts, S. 41 (43 ff.).

306 So zum Beispiel *Möschel*, CMLRev. 37 (2000), 495.

307 So auch *Emmerich*, WRP 2000, 858 (859), der davon ausgeht, dass der „Berg" der aufgelaufenen Fälle in einer konzentrierten Aktion auf ein „vertretbares Maß" reduziert werden könnte.

308 Siehe oben Kapitel 3 III.B.3.)a) und unten Kapitel 4 II.B.

309 Vergleiche *Möschel*, CMLRev. 37 (2000), 495.

zwingend benötige[310]. Es reiche vielmehr aus, wenn das Anmeldesystem ordnungsgemäß funktioniere. Ein informelles Verfahren zwischen der Behörde und dem betroffenen Unternehmen sei ausreichend[311]. Allerdings bleibt *Möschel* eine Erklärung dessen schuldig, was er unter einem funktionierenden Anmeldesystem versteht. Zudem erscheint es wenig überzeugend, ein in hohem Maße formalisiertes System vorzugeben, in der Praxis jedoch den größten Teil der Fälle informell abzuschließen, wie es derzeitige Praxis ist.

(b) Generelle Freistellung vertikaler Vereinbarungen durch Art. 4 II VO 17/62

Nicht ohne Bedenken ist auch der Neufassung von Art. 4 II VO 17/62 zu begegnen[312]. Diese Regelung stellt grundsätzlich alle vertikalen Absprachen vom Kartellverbot frei, ohne jedoch ein Legalausnahmesystem einzuführen. In Bezug auf diese Regelung wird angeführt, dass die pauschale Freistellung von vertikalen Vereinbarungen gegen die in Art. 81 III EG geregelte Möglichkeit der gruppenweisen Freistellung verstoße.

Durch die Regelung des Art. 4 II VO 17/62 werden die Absprachen zwei Teilmengen zugewiesen. Dies läuft nach einer Ansicht der Möglichkeit der Gruppenbildung zuwider[313]. Eine pauschale Unterscheidung in zwei Gruppen gehe demnach zu weit. Die Möglichkeit hätte im Vertrag selbst angelegt sein müssen[314].

(3) Unschärfe der Zwischenstaatlichkeitsklausel

Als Grund für die Überlastung der Kommission wird immer wieder auch eine mangelnde Bestimmtheit im Rahmen der so genannten „Zwischenstaatlichkeitsklausel" genannt[315].

Nach der Rechtsprechung des EuGH ist die Zwischenstaatlichkeit schon dann anzunehmen, wenn eine Verhaltensweise dazu geeignet ist, unmittelbar oder mittelbar, tatsächlich oder potentiell die Ziele des EG zu gefährden[316]. Diese

---

310 Siehe *Möschel*, CMLRev. 37 (2000), 495 (496).

311 Siehe dazu *Kist*, in: Perspektiven des Europäischen Kartellrechts, S. 41 (42), wonach in den Niederlanden schon häufig das „Hochziehen der Augenbrauen" ausreiche, um zu einer Einigung zu gelangen.

312 Geändert durch VO 1216/1999, ABl. Nr. L 148/5 vom 15.6.1999; siehe auch oben Kapitel 3 III.B.2.).

313 Vergleiche *Paulweber/Kögel*, AG 1999, 500 (508); *Möschel*, ORDO 52 (2001), 63 (67).

314 Siehe dazu unten Kapitel 6 I.B.3.).

315 So *Emmerich*, KartR, § 36/5, S. 400.

316 Siehe EuGH, Rs. 56/65, Slg. 1966, 281 (303) – „LTM/MBU"; EuGH, Rs. C-89/85, C-104/85, C-114/85, C-116/8, C-117/85, und C-125 bis 129/85, Slg. I-1993, 1307 (1616 f.,

weite Definition begründet unmittelbar die Unschärfe der Zwischenstaatlichkeitsklausel[317]. Durch die weite Auslegung des Tatbestandsmerkmals „Zwischenstaatlichkeit“ in Art. 81 I EG ist es möglich, fast jede Vereinbarung unter das europäische Wettbewerbsrecht zu subsumieren[318]. Dies wiederum hat zur Folge, dass einer Vielzahl von Fällen der Weg zur Kommission offen steht, deren gemeinschaftsweite Bedeutung doch zumindest fragwürdig ist und die unter Umständen vor einer nationalen Kartellbehörde besser angesiedelt wären.

Durch eine konsequentere und restriktivere Anwendung der Zwischenstaatlichkeitsklausel könnte eine nicht unerhebliche Anzahl von Fällen von der Kommission ferngehalten werden. Dies würde zwar einen nicht zu unterschätzenden Beitrag zum Abbau der angestauten Verfahren leisten, hätte jedoch gleichzeitig eine erhebliche Hemmung der Durchschlagskraft des Gemeinschaftsrechts zur Folge, was nicht das Ziel der Reform sein kann.

b) Freistellungsmonopol der Kommission

Verschärft wird die Überbelastung weiterhin durch das in Art. 9 III VO 17/62 verankerte Freistellungsmonopol der Kommission.

Im Kartellverfahren unter der VO 17/62 ist nur Art. 81 I EG „self-executing“, nicht dagegen Art. 81 III EG. Dies hat zur Folge, dass die nationalen Kartellbehörden und Gerichte, sobald eine Freistellung nicht gänzlich ausgeschlossen werden kann, das Verfahren aussetzen müssen und eine Entscheidung der Kommission beziehungsweise des Europäischen Gerichtshofs abzuwarten haben. Alle nicht eindeutigen Fälle sowie alle Fälle, die eindeutig freistellungsfähig sind und gemeinschaftsweiten Bezug haben, fallen nach geltendem Recht also letztendlich in den Zuständigkeitsbereich der Kommission. Die Kommission hat derzeit keine Möglichkeit, Verfahren von sich auf andere Behörden abzuwälzen.

Das in Art. 9 III VO 17/62 geregelte Freistellungsmonopol der Kommission in Bezug auf Art. 81 III EG zeichnet damit maßgeblich mitverantwortlich für die bisherige Zentralisierung des Kartellverfahrens vor der Kommission.

Rn. 142) – „Zellstoff“; EuGH, Rs. 56 und 58/64, Slg. 1966, 321 (389) – „Grundig/Consten“. Diese Formel ist gleichlautend mit der berühmten „Dassonville-Formel“ in Bezug auf den freien Warenverkehr, EuGH, Rs. 8/74, Slg. 1974, 837 – „Dassonville“, die lautet: „Jede Handelsregelung eines Mitgliedstaates, die geeignet ist, den innergemeinschaftlichen Handel unmittelbar oder mittelbar, tatsächlich oder potentiell zu behindern, ist als Maßnahme gleicher Wirkung als mengenmäßige Beschränkung anzusehen“.

317 Siehe *Dörr/Haus*, JuS 2001, 313 (314).

318 So *Gillessen*, S. 12.

Die Zentralisierung mag bei der Schaffung der VO 17/62 sinnvoll erschienen sein, da eine gemeinsame europäische Wettbewerbspolitik zunächst installiert und etabliert werden musste[319]. Heute jedoch können die meisten nationalen Behörden das Gleiche leisten wie die Kommission, und die Rechtfertigung des bestehenden Zentralismus muss hinterfragt werden[320].

c) Verbotsentscheidungen nach Art. 81 I EG

Unstreitig sind die Kartellbehörden der Mitgliedstaaten zu Verbotsentscheidungen nach Art. 81 I EG berechtigt. Fraglich ist jedoch, ob eine Verbotsentscheidung überhaupt ergehen kann, ohne dass vorher die Freistellungsvoraussetzungen zu prüfen sind. Ist die Prüfung der Freistellungsvoraussetzungen aber erforderlich, um eine Verbotsentscheidung zu fällen, so führt das Verbot der Freistellungsentscheidung durch nationale Kartellbehörden zur Trennung eines einheitlichen Lebenssachverhalts. Dies kann den Verlust positiver Effekte zur Folge haben[321].

d) Vermehrte Anmeldung an sich unproblematischer Fälle

Es wurde bereits darauf hingewiesen, dass die Kommission ihrer Ansicht nach personell der Vielzahl der – meist unproblematischen – Anmeldungen nicht mehr gewachsen ist. Die im Zuge der Reform vorgesehene Konzentration auf wichtige Fälle wird daher von der Kommission auch als einer der zentralen Punkte der Neuregelung angesehen. Die große Anzahl unproblematischer Anmeldeverfahren degradiert die Kommission zu einer reinen Verwaltungsbehörde und lenkt sie von ihrer eigentlichen Aufgabe als „Hüterin der Verträge" ab[322]. Die Möglichkeit der Konzentration auf „Hardcore-Kartelle" gewinnt vor allem im Hinblick auf die geplante Erweiterung der Union an Bedeutung[323]. Die Kommission will daher die in den nationalen Kartellbehörden vorhandenen Strukturen besser ausnützen und vermehrt Fälle im Sinne des Subsidiaritätsprinzips an die jeweils am besten geeignete nationale Behörde übertragen.

---

319 Vergleiche *Schaub*, in: Perspektiven des Europäischen Kartellrechts, S. 15; *Ackermann*, FIW-Schriftenreihe Heft 172, S. 117.

320 Fraglich ist allerdings, ob diese Aussage nach der geplanten Erweiterung der Europäischen Union weiterhin Gültigkeit behalten kann, da es in den zehn Beitrittsländern noch erhebliche Probleme mit einer effektiven Wettbewerbskontrolle gibt.

321 Siehe *Bundeskartellamt*, WuW 1998, 1070 (1071).

322 Siehe Weißbuch, Rn. 43; vergleiche auch *Schaub/Dohms*, WuW 1999, 1055.

323 Siehe oben Kapitel 4 I.A.2.) und Kapitel 4 II.

e) Übertriebener Formalismus

Neben den oben beschriebenen Kritikpunkten, die überwiegend Zuständigkeitsgesichtspunkte betreffen, lassen sich auch Schwachstellen innerhalb des formellen Verfahrens selbst finden.

Hier ist zunächst die sehr detaillierte Prüfung des Sachverhalts durch die Kommission zu nennen[324]. So sieht das Verfahren nach der VO 17/62 ein sehr umfangreiches System von Konsultationen der Betroffenen während des Verfahrens vor. Dritte haben beispielsweise bei Vorliegen eines berechtigten Interesses jederzeit nach Art. 19 VO 17/62 das Recht, eine Stellungnahme zum fraglichen Sachverhalt abzugeben. Dass die Anforderungen an Eingaben durch Dritte zu niedrig sind, zeigt sich daran, dass ungefähr die Hälfte aller förmlich erlassenen Entscheidungen in der Vergangenheit die Ablehnung einer Beschwerde darstellten[325]. Es erscheint daher erforderlich, die Anforderungen an dieses berechtigte Interesse erheblich zu verschärfen. Dazu kommt, dass ein derartiges Ablehnungsverfahren sehr langwierig ist.

Auch die Kommission sieht das stark formalisierte Verfahren nach dem gegenwärtigen System, als nicht mehr zeitgemäß an. Ihrer Ansicht nach widerspricht die Tatsache, dass dieses Verfahren selbst bei der großen Masse an unproblematischen Fällen grundsätzlich anzuwenden ist, der in Art. 83 II b EG postulierten Forderung, den Verwaltungsaufwand möglichst gering zu halten[326]. Die Kommission ist der Meinung, dass das Gleichgewicht zwischen Überwachung des Wettbewerbs und möglichst einfacher Verwaltungskontrolle dahingehend gestört ist, dass die Kontrolle der unproblematischen Fälle die Kommission an einer wirksamen Wettbewerbskontrolle hindert. Dieses Gleichgewicht gedenkt die Kommission über eine Absenkung der Verwaltungszwänge für die Unternehmen und eine Dezentralisierung im Sinne des Subsidiaritätsprinzips wieder herzustellen.

Sehr schleppend auf den Fortgang des Verfahrens wirkt sich auch die obligatorische Hinzuziehung des Beratenden Ausschusses für Kartell- und Monopolfragen aus[327]. Die Stellungnahmen des Ausschusses binden die Kommission jedoch nicht, sondern haben lediglich eine Appellfunktion und sollen die Meinung der Mitgliedstaaten widerspiegeln[328]. Seine Anhörung erscheint daher als bloßer

---

324 Vergleiche Weißbuch, Rn. 66.
325 So Weißbuch, Rn. 121.
326 Vergleiche Weißbuch, Rn. 41.
327 Siehe Art. 10 III VO 17/62.
328 Siehe *Pernice*, in: Grabitz/Hilf, Bd. 1 -alt- nach Art. 87 VO 17/62 Art. 10, Rn. 3ff.

Formalismus, da das Ergebnis der Anhörung für die Kommission nur von begrenztem Interesse ist.

Eine weitere, möglicherweise übertriebene Formalisierung des Verfahrens stellen die teilweise langatmigen und sehr ausführlichen Begründungen der Entscheidungen dar[329]. Hier wäre eine zeitsparendere Vorgehensweise zu begrüßen.

Verantwortlich für den außerordentlich großen Zeitaufwand ist auch die in Art. 19 und 21 VO 17/62 geregelte Verpflichtung zur Übersetzung der veröffentlichungspflichtigen Entscheidungen in alle Amtssprachen der Union[330]. Dieses Verfahren nimmt einen gewaltigen Zeitraum ein, der zum Beispiel durch die Festlegung auf eine Verfahrenssprache erheblich eingedämmt werden könnte. Eine Reduzierung der Verfahrenssprachen führt jedoch zu einem Rechtssicherheitsproblem dahingehend, dass Unternehmen Entscheidungen beachten müssten, die nicht in ihrer Muttersprache vorliegen. Dies könnte eine Diskriminierung gegenüber anderen Unternehmen darstellen, denen die Entscheidungen auch weiterhin in ihrer Muttersprache zur Verfügung stehen. Gerade im grenzüberschreitenden Wirtschaftsverkehr kommunizieren die Unternehmen in aller Regel jedoch englisch, so dass die Festlegung einer oder weniger Sprachen für die Praxis kein Problem darstellen sollte.

Veränderungen innerhalb des formellen Verfahren könnten somit zweifelsohne Verbesserungen und Effektivitätssteigerungen bewirken. Dementsprechende Maßnahmen wären indes nur bedingt dazu in der Lage, die absolute Zahl der Verfahren einzudämmen. Dies wäre allenfalls bei einer Verschärfung des Drittwiderspruchrechts denkbar.

f) Obstruktionsanmeldungen

Einen wichtigen Beitrag zur Überlastung der Kommission leisten darüber hinaus auch so genannte Obstruktionsanmeldungen der Unternehmen[331]. Hierbei handelt es sich um die Anmeldung von Vereinbarungen bei der Kommission, die nur zu dem Zweck erfolgen, die Aussetzung eines Verfahrens vor einer nationalen Behörde zu bewirken. Dadurch wollen die Unternehmen Zeit gewinnen oder der befürchteten Untersagung durch eine nationale Behörde entgehen. Die Zahl der Obstruktionsanmeldungen nahm in den letzten Jahren stetig zu[332]. Diese An-

---

329 Siehe *Ehlermann*, WuW 1993, 997 (1000).

330 Vergleiche Weißbuch, Rn. 66.

331 So *Paulweber/Kögel*, AG 1999, 500 (503).

332 Vergleiche *Paulweber/Kögel*, AG 1999, 500 (503); *Lässig*, FIW-Schriftenreihe Heft 170, S. 68, spricht davon, dass 20-40 % der Fälle angemeldet werden, obwohl sie einer Dezentralisierung zugängig sind, also nicht bei der Kommission angemeldet werden müssten.

träge sind grundsätzlich im höchsten Maße kontraproduktiv für jegliche Dezentralisierungsbestrebungen der Kommission[333].

Jedoch hat die zunehmende Zahl von Obstruktionsanmeldungen auch eine positive Entwicklung im Verhältnis zwischen der Kommission und den nationalen Kartellbehörden angestoßen. Notifikationen, die offensichtlich die Obstruktion eines nationalen Verfahrens zum Ziel haben, werden, sofern die Kommission dies erkennt, nicht von der Kommission, sondern weiterhin von der mitgliedstaatlichen Behörde behandelt[334]. Dies kann freilich nur bei einer engen Abstimmung zwischen den beteiligten Stellen funktionieren. Es lassen sich hier somit Ansätze einer bereits bestehenden Dezentralisierung feststellen, im Rahmen derer das Subsidiaritätsprinzip beachtet wird und die zu einer Entlastung der Kommission führen[335]. Das Argument der Kommission, sie könne im gegenwärtigen System keine Prioritäten setzen[336], wird damit zumindest teilweise entkräftet.

g) Pro forma Anmeldungen zur Erlangung der Bußgeldfreiheit

Ein weiterer Grund für die große Zahl an unbearbeiteten Verfahren liegt in der Anmeldung von Vereinbarungen, die gar nicht von Art. 81 I EG erfasst werden oder die durch eine Gruppenfreistellungsverordnung von allein freigestellt sind und durch die Unternehmen ihre Bußgeldfreiheit gemäß Art. 15 V lit. a VO 17/62 sicherstellen wollen.

2.) Praktische Probleme für Unternehmen

Für die Unternehmen selbst ergeben sich aus den teilweise sehr langen Laufzeiten der Verfahren – bei komplexen Sachverhalten 24 Monate und mehr – gravierende Probleme.

Insbesondere ist die von der Kommission in der Vergangenheit immer wieder ins Feld geführte hohe Rechtssicherheit, die die formellen Entscheidungen nach der VO 17/62 gewähren soll, für die Unternehmen unter Umständen völlig wertlos[337]. Dieses Phänomen liegt in der Schnelllebigkeit des modernen Wirtschaftslebens begründet. Unternehmerische Entscheidungen bedürfen sehr häufig einer unmittelbaren praktischen Umsetzung, um ihre volle Wirkung entfalten zu kön-

---

333 Siehe dazu die *Kommission,* 1. Bekanntmachung, ABl. Nr. C 39/6 vom 13.2.1993 und *Kommission,* 2. Bekanntmachung, ABl. Nr. C 313/3 vom 15.10.1997, Rn. 57. *Lässig,* FIW-Schriftenreihe Heft 170, S. 68. Vergleiche auch oben Kapitel 3 V.B.

334 Siehe *Monopolkommission*, 28. Sondergutachten, Rn. 31.

335 Vergleiche *Monopolkommission*, 28. Sondergutachten, Rn. 31.

336 Siehe Weißbuch, Rn. 40 und VO-Entwurf, Begründung, S. 7.

337 So *DIHT*, Stellungnahme, S. 3.

nen. Droht eine solche Entscheidung aber gegen Art. 81 I EG zu verstoßen und bedarf es daher einer Einzelfreistellung durch die Kommission, muss der Antragsteller auf Grund der Komplexität des Prüfungsverfahrens in der Regel lange Zeit warten, bis er von der Europäischen Kommission einen abschließenden Bescheid erhält. Es besteht daher die Gefahr, dass die angemeldete Vorgehensweise im Zeitpunkt der Entscheidung schon überholt ist, wenn die Kommission sich schlussendlich mit dem Fall befasst hat.

Ein gutes Beispiel für die daraus folgenden, teilweise absurd anmutenden Konsequenzen für das Wirtschaftsleben stellt die „Philips/Osram" – Entscheidung der Kommission dar[338]. Diese Entscheidung lag folgender Sachverhalt zu Grunde: Philips und Osram wollten ein Gemeinschaftsunternehmen zur Herstellung der Gläser gewisser Glühlampen gründen. Dies wurde vom Bundeskartellamt zunächst verboten, nach einem dreijährigen Verfahren von der Kommission jedoch freigestellt. Zu diesem Zeitpunkt hatte Osram allerdings seine Produktion bereits eingestellt und die Gläser von Philips bezogen. Dennoch sah die Kommission in Osram einen Wettbewerber und erteilte eine Freistellung.

Es bleibt also festzustellen, dass das Anliegen der VO 17/62, den Wettbewerb auf dem gemeinsamen Markt zu fördern, bisweilen in sein Gegenteil verkehrt wird. Zum Teil scheint die VO 17/62 eher dazu geeignet, die Entwicklung des Wettbewerbs und der Wirtschaft zu hemmen[339].

3.) Übersteigertes Gewicht der „comfort letter" – Praxis

a) Bedeutung des „comfort letters"

Die Praxis hat schon sehr bald deutlich werden lassen, dass die von der VO 17/62 vorgesehenen formellen Verfahren ungeeignet sind, der Flut von Anmeldungen und Beschwerden, die Jahr für Jahr bei der Kommission eingehen, Herr zu werden. Die Überlastung folgt dabei nach Einschätzung der Kommission nicht zuletzt aus der Kompliziertheit der bestehenden förmlichen Verfahren selbst[340]. Aus diesem Grunde wurde schon sehr bald der Ruf nach einem schnellen und formlosen Verfahrensabschluss laut, der der Kommission zeitraubende Verfahrensschritte erspart. Die Ausprägung dieses Rationalisierungsbestrebens zeigt sich in der heute alles beherrschenden „comfort letter" – Praxis[341].

---

[338] So *Kommission,* Entscheidung IV/34.252 vom 21.12.1994 – „Philips/Osram", ABl. Nr. L 378/37 vom 31.12.1994; auch nachzulesen bei *Gillessen*, S. 8 f.

[339] Anderer Ansicht die *Monopolkommission*, 28. Sondergutachten, Rn. 55 ff.

[340] Vergleiche Weißbuch, Rn. 24 f. und 34.

[341] Siehe oben Kapitel 3 III.B.3.)a).

Diese Praxis verstößt eigentlich gegen die Verfahrensordnung der VO 17/62. Dies zeigt sich mit aller Deutlichkeit, wenn man die Anzahl der Fälle, die durch förmliche Verfahren nach der VO 17/62 entschieden wurden, der Anzahl an Verfahren gegenüberstellt, die durch schlichtes Verwaltungsschreiben, und somit an der VO 17/62 „vorbei", entschieden werden[342].

Die Kommission beziffert im Weißbuch den Anteil der Verfahren, die mit einem formlosen Verwaltungsschreiben abgeschlossen werden, auf über 90 %[343]. Dieser Prozentsatz bezieht sich jedoch nur auf diejenigen Verfahrensabschlüsse, die in Form einer Sachentscheidung ergehen, nicht eingerechnet sind dabei Verfahrenseinstellungen, die allein ungefähr ein Drittel aller Verfahrensabschlüsse bilden[344]. Daraus ergibt sich, dass in der Praxis nicht einmal 7 % der Fälle „im Sinne" der VO 17/62 behandelt werden[345].

Die Einführung des „comfort letters" führte zwar zu einem Rückgang der Fälle, die bei der Kommission anhängig sind, konnte jedoch den Rückstau an Verfahren nicht gänzlich beseitigen[346].

---

342 Vergleiche *Wolf/Fink*, WuW 1994, 289; so auch *Gäbelein*, Beusch-FS, S. 267 (279); *von Winterfeld*, RIW 1984, 929.

343 Vergleiche Weißbuch, Rn. 34; siehe auch *Paulweber/Kögel*, AG 1999, 500 (502).

344 So die *Kommission/Generaldirektion Wettbewerb*, XXX. Bericht über die Wettbewerbspolitik für das Jahr 2000, S. 387, abrufbar unter: http://europa.eu.int/comm /competition/annual_reports/2000/de.pdf (zuletzt aufgerufen am 20.07.2004).

345 Die Zahlen stammen aus *Kommission/Generaldirektion Wettbewerb*, XXXII. Bericht über die Wettbewerbspolitik (2002), S. 54, abrufbar unter: http://europa.eu.int/comm /competition/annual_reports/2002/report_short_de.pdf (zuletzt aufgerufen am 20.07.2004). Diesem lässt sich entnehmen, dass im Jahr 2002 33 von 363 Fällen einem förmlichen Abschluss zugeführt wurden. In den Vorjahren war diese Quote teilweise noch geringer, so lag das Verhältnis 1997 bei 27 zu 517, 1998 bei 43 zu 581, 1999 bei 68 zu 582, 2000 bei 38 zu 400 und 2001 bei 54 zu 378.

346 Die Zahl der anhängigen Verfahren ist in den jährlich erscheinenden „Berichten über die Wettbewerbspolitik" der Kommission und der Generaldirektion Wettbewerb nachzulesen. Die Zahl der Verfahren sank in den letzten Jahren, ohne jedoch der Kommission wirkliche Freiräume zu schaffen. So betrug die Zahl der anhängigen Verfahren im Jahr 1987: 3427, 1988: 3451, 1989: 3239, 1990: 2734, 1991: 2287, 1992: 1562, 1993: 1218, 1994: 1052, 1995: 1178, 1996: 1221, 1997: 1262, 1998: 1204, 1999: 1013, 2000: 935, 2001: 848 und 2002: 808. Die Zahlen stammen aus *Kommission/Generaldirektion Wettbewerb*, XXXII. Bericht über die Wettbewerbspolitik (2002), S. 54, abrufbar unter: http://europa.eu.int/comm/competition/annual_reports/2002/report_short_de.pdf (zuletzt aufgerufen am 20.07.2004).

b) Problematik des „comfort letters“

Die Probleme, die die „comfort letter“ – Praxis aufwirft, liegen auf der Hand. Das formlose Verwaltungsschreiben ist für niemanden bindend und gibt dem profitierenden Unternehmen, im Gegensatz zu den formellen Entscheidungen der Kommission, so gut wie gar keine Rechtssicherheit[347]. Allerdings kommt dem formlosen Verwaltungsschreiben eine gewisse faktische Bindungswirkung zu, da es von den Gerichten und Behörden der Mitgliedstaaten in aller Regel beachtet wird, um Konfliktsituationen mit der Kommission zu vermeiden.

Aber auch die Wettbewerber des Unternehmens, das einen „comfort letter“ erhalten hat, werden schlechter gestellt als im Falle einer formellen Entscheidung durch die Kommission. Grund dafür ist, dass ein „comfort letter“ in aller Regel keine Publizität erfährt, die Konkurrenz also keine Möglichkeiten hat, von der Absprache zu erfahren und gegebenenfalls die Erfolgsaussichten einer Beschwerde oder Klage zu prüfen.

In der Praxis wird der „comfort letter“ indes nicht ausschließlich dieser strengen Betrachtungsweise hinsichtlich fehlender Bindungswirkung und Rechtssicherheit unterzogen[348], sondern von vielen Unternehmen befürwortet. Für sie liegt in der fehlenden Publizität der Vorteil, dass der Wettbewerb eben gerade nicht die Details der Unternehmensführung ohne weiteres in Erfahrung bringen kann. Zudem ist für Unternehmen in erster Linie die Bußgeldimmunität von Bedeutung, die ihnen bereits mit Antrag auf Erteilung eines „comfort letters“ zuteil wird[349].

C. Probleme im Zusammenhang mit der gegenwärtigen Gruppenfreistellungspraxis

Parallel zur Einführung des „comfort letters“ verstärkte die Kommission ihre Bemühungen, dem nicht versiegenden Zulauf an Verfahren durch den verstärkten Rückgriff auf Gruppenfreistellungsverordnungen zu begegnen[350].

Der Verfahrensbeschleunigungseffekt der Gruppenfreistellungsverordnungen liegt darin begründet, dass eine Verhaltensweise, die sich unter eine Gruppenfreistellungsverordnung subsumieren lässt, nach Art. 81 III EG sofort und ohne

---

347 Siehe zum „comfort letter“ auch oben Kapitel 3 III.B.3.)a).
348 So *Wolf/Fink*, WuW 1995, 289 (290).
349 Siehe *Dannecker*, in: Immenga/Mestmäcker, Bd. 2 VO 17/62 Art. 15, Rn. 136.
350 Siehe oben Kapitel 3 III.B.2.)b).

weitere Prüfung durch die Kommission vom Kartellverbot des Art. 81 I EG freigestellt ist und praktiziert werden kann[351].

Dabei liegt die Vermutung nahe, dass die präventive Kontrolle kartellrechtlich relevanter Absprachen im Falle der Gruppenfreistellungsverordnungen durch eine schlichte Missbrauchsaufsicht ersetzt wird [352]. Dies ist jedoch nicht der Fall, da eine nicht freistellungsfähige Vereinbarung von Beginn an verboten ist und nicht erst durch eine Entscheidung der Kommission verboten wird.

Weiterhin scheinen Gruppenfreistellungsverordnungen den Legalausnahmen der VO 1/2003 zu gleichen[353]. Beide Ansätze gehen schließlich davon aus, dass eine Vorgehensweise in Vollzug gesetzt werden darf, wenn und solange sie mit den Voraussetzungen der Gruppenfreistellungsverordnung beziehungsweise des Art. 81 III EG übereinstimmt. Jedoch bestehen einige gewichtige Unterschiede, die zugleich gegen die gängige Gruppenfreistellungspraxis der Kommission sprechen. In erster Linie ist hier der Anwendungsbereich von Gruppenfreistellungsverordnungen zu nennen. Dieser schneidet aus der Gesamtheit der Fälle mit wettbewerbsrechtlicher Relevanz ein Segment heraus und stellt dieses vom Kartellverbot frei[354]. Dagegen werden im geplanten Legalausnahmesystem alle Vereinbarungen allein an Art. 81 III EG gemessen, eine Segmentierung findet also gerade nicht mehr statt. Zudem kann man bei Gruppenfreistellungsverordnungen durchaus von einer präventiven Kontrolle reden, da sich die Kommission, beziehungsweise der Rat, im Vorhinein bereits Gedanken über freistellungsfähige Sachverhalte gemacht hat, die in der Gruppenfreistellungsverordnung ihren Niederschlag gefunden haben[355]. Bei einem System der Legalausnahme werden dagegen alle Vereinbarungen ausschließlich an Art. 81 III EG gemessen und somit einer rein repressiven Kontrolle unterworfen.

1.) Fehlende Information über das aktuelle Marktgeschehen

Der Rückgriff auf die Gruppenfreistellungsverordnungen ist zwar mit Sicherheit dazu geeignet, die Anzahl unbearbeiteter Fälle zu verringern oder zumindest konstant zu halten, da eine Vielzahl von Absprachen danach eindeutig freigestellt oder eindeutig unzulässig ist, ohne dass sich die Kommission mit jedem einzelnen Sachverhalt gesondert beschäftigen muss. Doch genau hierin liegt auch die Gefahr des übermäßigen Einsatzes von Gruppenfreistellungsverord-

351 Vergleiche nur zu den Gruppenfreistellungsverordnungen *Bunte*, in: Langen/Bunte, Bd. 1 Art. 81 Generelle Prinzipien, Rn. 194 ff. und oben Kapitel 3 III.B.2.)b).

352 Siehe *Wolf*, FIW-Schriftenreihe Heft 153, S. 1 (5).

353 Siehe unten Kapitel 6 I.

354 Vergleiche *Paulweber/Kögel*, AG 1999, 500 (504).

355 Vergleiche *Coenen*, S. 37 f.

nungen. Die Unternehmen sind danach nicht mehr verpflichtet, die Kommission per Anmeldung über ihr geplantes Vorgehen zu informieren. Hierdurch verliert das Marktgeschehen für die Kommission deutlich an Transparenz[356]. Der Kommission gehen daher wichtige Informationen zu Steuerung des Wettbewerbs auf dem gemeinsamen Mark verloren[357].

Die tatsächliche Relevanz dieser Informationsquelle für die Kommission wird zwar teilweise als gering eingestuft, so vergleicht *Feldkamp* die Wahrscheinlichkeit, eine Preisabsprache aufgrund einer Notifizierung zu finden, mit einem Sechser im Lotto[358]. Diese These vermag aber in ihrer Absolutheit nicht zu überzeugen. Zwar ist zuzugestehen, dass ein „vernünftiger" Unternehmer eine Absprache, die nicht freistellungsfähig ist, ohnehin nicht anmelden wird. Andererseits kann aber sicherlich nicht bestritten werden, dass die Informationen, die die Kommission durch die Anmeldungen erhält, durchaus Aufschluss über das Gebaren eines Unternehmens liefern und Auslöser für weitere Untersuchungen durch die Kommission sein kann. Zudem verschaffen Anmeldungen der Kommission einen guten Gesamtüberblick über das Geschehen in den jeweiligen Branchen[359] und ermöglichen ihr zugleich, Prioritäten für ihr zukünftiges Handeln besser zu setzen.

Die Kommission selbst bezeichnete die Anmeldungen im Grünbuch des Jahres 1996 denn auch als eine

> *„unerschöpfliche Quelle der Information über Geschäftsvorhaben"*[360].

Im Weißbuch stellt die Kommission im Jahr 1999 fest:

> *„Das Anmeldesystem war nützlich, solange es für die Anwendung des Artikels 85 und insbesondere des Absatzes 3 noch keine festen Maßstäbe gab. Heute ist das System nicht mehr geeignet, die Verfolgung der besonders schweren Verstöße gegen die Wettbewerbsregeln und eine wirksame Überwachung im Sinne des Artikels 87 zu gewährleisten. Ein Beweis dafür ist die Tatsache, dass die Anmeldungen äußerst selten zu Verbotsentscheidungen geführt haben..."*[361].

---

356 Siehe *Monopolkommission*, 28. Sondergutachten, Rn. 28.

357 Vergleiche *Paulweber/Kögel*, AG 1999, 500 (511).

358 Siehe *Feldkamp*, in: Perspektiven des Europäischen Kartellrechts, S. 52 (54).

359 Vergleiche *Paulweber/Kögel*, AG 1999, 500 (510); *Möschel*, NJW 1995, 281 (283).

360 *Kommission,* Grünbuch zur EG-Wettbewerbspolitik gegenüber vertikalen Wettbewerbsbeschränkungen, KOM (1996) 721 endg. vom 22.1.1997, Rn. 188.

361 Weißbuch, Rn. 77.

Dieser Paradigmenwechsel zwischen dem Grünbuch aus 1996 und dem Weißbuch aus 1999 verdeutlichen die Unsicherheit der gegenwärtigen Situation.

2.) „Zwangsjackeneffekt" – Reform der Gruppenfreistellungspraxis

Im Zusammenhang mit der Frage nach der Effizienz der derzeit geltenden Gruppenfreistellungsverordnungen wird zunehmend der Problemkreis des so genannten „Zwangsjackeneffekts" diskutiert[362].

a) Problemstellung

Hinter diesem Begriff verbirgt sich ein Problem, das in der textmäßigen Abfassung der Gruppenfreistellungsverordnungen begründet ist. Die Aufteilung der Gruppenfreistellungsverordnung in „weiße", „graue" und „schwarze Klauseln"[363] führt sehr häufig dazu, dass den Unternehmen, die eine von einer Gruppenfreistellungsverordnung freigestellte Absprache treffen, der Wortlaut oder Inhalt der Absprache von der Gruppenfreistellungsverordnung quasi diktiert wird, um sicherzustellen, dass sich die Absprache innerhalb des Rahmens der Verordnung bewegt. Dies entspricht auch der vom EuGH geforderten engen Auslegung von Gruppenfreistellungsverordnungen, die danach nur so weit gehen darf, wie es zur Wahrung der durch die Gruppenfreistellung geschützten Interessen erforderlich ist[364]. Resultat dieser sehr geringen Flexibilität der Gruppenfreistellungsverordnung ist, dass die Unternehmen de facto eines Teils ihrer Vertragsfreiheit beraubt werden, obwohl es nicht auszuschließen ist, dass auch andere Arten von Absprachen von den Klauseln einer Gruppenfreistellungsverordnung gedeckt wären als diejenigen, die sich aus der wörtlichen Übernahme der „weißen" Klauseln ergeben.

Teilweise wird dieser Standardisierungseffekt durch Quasi-Formularverträge im Rahmen von Gruppenfreistellungsverordnungen allerdings nicht als negativ bewertet. Es wird argumentiert, dass die Parteien nicht an die Formulierungen gebunden seien, sondern durchaus auch andere Abreden treffen könnten, die von

---

362 Der Begriff „Zwangsjackeneffekt" taucht zum Beispiel auf bei *Bechtold*, EWS 2001, 49 und *Weitbrecht*, EuZW 2000, 496 (499). Auch die Kommission selbst spricht von diesem „Zwangsjackeneffekt", etwa in *Kommission*, Grünbuch zur EG-Wettbewerbspolitik gegenüber vertikalen Wettbewerbsbeschränkungen, KOM (1996) 721 endg. vom 22.1.1997, Rn. 37, 41; *Gierschmann*, S. 51, spricht an dieser Stelle von Standardisierungseffekten. So auch *Bunte*, in: Bunte/Sauter Einführung, Rn. 79. Ausführlich zu den Gruppenfreistellungsverordnungen im vertikalen Bereich *Brinker*, in: Europäisches Wettbewerbsrecht im Wandel, S. 131 (134). Siehe ferner *Wolf*, EuZW 1999, 641.

363 Siehe oben Kapitel 3 III.B.2.)b)(2).

364 Siehe EuGH C-70/93, Slg. I-1995, 3439, Rn. 28 – „BMW".

der Gruppenfreistellungsverordnung gedeckt sind[365]. Diese Ansicht übersieht jedoch die Auslegungsprobleme, die die Klauseln einer Gruppenfreistellungsverordnung beinhalten[366]. Das Risiko, das die Unternehmen auf sich nehmen würden, wenn sie eine anders lautende Vereinbarung träfen, gleichzeitig aber von der Deckung durch eine Gruppenfreistellungsverordnung ausgingen, ist in vielen Fällen zu hoch, dass de facto nur die Wahl zwischen den Formulierungen der Gruppenfreistellungsverordnung oder einem langwierigen Einzelfreistellungsverfahren besteht[367]. So geht es im Rahmen des „Zwangsjackeneffekts", wie der Wortbestandteil „Effekt" schon impliziert, denn auch mehr um die faktischen Auswirkungen der Gruppenfreistellungsverordnungen in der Praxis, als um formal mögliche Formulierungen. Ein zu formaler Blick auf die Gruppenfreistellungsverordnungen lässt somit die normative Kraft des Faktischen unberücksichtigt, die eine mangelnde Flexibilität der Gruppenfreistellungsverordnungen bewirkt[368].

Ein weiterer Nachteil der früheren Gruppenfreistellungspraxis lag darin, dass für die einzelnen Wirtschaftsbranchen unterschiedliche Regelungen bestanden, was eine Uneinheitlichkeit, Zersplitterung und in Folge dessen eine Unstimmigkeit des gesamten Systems bewirkte.

b) Lösungsansatz der neuen „Schirm-Gruppenfreistellungsverordnung"

Auch die Kommission erkennt den „Zwangsjackeneffekt" an und ist gewillt, diesen zu verhindern oder wenigstens einzudämmen[369].

Dieses Ziel will die Kommission mit der Einführung der so genannten „Schirm-Gruppenfreistellungsverordnung" für Vertikalvereinbarungen (VO 2790/99[370]) erreichen, durch die bis dahin geltenden sektor- und vertragstypischen Freistel-

---

365 So etwa *Bunte*, in: Langen/Bunte, Bd. 1 Art. 81 generelle Prinzipien, Rn. 200, der jedoch an anderer Stelle Standardisierungstendenzen in den Gruppenfreistellungsverordnungen ausdrücklich anerkennt, *Bunte*, in: Bunte/Sauter Einführung, Rn. 79.

366 Vergleiche *Bechtold*, EWS 2001, 49 (50); *Pukall*, NJW 2000, 1375.

367 Siehe *Weitbrecht*, EuZW 2002, 581.

368 Zu den Auswirkungen der geänderten Ansicht der Kommission in Bezug auf vertikale Vereinbarungen auf das deutsche Recht siehe *Lohse*, S. 43 ff.

369 So die *Kommission,* Grünbuch zur EG-Wettbewerbspolitik gegenüber vertikalen Wettbewerbsbeschränkungen, KOM (1996) 721 endg. vom 22.1.1997; *Kommission,* ABl. Nr. C 365/3 vom 26.11.98 (S. 18 ff); siehe auch Weißbuch, Rn. 78 und *Brinker*, in: Europäisches Wettbewerbsrecht im Wandel, S. 131 (136).

370 VO 2790/1999 der Kommission vom 22. Dezember 1999 über die Anwendung von Artikel 81 Absatz 3 des Vertrages auf Gruppen von vertikalen Vereinbarungen und aufeinander abgestimmten Verhaltensweisen, ABl. Nr. L 336/21 vom 29.12.1999; *Pukall*, NJW 2000, 1375.

lungsverordnungen durch eine einheitliche Verordnung abgelöst werden[371]. Diese „Schirm-Gruppenfreistellungsverordnung“ folgt dem Prinzip: Erlaubt ist, was nicht ausdrücklich verboten ist[372]. Die VO 2790/99 enthält daher, diesem Prinzip folgend, keine „weißen Klauseln“[373]. Es sind vielmehr nur „schwarze“[374] und „graue Klauseln“ [375] aufgeführt[376], so dass Unternehmen nicht auf die Formulierungen der Verordnungen zurückgreifen und sich somit nicht in das Korsett eines Quasi-Formularvertrags pressen lassen können[377]. Ziel der neuen „Schirm-Gruppenfreistellungsverordnung“ ist die pauschale Freistellung aller unproblematischen vertikalen Absprachen, wobei es sich vornehmlich um Vertriebsvereinbarungen handeln wird[378]. Eine pauschale Freistellung vertikaler Absprachen ist möglich, da diese in der Regel unbedenkliche Regelungen des Wettbewerbs darstellen[379].

Der verstärkte Gebrauch von „schwarzen Klauseln“ hat mittlerweile auch im Rahmen von Gruppenfreistellungsverordnungen betreffend horizontale Vereinbarungen Einzug erhalten[380]. Auch durch diese Maßnahme verfolgt die Kommission das Ziel, einen flexibleren Umgang der Unternehmen mit den Freistellungsmöglichkeiten einer Gruppenfreistellungsverordnung zu ermöglichen[381].

Zudem führt die neue VO 2790/1999 ein Marktanteilskriterium ein, welches deren Anwendbarkeit bestimmen soll[382]. Das bedeutet, dass Absprachen von Unternehmen, die den in Art. 3 I, II VO 2790/1999 festgelegten Marktanteil von 30 % nicht erreichen, per se freigestellt sind und sich die Unternehmen in diesem Fall also über eine Anwendung des Art. 81 III EG keine Gedanken zu machen brauchen.

---

371 Nach Art. 13 VO 2790/1999, ABl. Nr. L 336/21 vom 29.12.1999, trat die „Schirm-Gruppenfreistellungsverordnung“ am 1.1.200 in Kraft und gilt bis zum 31.5.2010.

372 Vergleiche *Bauer/de Bronett*, Rn. 84 ff.

373 Siehe *Ackermann*, EuZW 1999, 741.

374 Siehe Art. 4 VO 2790/99, ABl. Nr. L 336/21 vom 29.12.1999.

375 Siehe Art. 5 VO 2790/99, ABl. Nr. L 336/21 vom 29.12.1999.

376 So *Haager*, DStR 2000, 387 (389).

377 Vergleiche die Erwägungsgründe zur VO 2790/1999, ABl. Nr. L 336/21 vom 29.12.1999; *Bechtold* EWA 2001, 49 (51); *Semmler/Bauer*, DB 2000, 193 (194).

378 Dazu *Pukall*, NJW 2000, 1375 (1379).

379 Vergleiche *Rittner*, in: Europäisches Wettbewerbsrecht im Wandel, S. 43.

380 Siehe *Brinker*, in: Europäisches Wettbewerbsrecht im Wandel, S. 131 (132), siehe hierzu auch unten Kapitel 6 I.A.5.)a)(4).

381 So zum Beispiel durch die Verordnungsentwürfe der *Kommission* bezüglich der Anwendung von Art. 81 III EG auf Gruppen von Vereinbarungen über Forschung und Entwicklung sowie Spezialisierungsvereinbarungen und der Leitlinienentwurf über die horizontale Zusammenarbeit, zusammengefasst in ABl. Nr. C 118/3 vom 27.4.2000.

382 Siehe *Schaub*, in: Europäisches Wettbewerbsrecht im Wandel, S. 13 (16).

Der Präsident des Bundeskartellamtes, *Böge*, hat die Einführung der „Schirm-Gruppenfreistellungsverordnung“ als

„...*faktisch geschaffene Missbrauchsaufsicht*...“[383]

bezeichnet. Zudem stellt die neue Gruppenfreistellungsverordnung in seinen Augen eine Trennung zwischen vertikalen und horizontalen Absprachen dar, die dem deutschen System sehr nahe kommt. Richtig ist, dass von einer pauschalen Freistellung vertikaler Vereinbarungen auszugehen ist. Der häufig gebrauchte Terminus der „de facto“ – Einführung des Missbrauchprinzips geht jedoch fehl, da nur das freigestellt wird, was nicht von einer „schwarzen Klausel“ umfasst ist. Dies steht jedoch schon im Vorhinein fest.

c) Zu erwartende Probleme der neuen Gruppenfreistellungspraxis

Die Einführung von Marktanteilskriterien erscheint bedenklich. Sie schafft eine völlig willkürliche Schwelle, die den teils sehr differenzierten Märkten nicht gerecht werden kann. Möglicherweise wird dabei zu sehr an Großunternehmen gedacht, die erfasst werden sollen. Übersehen werden dabei jedoch die zahlreichen Nischenunternehmen, deren Marktanteil unter Umständen die 30 % – Hürde nicht erreicht, deren Absprachen jedoch erhebliche Wettbewerbsbeschränkungen auf stark differenzierten Märkten bewirken können[384].

D. Probleme bei der Anwendung des Gemeinschaftsrechts durch die Mitgliedstaaten

Probleme, die die VO 17/62 aufwirft, bestehen auch im Zusammenhang mit der Anwendung des Gemeinschaftsrechts durch die Mitgliedstaaten.

Zu denken ist hierbei zum einen an die Tatsache, dass in den Mitgliedstaaten zum Teil erhebliche Unterschiede in den Verwaltungsverfahrensordnungen bestehen. Unterschiedliche Verfahrensordnungen produzieren unterschiedliche Ergebnisse[385], eine Vereinheitlichung des Verfahrensrechts der einzelnen Mitgliedstaaten ist indes nicht geplant[386]. Es besteht daher die erhebliche Gefahr, dass durch die Übertragung von Fällen von einem Mitgliedstaat auf den anderen Verfahrensgrundsätze zum Schutz der Beteiligten, wie zum Beispiel die Not-

383 *Böge*, FIW-Schriftenreihe Heft 182, S. 15 (18). Zur Definition des Missbrauchsprinzips siehe oben Kapitel 3 I.B.

384 So *Rittner*, in: Europäisches Wettbewerbsrecht im Wandel, S. 43.

385 Vergleiche *Zinsmeister*, WuW 1999, 115 (117); *Zinsmeister/Lienemeyer*, WuW 2002, 331 (332).

386 Siehe auch VO-Entwurf, Begründung zu Art. 5, S. 18.

wendigkeit eines richterlichen Beschlusses, verletzt werden[387]. Einzelne Rechte, die ein Verfahrensbeteiligter in einem speziellen Land hat, stehen ihm möglicherweise in einem anderen Mitgliedstaat nicht, nicht im selben Ausmaß oder unter anderen Voraussetzungen zu. Auch der Europäische Gerichtshof für Menschenrechte und der EuGH haben durchaus unterschiedliche Ansichten dazu, welchen Schutz Verfahrensbeteiligte vor Untersuchungen genießen. Große Unterschiede zwischen den Verfahrensordnungen der Mitgliedstaaten bestehen auch hinsichtlich des Umfangs, in dem Akteneinsicht gewährt wird beziehungsweise in dem Unterlagen geheim zu halten sind.

Gleiches gilt auch für die Rechtsnatur von Sanktionen. In manchen Mitgliedstaaten wird diesen eine verwaltungsrechtliche Natur beigemessen, wohingegen in andern Mitgliedstaaten von einem strafrechtlichen Charakter, ähnlich amerikanischer Prägung, ausgegangen wird[388]. Kronzeugenprogramme sind nicht überall etabliert und darüber hinaus unterschiedlichst ausgestaltet.

Auch Untersagungsentscheidungen werden in den einzelnen Mitgliedstaaten unterschiedlich behandelt, so sind in einigen dafür die Kartellbehörden zuständig, in anderen aber die Gerichte. Weiterhin hat eine Eingabe nicht in jedem Land aufschiebende Wirkung. All dies verringert die Kohärenz.

In der bisherigen Praxis der Zusammenarbeit zwischen der Kommission und den Kartellbehörden beziehungsweise den Gerichten der Mitgliedstaaten auf dem Gebiet des gemeinschaftlichen Wettbewerbsrechts gingen nach Meinung der Kommission viele positive Synergieeffekte durch mangelnde Koordination und Information der beteiligten Stellen verloren[389].

Es entstanden Konflikte bezüglich der Zuständigkeit und der Bindung an Entscheidungen der jeweils anderen Stelle. Als Beispiel aus jüngster Zeit kann hier etwa die „Masterfoods" – Entscheidung des Europäischen Gerichtshofs genannt werden, in der der EuGH eine unbedingte Pflicht zur Beachtung von Entscheidungen der Kommission anordnete[390].

Die Kommission möchte daher für die Zukunft das Zusammenspiel zwischen den verschiedenen Stellen, die mit der Kontrolle des Wettbewerbs betraut sind,

---

387 Siehe *Waelbroeck*, EUI, S. 9 ff.

388 Siehe eine Auflistung der Länder unten in Kapitel 6 II.C.2.).

389 Siehe *Waelbroeck*, EUI, S. 3; siehe auch VO-Entwurf, Begründung, S. 11.

390 Siehe EuGH, Rs. C-344/98 EuZW 2001, 113 – „Masterfoods"; ausführlich zur „Masterfoods" – Entscheidung oben Kapitel 3 V.B.3.). Siehe auch *Kamann/Horstkotte*, WuW 2001, 458 ff.

besser koordinieren, um derartige „Reibungsverluste“ zu verringern oder ganz auszuschließen.

E. Ineffektive Durchsetzungsmittel und Untersuchungsbefugnisse

Die Durchschlagskraft der gegenwärtigen Verfahrensordnung wird ferner durch teilweise nicht ausreichende Eingriffsmöglichkeiten der Kommission gebremst, die eine effektive Durchsetzung der Grundsätze der Art. 81 ff. EG behindern.

1.) Untersuchungsbefugnisse

Zum einen sind hier die nicht ausreichenden Untersuchungsbefugnisse der Kommission zu nennen.

Nach Ansicht der Europäischen Kommission sind parallele Untersuchungen nach Art. 14 III VO 17/62 in verschiedenen Mitgliedstaaten nur unter Schwierigkeiten durchzuführen. Grund dafür ist, dass es Sache der Mitgliedstaaten ist, die Bedingungen zu bestimmen, unter denen eine Untersuchungshandlung der Kommission zu unterstützen ist[391]. In der Regel wird dies die Entscheidung eines mitgliedstaatlichen Gerichts über den geplanten Vorgang der Kommission sein[392]. Die dieser Praxis innewohnende Problematik besteht darin, dass es bei Untersuchungen in mehreren Mitgliedstaaten gleichzeitig auch mehrerer Ermächtigungen durch die im jeweiligen Mitgliedstaat zuständige Instanz bedarf. Die Gefahr, dass nicht alle Staaten die Ermächtigung rechtzeitig oder gleichzeitig beschaffen, liegt auf der Hand. Wenn die Untersuchungen jedoch nicht gleichzeitig durchgeführt werden können, so ist möglicherweise der Erfolg der gesamten Untersuchungsaktion gefährdet. Nach Vorstellung der Kommission sollte daher die Anordnungskompetenz für Untersuchungen in den Unternehmen zentral auf ein europäisches Gericht delegiert werden[393].

Zu kritisieren sind weiterhin die mangelnden Möglichkeiten der Kommission, Unternehmensangehörige zu vernehmen.

---

391 Siehe EuGH, Rs. 46/87 und 227/88, Slg. 1989, 2859, Rn. 33 f. – „Hoechst“.

392 Vergleiche Weißbuch, Rn. 110 f.; EuGH, Rs. 46/87 und 227/88, Slg. 1989, 2859, Rn. 33 f. – „Hoechst“.

393 So Weißbuch, Rn. 110.

2.) Durchsetzungsmittel

Dem gegenwärtigen Verfahrensrecht nach der VO 17/62 gebricht es ferner an den geeigneten Durchsetzungsmitteln im Falle einer Verbotsanordnung durch die Kommission[394].

Dabei liegen die Defizite der VO 17/62 vor allem im Bereich der Geldbußen für Verfahrensverstöße[395] und im Bereich der Zwangsgeldregelung[396]. Die veranschlagten Beträge sind viel zu niedrig und belasten die Unternehmen in aller Regel nicht ausreichend, um sie zu einer anderen Haltung zu veranlassen. Momentan sind Geldbußen bei Verfahrensverstößen von € 100-5000[397] und Zwangsgelder zwischen € 50-1000[398] für jeden Tag der Zuwiderhandlung vorgesehen. Vergleicht man diese Summen etwa mit dem Umsatz eines Automobilkonzerns, einer Bank oder einer Versicherung, so muten sie gerade zu lächerlich gering an.

Wesentlich drastischer sind hingegen die Geldbußen bei Verstößen gegen das materielle Kartellrecht. Hier sind Strafen über Beträge möglich, die schon heute eine nicht unwesentliche Abschreckungswirkung auf die Unternehmen entfalten dürften[399].

---

394 Siehe oben Kapitel 3 IV.
395 Siehe Art. 15 I VO 17/62.
396 Siehe Art. 16 VO 17/62.
397 Siehe Art. 16 VO 17/62.
398 Siehe Art. 15 I VO 17/62.
399 Siehe hier nur die Strafe von € 31 Millionen, die die Kommission über die Volkswagen AG verhängte, weil diese ihre Händler zu „konsequenter Preisdisziplin" aufgefordert hatte, vergleiche die Pressemitteilung der *Kommission,* Pressemitteilung IP/01/760 vom 30. Mai 2001, abrufbar unter: http://www.europa.eu.int/rapid/start/cgi/guesten.ksh?p_action.getfile=gf&doc=IP/01/760|0|AGED&lg=DE&type=PDF (zuletzt aufgerufen am 20.07.2004).

Kapitel 5
Entstehung des neuen Systems

Im Folgenden soll die Entstehungsgeschichte der Neufassung des europäischen Kartellverfahrensrechts durch die Verordnung (EG) Nr. 1/2003[400], die die Verordnung (EWG) Nr. 17/62[401] ablösen wird, dargestellt werden.

I. Funktion der VO 1/2003 im Gesamtkonzept der Reform der europäischen Wettbewerbsregeln

Die Änderung der Verfahrensordnung ist ein Teilbereich der umfassenden Umgestaltung des europäischen Wettbewerbsrechts. Die VO 1/2003 ist als wichtiger Teilaspekt einer umfassenden Reform des gesamten Wettbewerbsrechts der Europäischen Union zu sehen. Die Kommission hat in den letzten Jahren insgesamt vier große Reformen des Wettbewerbsrechts angestrengt und teilweise auch schon vollzogen. Neben der vorliegend behandelten Reform des Verfahrensrechts handelt es sich hierbei um Reformen der Gruppenfreistellungsverordnungen für vertikale sowie horizontale Vereinbarungen sowie um eine Überarbeitung der gemeinschaftsrechtlichen Fusionskontrolle. Durch diese Reformen will die Kommission das europäische Wettbewerbsrecht modernisieren und für die Zukunft, insbesondere im Hinblick auf die wachsende Zahl von Mitgliedstaaten und die geänderten Rahmenbedingungen des Wirtschaftslebens, praktikabel halten. Nachfolgend sollen die drei Reformprojekte, die nicht näher besprochen werden, knapp dargestellt werden.

A. Vertikale Vereinbarungen

Zunächst ist die Neufassung der Gruppenfreistellungsverordnungen für vertikale Vereinbarungen zu nennen[402], die das System der Gruppenfreistellungen durch den Verzicht auf „weiße Klauseln" grundlegend modernisiert hat[403].

---

400 Siehe oben Fn. 3.

401 Siehe oben Fn. 6.

402 VO 2790/1999 der Kommission vom 22. Dezember 1999 über die Anwendung von Artikel 81 Absatz 3 des Vertrages auf Gruppen von vertikalen Vereinbarungen und aufeinander abgestimmten Verhaltensweisen, ABl. Nr. L 336/21 vom 29.12.1999.

403 Siehe zu den Einzelheiten oben Kapitel 4 II.C.2.); ferner *Bechtold*, EWS 2001, 49 ff.

B. Horizontale Vereinbarungen

Im Bereich der horizontalen Vereinbarungen hat die Kommission Leitlinien erlassen[404], die die bestehenden Gruppenfreistellungsverordnungen[405] ergänzen sollen.

Die neuen horizontalen Gruppenfreistellungsverordnungen folgen dem Aufbauschema der „Schirm-Gruppenfreistellungsverordnung“[406] und verzichten auf „graue“ und „weiße Klauseln“ , um ein flexibleres System zu schaffen[407].

In den Leitlinien wird vermehrt auf wirtschaftliche Kriterien abgestellt[408], sie legen ein besonderes Augenmerk auf die ökonomischen Auswirkungen der fraglichen Vereinbarungen. Bei den Leitlinien handelt es sich um veröffentlichte Verwaltungsgrundsätze, die lediglich eine Orientierungsfunktion bei der Anwendung der Gruppenfreistellungsverordnungen geben sollen. Sie führen nicht zu einer Selbstbindung der Kommission hinsichtlich ihrer Ermessensausübung, sondern allenfalls zu einer faktischen Selbstbindung der Wettbewerbsbehörden[409].

C. Fusionskontrolle

Daneben hat die Kommission eine grundsätzliche Reform der gemeinschaftsrechtlichen Fusionskontrolle eingeleitet[410].

---

404 Siehe *Kommission,* Entwurf von Leitlinien zur Anwendbarkeit von Artikel 81 EG-Vertrag auf Vereinbarungen über horizontale Zusammenarbeit, ABl. Nr. C 118/14 vom 27.3.2000.

405 Hierbei handelt es sich um eine Gruppenfreistellungsverordnung für Spezialisierungsvereinbarungen, ABl. Nr. L 304/3 vom 5.12.2000 und eine Gruppenfreistellungsverordnung über Vereinbarungen über Forschung und Entwicklung, ABl. Nr. L 304/7 vom 5.12.2000.

406 Siehe oben Kapitel 4 II.C.2.).

407 Siehe jeweils Art. 5 der Gruppenfreistellungsverordnung über Spezialisierungsvereinbarungen, ABl. Nr. L 304/3 vom 5.12.2000 beziehungsweise über Forschung und Entwicklung, ABl. Nr. L 304/7 vom 5.12.2000.

408 Ausführlich zu den neuen Leitlinien und Gruppenfreistellungsverordnungen im horizontalen Wettbewerbsverhältnis siehe *Geiger*, EuZW 2000, 325 und *Polley*, WRP 2001, 496.

409 Siehe für die GRUR-Vereinigung *Gloy/Loschelder*, GRUR 2000, 779 f.

410 Eingeleitet wurde die Reform durch *Kommission,* Grünbuch über die Revision der VO 4064/89 des Rates vom 11.12.2001, KOM (2001) 745 endg. Ein Jahr später schlug die Kommission dem Rat eine neue EG-Fusionskontrollverordnung vor, *Kommission,* Vorschlag für eine Verordnung des Rates über die Kontrolle von Unternehmenszusammenschlüssen, KOM (2002) 711 endg. vom 11.12.2002, ABl. Nr. C 20/4 vom 28.1.2003. Siehe hierzu auch *Schlecht*, Mestmäcker-FS, S. 747 (756) und *Berg/Ostendorf*, E.C.L.R. 2003, 594 ff.

1.) Kompetenzverteilung

Das neue Konzept der Fusionskontrollverordnung (FusKontrVO) ist im Gegensatz zu den Dezentralisierungsbestrebungen im Rahmen der Reform des Verfahrensrechts eher zentralistisch ausgerichtet[411]. Während die nationalen Behörden das Fusionskontrollrecht der Mitgliedstaaten anwenden[412], wendet die Kommission das Fusionskontrollverfahren der Gemeinschaft an. Zudem beruht die Fusionskontrolle auf einem Konzept ausschließlicher Zuständigkeit, so dass immer nur eine Behörde mit dem Fall befasst sein kann[413].

In der neuen FusKontrVO soll die Zuständigkeitsverteilung zwischen Kommission und nationalen Kartellbehörden völlig neu geordnet werden. Beabsichtigt war zunächst, dass Fusionen, die in mindestens drei Mitgliedstaaten anmeldepflichtig sind, in Zukunft automatisch in die Prüfungskompetenz der Kommission fallen sollten. Fusionen mit schwerpunktmäßig nationaler Bedeutung sollten korrespondierend in den Zuständigkeitsbereich nationaler Kartellbehörden fallen, da diesen in diesem Fall in Verwirklichung des Subsidiaritätsgedankens die größere Sachnähe zugesprochen wird[414]. Dieser Vorschlag wurde von den Mitgliedstaaten jedoch zum großen Teil abgelehnt, da die unterschiedlichen Anmeldeschwellen in den Mitgliedstaaten die Gefahr einer uneinheitlichen Anwendung des Gemeinschaftsrechts begründet hätten[415]. Aus diesem Grund nahm die Kommission im Verordnungsentwurf Ende 2002 von diesen Plänen Abstand. Nunmehr soll es weitgehend den Unternehmen überlassen bleiben, bei wem sie ihr Fusionsvorhaben anmelden[416]. Jedoch wird nach dem jüngsten Vorschlag der Kommission ein umfassendes Verweisungssystem zwischen nationalen Behör-

---

411 Siehe zum Beispiel ein Gespräch mit dem Präsidenten des Bundeskartellamtes, *Böge*, FAZ vom 2.7.2002 und *Bartosch/Nollau*, EuZW 2002, 197 ff.

412 Siehe *Monti*, SPEACH/03/195, S. 5 ff.

413 Vergleiche *Kommission,* Vorschlag für eine Verordnung des Rates über die Kontrolle von Unternehmenszusammenschlüssen, KOM (2002) 711 endg. vom 11.12.2002, ABl. Nr. C 20/4 vom 28.1.2003, Rn. 31.

414 Vergleiche dazu *Kommission,* Vorschlag für eine Verordnung des Rates über die Kontrolle von Unternehmenszusammenschlüssen, KOM (2002) 711 endg. vom 11.12.2002, ABl. Nr. C 20/4 vom 28.1.2003, Rn. 13; dieses neue Fallverteilungsschema wurde vom Bundeskartellamt scharf kritisiert und als unnötiges „Nadelöhr" bezeichnet; siehe FAZ vom 2.7.2002 oder vom 29.10.2002.

415 Siehe FAZ vom 2.7.2002 und FAZ vom 29.10.2002.

416 Vergleiche FAZ vom 11.12.2002 und FAZ vom 14.12.2002.

den und der Kommission etabliert werden, um mögliche „Fehlanmeldungen" zu kompensieren und eine interessengerechte Fallverteilung sicherzustellen[417].

2.) Fristen

Ein weiteres Reformanliegen der Kommission ist es, die sehr knappen und starren Fristen im Fusionskontrollverfahren aufzuweichen und damit das Verfahren für die Unternehmen flexibler zu gestalten[418]. Dies soll insbesondere auch für den Zeitpunkt der Anmeldung gelten.

3.) Einbeziehung von Teilfunktions-Gemeinschaftsunternehmen

Ferner befasst sich die Kommission mit der Frage, ob neben den bisherigen Fällen der Fusion und des Kontrollerwerbs auch weitere Fälle unter den Begriff des Zusammenschlusses fallen sollen. So könnten so genannte „Teilfunktions-Gemeinschaftsunternehmen" aus dem Kartellverfahren ausgekoppelt und neu im Fusionskontrollverfahren angesiedelt werden[419]. Im Gegensatz zu ihrer Position im Weißbuch sieht die Kommission im Grünbuch diesbezüglich keinen Handlungsbedarf mehr, zeigt sich aber einer Diskussion gegenüber offen.

4.) Materiellrechtliche Änderungen in der Fusionskontrolle

Schließlich soll die Reform der europäischen Fusionskontrolle auch Änderungen der materiellrechtlichen Prüfungskriterien beinhalten[420]. So wird von der Kommission vorgeschlagen, diese Kriterien mittelfristig einer Überprüfung zu unterziehen. Untersucht werden soll, ob ein Übergang von dem in Europa vorherrschenden Prüfungskriterium der Markbeherrschung auf das in den USA, Kanada

---

[417] Vergleiche *Kommission,* Vorschlag für eine Verordnung des Rates über die Kontrolle von Unternehmenszusammenschlüssen, KOM (2002) 711 endg. vom 11.12.2002, ABl. Nr. C 20/4 vom 28.1.2003, Rn. 18 ff.

[418] Vergleiche hierzu *Bartosch/Nollau,* EuZW 2002, 197 (206); *Berg/Ostendorf,* E.C.L.R. 2003, 594 (595 ff.); FTD vom 6.12.2001 und 7.11.2002; siehe auch *Kommission,* Pressemitteilung IP/02/1856, S. 2 vom 11.12.2002, abrufbar unter: http://www.europa.eu.int /rapid/start/cgi/guesten.ksh?p_action.getfile=gf&doc=IP/02/1856|0|AGED&lg=DE&type =PDF (zuletzt aufgerufen am 20.07.2004) und *Kommission,* Vorschlag für eine Verordnung des Rates über die Kontrolle von Unternehmenszusammenschlüssen, KOM (2002) 711 endg. vom 11.12.2002, ABl. Nr. C 20/4 vom 28.1.2003, Rn. 61 ff.

[419] Siehe *Kommission,* Grünbuch über die Revision der VO 4064/89 des Rates vom 11.12.2001, KOM (2001) 745 endg., Rn. 120 ff. Siehe auch Weißbuch, Rn. 79 ff. und den VO-Entwurf, Begründung, S. 4.

[420] Vergleiche *Kommission,* Grünbuch über die Revision der VO 4064/89 des Rates vom 11.12.2001, KOM (2001) 745 endg., Rn. 159 ff. und *Kommission,* Vorschlag für eine Verordnung des Rates über die Kontrolle von Unternehmenszusammenschlüssen, KOM (2002) 711 endg. vom 11.12.2002, ABl. Nr. C 20/4 vom 28.1.2003, Rn. 52 ff.

und Australien praktizierte Prüfungskriterium der wesentlichen Wettbewerbsminderung (SLC-Test (substantial lessening of competition))[421] empfehlenswert ist, und ob ein solcher Systemwechsel geeignet wäre, divergierende Entscheidungen zwischen dem europäischen und dem nordamerikanischen Wirtschaftsraum zu nivellieren[422]. Vorerst schlägt die Kommission jedoch vor, allein die Definition des Begriffs der Marktbeherrschung in der Fusionskontrollverordnung zu präzisieren[423]. In jedem Fall soll aber zudem der „Marktbeherrschungstest" derart verbessert werden, dass die Fusionskontrollverordnung künftig auch auf Oligopolsituationen anwendbar ist[424].

II. Entstehung des Reformprojekts

A. Weißbuch vom 12. Mai 1999

Die Reform des europäischen Kartellverfahrensrechts wurde durch das Weißbuch der Kommission vom 12. Mai 1999 förmlich eingeleitet[425]. In diesem Weißbuch stellt die Kommission dar, warum das Kartellverfahren aus ihrer Sicht reformbedürftig sei und bietet gleichzeitig ein neues, grundsätzlich anderes Verfahrensmodell zur Durchsetzung der Vorschriften der Art. 81 f. EG an. Die Kommission fordert die Mitgliedstaaten sowie alle anderen Institutionen und interessierten Kreise auf, Kommentare und Anregungen zu den von der Europäischen Kommission ins Auge gefassten Vorschlägen abzugeben[426]. Dieser Aufforderung wurde sowohl von staatlicher Seite, als auch von Seiten der Wirtschaft und der Wissenschaft mit reger Beteiligung Folge geleistet[427].

---

421 Vergleiche *Bartosch/Nollau*, EuZW 2002, 197 (204 f.); *Schmidt*, WuW 2003, 115.

422 Siehe *Böge*, WuW 2002, 825.

423 Vergleiche *Kommission*, Vorschlag für eine Verordnung des Rates über die Kontrolle von Unternehmenszusammenschlüssen, KOM (2002) 711 endg. vom 11.12.2002, ABl. Nr. C 20/4 vom 28.1.2003, Rn. 55.

424 Siehe *Kommission*, Pressemitteilung IP/02/1856, S. 2 vom 11.12.2002, abrufbar unter: http://www.europa.eu.int/rapid/start/cgi/guesten.ksh?p_action.getfile=gf&doc=IP/02/1856|0|AGED&lg=DE&type=PDF (zuletzt aufgerufen am 20.07.2004).

425 Siehe oben Fn. 4.

426 Siehe Weißbuch, Zusammenfassung, Rn. 16.

427 Der gesamte Rechtssetzungsprozess vor den Institutionen der Europäischen Union und die damit verbunden Texte sind für die Phase des Konsultationsprozesses um das Weißbuch unter http://europa.eu.int/prelex/detail_dossier_real.cfm?CL=de&DosId=145297 im Internetdienst PreLex zusammengefasst dargestellt und abrufbar (zuletzt aufgerufen am 20.07.2004).

B. Meinungsbildungsprozess interessierter Kreise

Im Zuge dieses Meinungsbildungsprozesses wurde stellenweise harsche Kritik am Umfang und an der Art und Weise der Reformbestrebungen der Kommission vorgebracht. Der Berichterstatter des Ausschusses für Wirtschaft und Währung des Europäischen Parlaments, *von Wogau*, hat dazu treffend bemerkt:

> *„Wenn eine Behörde, der eine Neigung zu Bürokratismus und Zentralismus nachgesagt wird, einen Vorschlag zur Entbürokratisierung und zur Dezentralisierung macht, sollte dieser nach meiner Auffassung in jedem Falle ernsthaft geprüft werden"*[428].

In der Tat stellen die diskutierten Dezentralisierungsbestrebungen der Europäischen Kommission einen untypischen Schritt in der Entwicklung des Europarechts dar, war doch die gesamte „Brüsseler Politik" bislang eher von Zentralisierungsbestrebungen geprägt. Zu fragen bleibt deshalb nicht zuletzt, ob diese Entwicklung im Bereich des gemeinsamen Wettbewerbsrechts Vorbildcharakter für andere Teilaspekte des Europarechts haben wird.

C. Vorschlag für eine Verordnung des Rates vom 27. September 2000

Im Anschluss an den Konsultationsprozess veröffentlichte die Kommission am 27. September 2000 einen Verordnungsvorschlag[429], in dem sie den durch das Weißbuch begonnenen Weg konsequent weiter beschreitet und die von ihr vorgeschlagenen Verfahrensgrundsätze in konkrete Normen kleidet[430]. Weiterhin liefert der VO-Entwurf nochmals ausführlichere Begründungen für das von der Kommission geplante System. Im VO-Entwurf nimmt die Kommission ferner

---

428 *Von Wogau*, in: Europäisches Wettbewerbsrecht im Wandel, S. 27 (29).

429 Siehe oben Fn. 5.

430 Siehe oben Fn. 261. Die wichtigsten Institutionen, die sich am Konsultationsprozess, der durch das Weißbuch angeregt wurde, beteiligt haben, führt die *Kommission* im VO-Entwurf, Begründung, S.3 auf. Hervorzuheben ist an dieser Stelle die Stellungnahme des Europäischen Parlaments durch dessen Berichterstatter *Evans*, A5-0229/2001 (*Evans*, Bericht). Auch von deutscher Seite aus fand eine rege Beteiligung an diesem Konsultationsprozess statt, so beteiligten sich zahlreiche Industrieverbände. Siehe dazu im Einzelnen: *BDI/BDA*, Prioritäten für eine wettbewerbsfähige Europäische Union, S. 13; *BDI*, Stellungnahmen 1999, S. 1; *BDI*, Stellungnahmen 2001, S. 1; *BGA, CDH, HDE, ZGV*, Gemeinsame Stellungnahme, S. 1. Des Weiteren erfolgten zahlreiche Stellungnahmen aus Lehre, Kartellrechtspraxis sowie der Politik. Darüber hinaus verfasste die Monopolkommission der Bundesregierung je ein Sondergutachten zu Weißbuch und VO-Entwurf. Siehe *Monopolkommission*, 28. und 32. Sondergutachten.

eine Einzelanalyse der geplanten Vorschriften vor, um deren Regelungsgehalt zu verdeutlichen[431].

Die Rechtsgrundlage für den Verordnungsentwurf findet sich nach Ansicht der Kommission in Art. 83 I EG, der den Rat der Europäischen Gemeinschaften ermächtigt, auf Vorschlag der Kommission Verordnungen zu erlassen, die die Anwendung der in den Art. 81 f. EG niedergelegten Grundsätze regeln. Ob Art. 83 I EG als Rechtsgrundlage geeignet ist, ist Gegenstand einer heftigen Diskussion und bedarf einer eingehenden Analyse[432].

Der Reformvorschlag beruht im Wesentlichen auf drei Säulen. Dies sind die Einführung des Legalausnahmesystems, die Aufgabe des Freistellungsmonopols der Kommission sowie der generelle Vorrang der europäischen Kartellrechtsvorschriften vor den nationalen Rechtsordnungen.

D. VO 1/2003 vom 16. Dezember 2002

Der erste VO-Entwurf vom 27. September 2000 wurde nach neuerlicher, eingehender Diskussion in Rat, Parlament und in den interessierten Kreisen in leicht veränderter Form am 16. Dezember 2002 durch den Rat formell angenommen und soll nun als VO 1/2003 am 1. Mai 2004 in Kraft treten.

Die neue Kartellverfahrensverordnung regelt in ihren elf Kapiteln die Anwendung der Art. 81 ff. EG, die Zuständigkeiten und die Zusammenarbeit von Kommission und nationalen Kartellbehörden beziehungsweise Gerichten, sowie die kartellrechtlichen Maßnahmen und Sanktionen.

III. Die Entwicklung vom Weißbuch zur VO 1/2003 – Unterschiede zwischen Weißbuch und VO 1/2003

Das Rechtssetzungsverfahren, das durch das Weißbuch und den VO-Entwurf eingeleitet wurde, hat hauptsächlich die Reformierung von horizontalen Vereinbarungen, also Vereinbarungen zwischen Wettbewerbern, zum Ziel, die nach allgemeiner Ansicht im Vergleich zu Vertikalvereinbarungen eine deutlich größere Gefahr für den Wettbewerb darstellen[433]. Die Reform im Bereich der Verti-

---

[431] Der chronologische Ablauf des gesamten Rechtssetzungsprozesses und die dazugehörigen Texte im Rahmen des VO-Entwurf sind unter http://europa.eu.int/prelex /detail_dossier_real.cfm?CL=de&DosId=158821 im Internetdienst PreLex abrufbar und gut nachvollziehbar dargestellt (zuletzt aufgerufen am 20.07.2004).

[432] Siehe unten Kapitel 6 I.A.4.).

[433] Siehe *Paulweber/Kögel*, AG 1999, 500 (509).

kalvereinbarungen ist durch die Einführung der „Schirm-Gruppenfreistellungsverordnung“[434] und des Art. 4 II VO 17/62 bereits weitestgehend abgeschlossen.

Die Konzeption der Verfahrensordnung geht weit über lediglich verfahrensrechtliche Fragen hinaus. So wird häufig auch von der materiellen Wirkung des Verfahrensrechts gesprochen[435].

Wie bereits erwähnt, stellt der Verordnungsentwurf aus dem Jahre 2000 sowie die Ratsverordnung von 2002 eine Weiterentwicklung der durch das Weißbuch angestoßenen Reformbestrebungen dar. Durch die Vielzahl der Diskussionsbeiträge[436], die die Kommission angeregt hat, haben sich einige Änderungen im Vergleich zu den Vorschlägen aus dem Weißbuch ergeben. Diese sollen nachfolgend kurz dargestellt werden.

A. Register zur Eintragung bestimmter Arten von Vereinbarungen, Beschlüssen und abgestimmten Verhaltensweisen

Im Zuge der Verhandlungen und Diskussionen auf verschiedenen Ebenen, die in der VO 1/2003 mündeten, wurde immer wieder gefordert, ein Publikationsinstrument für Vereinbarungen zu schaffen[437]. Begründet wurde dieses Anliegen mit der Notwendigkeit, den Unternehmen in besonderen Fällen ein gewisses Maß an Transparenz und Rechtssicherheit durch die Veröffentlichung ihrer Vereinbarungen zu gewährleisten[438].

Diese Forderung führte zu einer heftigen Diskussion darüber, ob die Kommission die Möglichkeit haben sollte, für bestimmte Absprachen eine Eintragungspflicht in ein Register einzuführen. Die Möglichkeit einer solchen Regelung war

---

434 Siehe oben Kapitel 4 II.C.2.).

435 Für das deutsche Recht grundlegend *Schmidt*, S. 86 ff., dieser Gedanke ist aber ohne weiteres auf das Gemeinschaftsrecht übertragbar. Siehe auch *Kögel*, S. 28 u. 214.

436 Vergleiche nur *Generaldirektion Wettbewerb*, DG COMP DOCUMENT Whitepaper on Reform of Regulation 17 – Summary of the observations vom 29.02.2000, abrufbar unter: http://europa.eu.int/comm/competition/antitrust/others/wp_on_modernisation/summary_observations.html (zuletzt aufgerufen am 20.07.2004).

437 So sprach sich der Präsident des Bundeskartellamtes *Böge*, FAZ vom 21.November 2002 dafür aus, die Unternehmen zukünftig dazu zu verpflichten, ihre Vereinbarungen im Internet zu veröffentlichen. *Hoenig*, Handelsblatt vom 25.9.2000, spricht hier aufgrund der heftig vorgetragenen Forderungen von deutscher Seite vom „Böge-Register“.

438 Siehe zum Beispiel *Monopolkommission*, 32. Sondergutachten, Rn. 76 oder *Böge*, FIW-Schriftenreihe Heft 182, S. 15 (22) und *ders.*, FAZ vom 21. November 2002. In eine ähnliche Richtung geht auch *Becher*, in: Europäisches Wettbewerbsrecht im Wandel, S. 37. Er verlangt eine Art Anmeldung für Fälle mit Bußgeld- und Investitionsrisiko. Dieses Abgrenzungskriterium ist nicht praktikabel, da fast alle Fälle in der Nähe einer Wettbewerbsbeschränkung ein solches Risiko in sich bergen.

im Weißbuch noch nicht vorgesehen, wurde jedoch insbesondere von deutscher Seite immer wieder vehement gefordert[439]. Im Anschluss an den ersten umfangreichen Diskussionsprozess hat die Kommission daher in den VO-Entwurf aus dem Jahre 2000 die Vorschrift des Art. 4 II VO-Entwurf eingearbeitet[440], die die Möglichkeit zur Etablierung eines derartigen Registers vorsieht. Wichtig in diesem Zusammenhang ist indes, dass durch Art. 4 II VO-Entwurf lediglich die Möglichkeit zur Einführung eines solchen Registers geregelt wurde, nicht aber etwa schon dessen Einführung selbst vorgesehen wurde.

Auf vielfachen Protest, wonach sie im Grunde lediglich eine Reminiszenz an die vergangene Anmeldepraxis darstelle, wurde in der VO 1/2003 die Möglichkeit der Einführung eines Registers jedoch wieder entfernt[441]. Als Grund hierfür wird der nicht ersichtliche Nutzen eines solchen Registers genannt. Ein Register würde nämlich – ebenso wenig wie im Übrigen auch die Anmeldungen nach der VO 17/62 – die wirklich schwerwiegenden Kartellverstöße nicht umfassen und somit zur Aufdeckung eben dieser Verstöße keinen maßgeblichen Beitrag leisten. Zudem scheint die administrative Belastung im Verhältnis zum Nutzen für Unternehmen und Behörden unverhältnismäßig. Gerade für die Unternehmen liegt einer der Vorteile der Reform im Wegfall von bürokratischen Zwängen, die die Anmeldung mit sich brachte. Diese Belastung würde jedoch durch eine Registrierungspflicht zumindest teilweise bestehen bleiben. Für die Unternehmen würde sich die Einführung eines solchen Registers zudem als einseitige Verpflichtung darstellen, da sie zwar ihre Vereinbarungen offen legen müssten, ihnen aber im Gegenzug keinerlei Rechte zugebilligt würden[442].

Der Verzicht auf ein Register im Sinne des Art. 4 II VO-Entwurf im VO 1/2003 ist daher zu befürworten. Seine Einführung würde eine unnötige Relativierung

---

439 Vergleiche zum Beispiel *Böge*, EWS 2001, H 4.

440 Art. 4 II VO-Entwurf lautete: „Die Kommission kann durch Verordnung Arten von Vereinbarungen zwischen Unternehmen, Beschlüssen von Unternehmensvereinigungen und aufeinander abgestimmten Verhaltensweisen im Sinne von Artikel 81 Absatz 1 EG-Vertrag bestimmen, die die Unternehmen in ein Register eintragen lassen müssen. In diesem Fall legt sie die Einzelheiten der Eintragung fest sowie die bei Nichteinhaltung dieser Pflicht zu verhängenden Sanktionen. Mit der Eintragung einer Vereinbarung, eines Beschlusses oder einer abgestimmten Verhaltensweise sind für die betreffenden Unternehmen oder Unternehmensvereinigungen keinerlei Rechte verbunden und die Anwendung dieser Verordnung bleibt hiervon unberührt."

441 Siehe zum Beispiel *Evans*, Bericht, S. 7, 23, 35 oder auch die *BDI*, Stellungnahme 2001, Rn. 4.

442 So war auch in Art. 4 II VO-Entwurf nur vom Recht der Kommission zur Einführung einer Eintragungspflicht die Rede. Kein Wort verlor Art. 4 II VO-Entwurf hingegen dahingehend, welche Rechte dem Unternehmen durch eine Registereintragung entstehen sollten.

der Grundsatzentscheidung für ein Legalausnahmesystem bedeuten, die die Funktionstüchtigkeit des neuen Systems schwächen könnte. Zudem konnte im Diskussionsprozess nicht geklärt werden, welche Rechte ein solches Register den Unternehmen geben könnte. Der einzig ersichtliche Sinn eines solchen Registers für ein Unternehmen könnte in einem gesteigerten Maß an Rechtssicherheit hinsichtlich der getroffenen Abreden gesehen werden, gerade dies wurde aber im VO-Entwurf nicht erwähnt.

B. Beweislastverteilung für die Tatbestandsmerkmale des Art. 81 EG

Neu im Vergleich zu den Ankündigungen im Weißbuch ist auch die Einführung der Beweislastregelung des Art. 2 VO 1/2003[443] im Rahmen der Art. 81 I und III EG.

Das Weißbuch ist insoweit missverständlich, als es davon spricht, dass in Art. 81 EG keine Vermutung für die Nichtigkeit von Vereinbarungen angelegt ist[444]. Diese Formulierung wurde von vielen Autoren dahingehend verstanden, dass im Zivilprozess der Beschwerdeführer sowohl den Verstoß gegen Art. 81 I EG, als auch das Nichtvorliegen der Freistellungsvoraussetzungen des Art. 81 III EG zu beweisen habe[445]. Dies wurde in der Literatur heftig angegriffen, da dem Beschwerdeführer in aller Regel der Einblick in die Strukturen des anderen Unternehmens fehlt, so dass eine solche Beweislastregelung de facto eine Freistellung für das angegriffene Unternehmen bedeuten würde.

Aus diesem Grund hat die Kommission zur Klarstellung Art. 2 VO 1/2003 eingeführt, der die Beweislast für das Vorliegen der Voraussetzungen des Art. 81 I EG dem Beschwerdeführer zuschreibt, die Beweislast für das eventuelle Vorliegen der Freistellungsvoraussetzungen gemäß Art. 81 III EG aber beim angegriffenen Unternehmen belässt, wie es auch der bisherigen Rechtsprechung des EuGH[446] und der Handhabung der Mitgliedstaaten bei Freistellungsanträgen entspricht[447].

---

443 Eine vergleichbare Regelung befand sich bereits in Art. 2 VO-Entwurf.

444 Siehe Weißbuch, Rn. 48 und 78.

445 Vergleiche *Mestmäcker*, WuW 2000, 682; *ders.*, EuZW 1999, 523 (528); *Möschel*, WuW 2000, 1096 (1098); *Bartosch*, EuZW 2001, 101; anders *Jaeger*, WuW 2000, 1062 (1074), der im Weißbuch keine Beweislastregelung erkennen will.

446 Siehe EuGH, Rs. 43 und 63/82, Slg. 1984, 19, Rn. 52 – „VBVB/VBBB".

447 Siehe VO-Entwurf, Erwägungsgrund Nr. 5 und VO-Entwurf, Begründung zu Art. 2, S. 15 f. Siehe auch *Jaeger*, WuW 2000, 1062 (1074).

C. Einführung struktureller Maßnahmen im Rahmen der Feststellung und Abstellung von Zuwiderhandlungen

In Art. 7 I VO 1/2003 wird die Möglichkeit zur Anordnung struktureller Maßnahmen zur Abstellung von Zuwiderhandlungen gegen das Kartellverbot vorgesehen[448]. Dieses scharfe Schwert gegen Kartellrechtsverstöße ist in der VO 17/62 nicht vorgesehen, und auch im Weißbuch finden sich keine Anhaltspunkte dafür, dass die Kommission über die Einführung derartiger Maßnahmen nachgedacht hat.

D. Ausgliederung von Teilfunktionsgemeinschaftsunternehmen aus dem Kartellverfahren

Im Weißbuch hat die Kommission angeregt, Teilfunktionsgemeinschaftsunternehmen künftig nicht mehr dem Kartellverfahren, sondern dem Fusionskontrollverfahren zu unterstellen, um den Unternehmen auf Grund der immensen Kosten, die die Gründung eines Teilfunktionsgemeinschaftsunternehmen mit sich zieht, die Möglichkeit einer Rechtssicherheit gebenden Kommissionsentscheidung anheim zu stellen[449]. Diese Überlegung der Kommission hat indes im VO-Entwurf keinen Niederschlag gefunden, sondern wurde auf die Reform der Fusionskontrollverordnung vertagt, da die Kommission die Problematik der Handhabung von Teilfunktionsgemeinschaftsunternehmen noch nicht abschließend klären konnte[450].

E. Verhältnis des Europarechts zu den nationalen Rechtsordnungen

Wie bereits erwähnt[451], enthält Art. 3 VO 1/2003 erstmalig in der Geschichte des Gemeinschaftskartellrechts eine Regelung des Verhältnisses zwischen den Art. 81 ff. EG auf der einen und den nationalen Kartellrechtsordnungen auf der anderen Seite. Im Weißbuch wurde eine solche Regelung lediglich in Aussicht gestellt, es war die Rede davon, dass man die Prinzipien für eine kohärente Anwendung eventuell stärken müsse[452]. Ansonsten wollte man sich auf die vom

---

[448] Siehe Erläuterung zu Art. 7 im VO-Entwurf, Begründung, S. 20 und zum Bereich der strukturellen Maßnahmen im europäischen Kartellrecht insgesamt *Haus*, WuW 2001. 659 ff.

[449] Vergleiche Weißbuch, Rn. 79 f.

[450] Vergleiche VO-Entwurf, Begründung, S. 4.

[451] Siehe oben Kapitel 4 I.B.

[452] Siehe Weißbuch, Rn. 103.

EuGH in den Entscheidungen „Walt Wilhelm“[453] und „Delimitis“[454] entwickelten Grundsätze zum Verhältnis von Gemeinschaftsrecht und nationalem Recht beschränken. Beachtenswert ist jedoch, dass der Wortlaut der VO 1/2003 auf Drängen der Mitgliedstaaten[455] bedeutend weniger streng ist als der des VO-Entwurfs[456]. Während letzterer von einer alleinigen Anwendbarkeit des Gemeinschaftsrechts auf Fälle von gemeinschaftsweiter Bedeutung spricht, legt Art. 3 VO 1/2003 nur noch fest, dass die nationalen Behörden bei derartigen Fällen das Gemeinschaftsrecht anwenden und ihm zur Geltung verhelfen müssen. Der Sinn dieser sprachlichen Unterscheidung wird an anderer Stelle noch untersucht werden[457].

F. Erlass von Gruppenfreistellungsverordnungen

Veränderungen ergaben sich im Zuge des Reformprozesses auch hinsichtlich der Regelungen zum Erlass von Gruppenfreistellungsverordnungen[458].

Im Weißbuch war nur die Rede davon, dass Gruppenfreistellungsverordnungen ein unerlässliches Instrumentarium zur Kontrolle des Wettbewerbs in der Europäischen Gemeinschaft darstellen[459]. Die Kommission sollte danach für Vorschlag und Ausarbeitung der Gruppenfreistellungsverordnungen allein zuständig sein. Über die Zuständigkeit zum formalen Erlass von Gruppenfreistellungsverordnungen verliert das Weißbuch indes kein Wort, so dass davon auszugehen ist, dass die Kommission weiterhin von der Notwendigkeit einer Ratsermächtigung ausging.

Art. 28 I VO-Entwurf sah dagegen eine generelle Ermächtigung der Kommission zum Erlass von Gruppenfreistellungsverordnungen vor, im Zuge derer die bestehenden Mitbestimmungsrechte des Rates und die der Mitgliedstaaten ausgehebelt würden[460]. Parallel dazu sollten die Anhörungsrechte des Europäischen Parlaments entfallen. Die Kommission sprach sich für eine solche Generalbevollmächtigung deshalb aus, weil sie im Erlass der Gruppenfreistellungsverord-

---

453 Siehe EuGH, Rs. 14/68, Slg. 1969, 1 – „Walt Wilhelm“, siehe dazu auch oben Kapitel 3 V.A.

454 Siehe EuGH, Rs. C-234/89, Slg. I-1991, 935, Rn. 43 ff. – „Delimitis“, siehe dazu auch oben Kapitel 3 V.B.2.)a).

455 Vergleiche *Montag/Rosenfeld*, ZWeR 2003, 107 (124).

456 Siehe *Schnelle*, Änderungen durch VO 1/2003, S. 1.

457 Siehe untern Kapitel 6 IV.

458 Siehe *Wagemann/Pape*, Rn. 39.

459 Vergleiche Weißbuch, Rn. 71, 78, 84 f. und VO-Entwurf, Begründung zu Art. 4, S. 17.

460 So VO-Entwurf, Begründung zu Art. 4, S. 17.

nungen eine Parallelität zu den Einzelfreistellungen sah, bei denen die Kommission nach der VO 17/62 ebenfalls alleine zuständig ist[461].

In der VO 1/2003 wiederum fehlt eine derartige generelle Ermächtigung der Kommission[462]. Diese Kehrtwendung ist auf den zum Teil erheblichen Widerstand der Mitgliedstaaten zurückzuführen. Diese reklamierten, dass die Gruppenfreistellungsverordnungen mit einer grundlegenden, richtungweisenden Bedeutung ausgestattet sind und somit das Gemeinschaftskartellrecht entscheidend beeinflussen. Die Gruppenfreistellungsverordnungen müssten daher auf den Rat rückführbar sein, um eine hinreichende Legitimation durch die Mitgliedstaaten sicherzustellen[463]. In Art. 29 VO 1/2003 nimmt die Kommission auf die Ratsermächtigung nun denn auch ausdrücklich Bezug, so dass hinsichtlich des Erlasses von Gruppenfreistellungsverordnungen keine nennenswerte Änderung zum bestehenden System nach der VO 17/62 zu erwarten ist.

G. Neuordnung des Beschwerdesystems

Mangels Anmeldungen kommt in einem Legalausnahmesystem den Beschwerden der durch eine Absprache betroffenen Unternehmen eine gesteigerte Bedeutung zu, da sie de facto die einzige Möglichkeit externer Kenntniserlangung seitens der Kommission sind.

In diesem Bewusstsein hat die Kommission im Weißbuch umfassende Modifikationen und Evaluationen des Beschwerdesystems angekündigt[464]. Nach den Vorstellungen der Kommission sollen unter anderem die Konsultations- und Informationsmechanismen zwischen der Kommission und den Unternehmen verbessert werden. Darüber hinaus soll geregelt werden, wer für welche Art von Beschwerde zuständig ist, damit Verstöße schnell und effizient abgestellt werden können[465]. Dementsprechend verwundert muss man feststellen, dass die Kommission in Art. 7 VO-Entwurf die alte Regelung des Art. 3 I VO 17/62 im Prinzip unverändert übernommen hat[466]. Während in der Begründung zum VO-Entwurf noch der Erlass einer Bekanntmachung zur Orientierungshilfe für Beschwerdeführer in Aussicht gestellt wird, die nähere Angaben zu den Beschwer-

---

461 Hier sei aber daran erinnert, dass in der bisherigen Praxis der Rat seine Kompetenz zum Erlass von Gruppenfreistellungserklärungen in aller Regel im Wege der Ermächtigung an die Kommission delegiert hat. Durch diese Delegation wurde das Prinzip der begrenzten Einzelermächtigung nicht verletzt, da die Rechtssetzungsbefugnis der Kommission bei aller Abstraktheit immer noch fokussiert und begrenzt war.

462 Siehe auch VO 1/2003, Erwägungsgrund Nr. 10; *Böge/Scheidgen*, EWS 2002, 201 (205).

463 So *Böge/Scheidgen*, EWS 2002, 201 (205).

464 Siehe Weißbuch, Rn. 117-122.

465 Siehe Weißbuch, Rn. 119.

466 Siehe VO-Entwurf, Begründung zu Art. 7, S. 19.

demöglichkeiten enthalten soll[467], ist diese Änderung in der VO 1/2003 selbst nicht vorgenommen worden. Art. 7 VO 1/2003 ist bis auf geringfügige Änderungen identisch mit Art. 7 VO-Entwurf.

Der Grund für das Ausbleiben einer detaillierten Neuregelung mag darin liegen, dass die Kommission befürchte, bei einer deutlichen Stärkung des Beschwerdeverfahrens die durch den Wegfall der Anmeldeverpflichtung gewonnenen Kapazitäten gleich wieder zu verlieren und infolgedessen auch weiterhin einen Verfahrensrückstau zu produzieren.

IV. Anwendungsbereich der neuen Verordnung

Die neue Verordnung soll grundsätzlich auf alle Wirtschaftszweige angewendet werden, ausgenommen bleibt lediglich der Landwirtschaftssektor, der weiterhin der bestehenden Regelung der VO 26/1962[468] unterfällt.

Der generelle Anwendungsausschluss der VO 17/62 für den Verkehrssektor, wie ihn die VO 141/62[469] festlegte, wird durch die Aufhebung der VO 141/1962 durch Art. 43 II VO 1/2003 nunmehr abgeschafft. Diese Aufwertung der allgemeinen Vorschriften wurde erforderlich, nachdem der Europäische Gerichtshof entschieden hatte, dass auch der Verkehr den Wettbewerbsregeln zu unterwerfen ist[470]. Aus diesem Grunde werden auch die bisher für die Seeschifffahrt[471], den Eisenbahn-, Straßen- und Binnenschiffsverkehr[472] sowie den Luftverkehr[473] geltenden Verordnungen durch die Art. 36 ff. VO 1/2003 dahingehend modifiziert, dass spezielle Verfahrensvorschriften zugunsten der allgemeinen Vorschriften der VO 1/2003 aufgehoben werden. In Art. 32 VO 1/2003 werden lediglich einige wenige Sektoren des Luftverkehrs und der Seeschifffahrt aus dem Anwendungsbereich der VO 1/2003 ausgenommen.

V. Weitergeltung bestehender Entscheidungen aufgrund der VO 17/62 nach dem Systemwechsel

Unklar war lange Zeit, wie mit Freistellungsentscheidungen im Sinne des Art. 81 III EG verfahren werden soll, die die Kommission auf Grund der

467 Vergleiche VO-Entwurf, Begründung, S. 7.
468 VO 26/62, ABl. Nr. B 30/93 vom 20.4.1962.
469 VO 141/62, ABl. Nr. B 124/2571 vom 28.11.1962.
470 Siehe EuGH, Rs. 167/73, Slg. 1974, 353, Rn. 17 – „Kommission/Französische Republik"; EuGH, Rs. 209-213/84, Slg. 1986, 1425, Rn. 27 – „Asjes".
471 Siehe VO 4056/86, ABl. Nr. L 378/4 vom 31.12.1986.
472 Siehe VO 1017/68, ABl. Nr. L 175/1 vom 23.7.1968.
473 Siehe VO 3975/87, ABl. Nr. L 374/1 vom 31.12.1987.

VO 17/62 getroffen hat. In Art. 35 I 2. Hs. VO-Entwurf war zunächst geplant, bestehenden Freistellungsentscheidungen mit Inkrafttreten des neuen Systems ihre Gültigkeit zu nehmen und somit alle Vereinbarungen, Beschlüsse und abgestimmte Verhaltensweisen dem neuen Legalausnahmesystem zu unterstellen. Dieser Vorschlag wurde im Zuge der Diskussion des Entwurfs jedoch kritisiert, da er das Vertrauen der Unternehmen auf die Bestandskraft einmal erlangter Entscheidungen unterwandern würde. Auch eine Kompromissformel, nach der bestehende Freistellungen noch zwei Jahre wirksam sein sollten, bevor sie ihre Gültigkeit verlieren[474], fand keinen Anklang, so dass in Art. 43 I VO 1/2003 nunmehr bestimmt ist, dass jede von der Kommission einmal erteilte Freistellung bis zum Ende ihrer Gültigkeitsdauer hin in Kraft bleibt. Eingeschränkt wird dieser Fortbestand dadurch, dass Art. 8 III VO 17/62, der der Kommission die Möglichkeit einräumt, bei einer grundlegenden Änderung der entscheidungserheblichen Umstände oder bei Zuwiderhandlungen eine solche Einzelfreistellung zu widerrufen oder zu ändern, weiterhin Geltung beansprucht.

Die Wirkung aller anderen Maßnahmen nach der VO 17/62 ist durch das Legalausnahmesystem im neuen Regime zwingend vorgegeben. Nach Art. 34 I VO 1/2003 verlieren mit In-Kraft-Treten der VO 1/2003 alle der Kommission noch vorliegenden Freistellungsanträge und Anträge auf Erteilung eines Negativattests ihre Wirksamkeit, da Sachentscheidungen über derartige Anträge in einem System der Legalausnahme nicht mehr denkbar sind. Die übrigen möglichen Maßnahmen, wie Anträge auf Abstellung einer Zuwiderhandlung und Geldbußverfahren, die noch unter der VO 17/62 eingeleitet wurden, behalten nach Art. 34 II VO 1/2003 ihre Gültigkeit, werden aber nach den neuen Verfahrensvorschriften behandelt[475].

---

474 Siehe zum Beispiel die Fassung des Art. 35 I im Zwischenbericht vom 27.5.2002 *Rat*, Dokument 8383/1/02 REV 1, abrufbar unter: http://register.consilium.eu.int/pdf/de/02/st08/08383-r1d2.pdf (zuletzt aufgerufen am 20.07.2004).

475 Siehe VO-Entwurf, Begründung zu Art. 35 II, S. 32.

Kapitel 6
Die Regelungen der Verordnung (EG) Nr. 1/2003 im Einzelnen

Im Folgenden werden die einzelnen Regelungen des neuen Kartellverfahrensrechts nach der Verordnung (EG) Nr. 1/2003[476] zur Durchführung der in den Art. 81 und 82 EG niedergelegten Wettbewerbsregeln detailliert analysiert.

I. Legalausnahmesystem

Wohl wichtigster Reformpunkt ist die Abschaffung des bestehenden Genehmigungssystems und die Einführung eines Legalausnahmesystems durch die neue VO 1/2003.

A. Merkmale des Legalausnahmesystems

1.) Grundsatz

Kernbestimmung des neuen Durchführungssystems ist Art. 1 II VO 1/2003. Diese Vorschrift sieht vor, dass Vereinbarungen, Beschlüsse und aufeinander abgestimmte Verhaltensweisen im Sinne des Art. 81 I EG, die gleichzeitig die Freistellungsvoraussetzungen des Art. 81 III EG erfüllen, vollzogen werden dürfen, ohne dass es einer vorherigen Freistellungsentscheidung durch die Kommission oder einer anderen mitgliedstaatlichen Wettbewerbsbehörde bedarf. Sie unterliegen in diesem Falle folglich nicht dem Verbot des Art. 81 I EG und der zivilrechtlichen Nichtigkeitsfolge des Art. 81 II EG.

Korrespondierend zum Wegfall konstitutiv wirkender Freistellungsentscheidungen fällt konsequent jegliches formelles Antragsrecht auf Freistellung seitens der Unternehmen weg. Diese müssen nunmehr selbstständig im Rahmen einer so genannten Selbstveranlagung feststellen, ob ihre geplante Vorgehensweise vom Kartellverbot des Art. 81 I EG erfasst ist. Sollte dies der Fall sein, obliegt den Unternehmen die selbständige Überprüfung, ob die Maßnahme unter die Ausnahmevorschrift des Art. 81 III EG fällt und daher freigestellt ist. Werden beide Fragen positiv beantwortet, so kann die Vereinbarung, der Beschluss oder die aufeinander abgestimmte Verhaltensweise sofort und ohne Antrag oder weiteres Zutun einer Wettbewerbsbehörde vollzogen werden. Ist die Vereinbarung dagegen nicht von der Ausnahmevorschrift des Art. 81 III EG umfasst, so bleibt sie auch unter dem neuen System nach Art. 81 I EG verboten, und es tritt die Nichtigkeitsfolge des Art. 81 II EG ein.

---

476 Siehe oben Fn. 3.

In Ermangelung von Anmeldeanträgen werden die Kommission und die Wettbewerbsbehörden der Mitgliedstaaten künftig nicht mehr präventiv, sondern repressiv tätig.

Zur Ermöglichung dieses Systemwechsels wird Art. 81 EG in seiner Gesamtheit für unmittelbar anwendbar erklärt. In den Art. 5 und 6 VO 1/2003 wird folglich festgelegt, dass die Behörden und Gerichte der Mitgliedstaaten befugt sind, auch die Voraussetzungen des Art. 81 III EG vollständig zu prüfen und nicht mehr wie bisher auf die Überprüfung von Art. 81 I und 82 EG beschränkt sind.

2.) Beibehaltung des Verbotsprinzips

Nach der Veröffentlichung des Weißbuchs[477] und des Vorschlags für eine Verordnung des Rates[478] fanden sich zahlreiche Beiträge im Schrifttum, die die Einführung des neuen Legalausnahmesystems als eine Abkehr vom Verbotsprinzip hin zu einem reinen Missbrauchsprinzip interpretierten[479]. Zu untersuchen ist, ob diese Einschätzung zutreffend ist.

a) Definitionen

Vom Verbotsprinzip spricht man im vorliegenden Zusammenhang, wenn Vereinbarungen, die gegen das Kartellverbot verstoßen, grundsätzlich ab initio verboten sind, sofern sie nicht durch eine Ausnahmeregelung explizit freigestellt werden. Diese Ausnahmeregelungen können in einer Einzel- oder Gruppenfreistellung beziehungsweise einer Legalausnahme bestehen.

Dagegen handelt es sich um ein Missbrauchsprinzip, wenn Vereinbarungen, Beschlüsse und aufeinander abgestimmte Verhaltensweisen, die unter das Kartellverbot fallen, solange sanktionslos praktiziert werden dürfen, bis sie durch eine Kartellbehörde oder ein Gericht untersagt werden[480].

b) Wechsel vom Verbots- zum Missbrauchsprinzip?

Ein Wechsel vom Verbots- zum Missbrauchsprinzip ist im Zuge der Reform der Verordnung (EWG) Nr. 17/62[481] nicht vorgesehen. Wettbewerbswidrige Vereinbarungen, Beschlüsse und abgestimmte Verhaltensweisen sind nach wie vor ab initio verboten, sofern sie nicht gemäß Art. 81 III EG freigestellt sind. Ein Sys-

---

477 Siehe oben Fn. 4.

478 Siehe oben Fn. 5.

479 So zum Beispiel *Mestmäcker*, EuZW 1999, 523 (525); *Schaub*, in: Internationales Kartellrechtsforum, S. 1 (4); siehe auch *Ritter*, DB 1999, 1485.

480 Vergleiche *Deselaers/Obst*, EWS 2000, 41 (43) und oben Kapitel 3 I.B.

481 Siehe oben Fn. 6.

tem der Missbrauchsaufsicht wird folglich gerade nicht eingeführt. Der Auslöser für diesen weit verbreiteten Irrtum ist wohl darin zu sehen, dass in einem System der Legalausnahme die nachherige Kontrolle von Vereinbarungen im Vordergrund steht. Auf den ersten Blick vermag dieses repressive Vorgehen auf eine Einführung des Missbrauchsprinzips hindeuten, nach dem Wettbewerbsbeeinträchtigungen ebenfalls im Nachhinein festgestellt werden. Betrachtet man aber Art. 81 I EG als die zentrale Vorschrift des europäischen Wettbewerbsrechts, so hat sich an dessen Formulierung nichts geändert. Nicht freistellungsfähige Vereinbarungen sind danach auch weiterhin ab initio verboten und nichtig[482]. Der Wortlaut des Art. 81 I EG widerspricht damit ganz eindeutig der Definition des Missbrauchsprinzips, das von einer Zulässigkeit der Vereinbarung bis zu einer konstitutiven Feststellung ihrer Unzulässigkeit ausgeht[483]. Aus diesem Grunde vermag *Mestmäcker* nicht zu überzeugen, der davon ausgeht, dass

> *„...alle Kartelle von Anfang an rechtswirksam sind, bis ihre Unvereinbarkeit mit Art. 81 EG durch die Kommission, die staatlichen Kartellbehörden oder die staatlichen Gerichte festgestellt ist"*[484].

Auch die Annahme, dass

> *„Kartelle zunächst nicht risikolos praktiziert werden dürfen"*[485],

ist verfehlt. In einem Legalausnahmesystem entfallen lediglich Anmeldeverpflichtung und Freistellungsentscheidung, am grundsätzlichen Verbot wettbewerbswidriger Absprachen wird indes festgehalten. Ein Kartell kann demzufolge nur dann risikolos praktiziert werden, wenn es von der Ausnahmeregelung des Art. 81 III EG erfasst ist.

c) „De facto" – Einführung des Verbotsprinzips?

Andere Autoren erkennen zwar den Fortbestand des Verbotsprinzips an, sprechen aber dennoch von einer „de facto" – Einführung des Missbrauchsprinzips[486]. Diese Ansicht findet ihre Begründung in der Parallelität der beiden Sys-

---

482 Vergleiche die Ausführungen im Weißbuch, Rn. 11 f. und 48.

483 Vergleiche *Möschel*, Wirtschaftsdienst 1999, 504 (505); *ders.*, in: Perspektiven des Europäischen Kartellrechts, S. 25.

484 *Mestmäcker*, EuZW 1999, 523 (525); in eine ähnliche Richtung geht auch *Böge*, FIW-Schriftenreihe Heft 182, S. 15 (18).

485 *Mestmäcker*, EuZW 1999, 523 (525).

486 So zum Beispiel *Möschel*, Wirtschaftsdienst 1999, 504 (505); *ders.*, JZ 2000, 61 (63); *Monopolkommission*, 28. Sondergutachten, Rn. 6. In eine ähnliche Richtung geht *Fikentscher*, WuW 2001, 447 (450 ff.), der davon ausgeht, dass das Verbotsprinzip in Verbindung mit einem Legalausnahmesystem zum effektiven Schutz des Wettbewerbs weniger

teme, denn sowohl in einem vom Missbrauchsprinzip bestimmten System als auch in einem Legalausnahmesystem unter dem Verbotsprinzip findet keine präventive Kontrolle der Absprachen statt.

d) Stellungnahme

Dieser Ansicht kann nicht gefolgt werden. Im Gegenteil sieht die Reform im Vergleich zum System nach der VO 17/62 sogar ein strengeres, stringenteres Verbotssystem vor. Zukünftig ist nämlich eine Vereinbarung, ein Beschluss oder eine abgestimmte Verhaltensweise entweder erlaubt oder verboten, Grauzonen und Übergangszeiträume sind in einem Legalausnahmesystem nicht mehr vorstellbar. Während es früher die Möglichkeit gab, durch informelle Verhandlungen mit der Kommission eine Einigung über eine Vereinbarung zu erzielen, die die Kommission im Einzelfall als freistellungsfähig erachtete[487], wird diese Möglichkeit in Zukunft nicht mehr bestehen, da die Kommission oder eine andere Wettbewerbsbehörde künftig nicht mehr präventiv mit den Fällen befasst sein wird. Durch die Selbstveranlagung und den Wegfall präventiver Kontrollen durch die Kommission wird es in die Hand der Unternehmen gelegt, ihren Fall wettbewerbsrechtlich einzuordnen.

Ein weiterer Grund, der für eine strengere Ausprägung des Verbotssystems im neuen System spricht, liegt in dem durch den Verzicht auf Anmeldungen implizierten Wegfall der Bußgeldimmunität nach Art. 15 V lit. a VO 17/62[488]. Die Bußgeldimmunität gab den Unternehmen bei Vereinbarungen aus der Grauzone, bei denen die Kommissionsentscheidung nicht vorhersehbar war, die Möglichkeit, angemeldete Vereinbarungen für einen nicht unerheblichen Zeitraum zu praktizieren und somit bereits von diesen Vereinbarungen zu profitieren. Hierin lag eine Aufweichung des Verbotsprinzips, die durch die neue VO 1/2003, in der eine gefahrlose Ausübung eigentlich verbotener Vorgehensweisen nicht mehr möglich sein wird, aufgegeben wird[489].

---

geeignet ist, als das Missbrauchsprinzip, das mit einer Meldeverpflichtung verbunden wird.

487 Siehe oben Kapitel 3 III.B.3.)b)(2).

488 Vergleiche *Dannecker*, in: Immenga/Mestmäcker, Bd. 2 Art. 15 VO 17, Rn. 215 und *de Bronett*, in: v. d. Groeben/Thiesing/Ehlermann, Bd. 2/1 Art. 87 – Zweiter Teil Verordnung Nr. 17, Rn. 55.

489 Bislang besteht für die Kommission im Zeitraum zwischen der Anmeldung und einer Entscheidung nur die Möglichkeit, die Bußgeldimmunität aufgrund der Vorschrift des Art. 15 VI VO 17 nach einer vorläufigen Prüfung zu entziehen.

3.) Beweislastregelung des Art. 2 VO 1/2003

Art. 2 VO 1/2003 regelt die Beweislast im Rahmen des Art. 81 f. EG. Die Vorschrift sieht vor, dass der Beweis für das Vorliegen der Voraussetzungen des Art. 81 III EG derjenigen Partei obliegen soll, die sich auf diese Bestimmung beruft. Die Vorschrift soll das Verfahrensrecht harmonisieren, da sie nicht nur vor den europäischen Gerichten gilt, sondern auch Wirkung vor den mitgliedstaatlichen Gerichten entfaltet[490]. Die Beweislast für das Vorliegen eines Verstoßes gegen Art. 81 I EG beziehungsweise Art. 82 EG obliegt demgegenüber demjenigen, der diesen Vorwurf erhebt[491]. Diese Beweisverteilung entspricht der Rechtsprechung des Europäischen Gerichtshofs und der gängigen Praxis vor der Kommission[492] sowie der allgemein anerkannten zivilrechtlichen Beweislastregelung, wonach jede Partei die für sie günstigen Tatsachen zu beweisen hat.

Problematisch ist die Reichweite dieser Beweislastverteilung. Der Wortlaut des Art. 2 VO 1/2003 ist sehr weit gefasst, so dass sich die Frage stellt, ob sich der Regelungsgehalt der Vorschrift auf alle Fälle erstreckt, die in den Anwendungsbereich der VO 1/2003 fallen. Hintergrund dieser Diskussion sind zum einen die Beweisprobleme eines Kartellaußenseiters und zum anderen der im behördlichen Verfahren allgemein geltende Amtsermittlungsgrundsatz.

a) Kartellaußenseiterklage

Ein Kartellaußenseiter wird in einem Verfahren vor einem Zivilgericht in der Regel erhebliche Probleme damit haben, die Eröffnung des Anwendungsbereiches des Art. 81 I EG nachzuweisen, wie es Art. 2 VO 1/2003 vorsieht. Grund dafür ist, dass kartellrechtlich bedenkliche Absprachen üblicherweise geheim gehalten werden und es Außenstehenden daher sehr schwer fallen wird, die Existenz einer solchen Absprache und deren Auswirkungen auf den Wettbewerb nachzuweisen. Beweislastprobleme werden stellenweise sogar als so gravierend gewertet, dass von einem Freischein für kartellrechtlich relevante Absprachen gesprochen wird[493].

---

490 Siehe *Hamer*, EWS 2003, 415 (418).

491 Dies gilt sowohl für eine Behörde im Falle der Einleitung des Verfahrens von Amts wegen oder nach einer Beschwerde als auch für einen Beschwerdeführer im Zivilprozess.

492 Siehe EuGH, Rs. 43 und 63/82, Slg. 1984, 19, Rn. 52 – „VBVB/VBBB"; EuG, Rs. T-66/89, Slg. II-1992, 1995, Rn. 69 – „Publishers Association"; EuG, Rs. T-17/93, Slg. II-1994, 595, Rn. 104 – „Matra Hachette".

493 Vergleiche *Möschel*, WuW 2000, 1096 (1098); *Monopolkommission*, 32. Sondergutachten, Rn. 8 und 69; *Fikentscher*, WuW 2001, 446 (449); *Schmidt*, WuW 2002, 3; *Hirsch*, ZWeR 2003, 233 (241 ff.).

Folge dieser Beweisschwierigkeiten wäre ein großes Prozessrisiko für Kartellaußenseiter im Bereich von Privatklagen. Dies wiederum bedeutet, dass die von der Kommission durch die Reform intendierte Stärkung privater Rechtsdurchsetzung[494] – zumindest im Bereich von Klagen durch Kartellaußenseiter – in der Praxis wohl kaum den gewünschten Erfolg zeigen wird.

Eine vergleichbare Problematik besteht beim Nachweis des Schadens im Rahmen einer Schadensersatzforderung. Zwar ist es dem Kläger unter Umständen möglich, einen Umsatzrückgang nachzuweisen, nicht aber, dass dieser kausal auf der Wettbewerbsbeschränkung beruht[495].

b) Amtsermittlungsgrundsatz

Fraglich ist zudem, in welchem Verhältnis die Vorschrift des Art. 2 VO 1/2003 zum Amtsermittlungsgrundsatz steht, der das kartellbehördliche Verfahren bestimmt. In den Erwägungsgründen der VO 1/2003 heißt es, dass Art. 2 VO 1/2003 die Verpflichtung der nationalen Kartellbehörden, zur Aufklärung des Sachverhalts beizutragen, nicht berührt[496]. Mit dieser etwas unscharfen Formulierung kann nur der Amtsermittlungsgrundsatz gemeint sein, der folglich auch weiterhin gelten soll. Sowohl in den Verfahren vor der Kommission als auch in den Verfahren vor den nationalen Kartellbehörden galt aber schon seit jeher auch, dass derjenige, der sich auf eine Ausnahmevorschrift beruft, gewisse Beibringungspflichten hat[497]. Da Art. 2 VO 1/2003 die Geltung des Amtsermittlungsgrundsatzes nicht berührt, dürfte die Regelung des Art. 2 VO 1/2003 daher im Behördenverfahren wenig praktische Wirkung über das hinaus entfalten, was derzeit bereits gängige Praxis ist.

---

494 Die Stärkung der privaten Durchsetzung der Wettbewerbsregeln des EG wird von der Kommission an zahlreichen Stellen angesprochen, so zum Beispiel in VO 1/2003, Erwägungsgrund Nr. 5; VO-Entwurf, Begründung, S. 7; Weißbuch, Rn. 8.

495 Eine vergleichbare Problematik stellt sich im Bereich der Immaterialgüterverletzungen, siehe dazu im Bereich des Markenrechts *Ingerl/Rohnke*, MarkenG, vor §§ 14-19, Rn. 107 ff. Hier kann der Schaden auf drei verschiedene Arten berechnet werden, über den entgangenen Gewinn, den Verletzergewinn oder die entgangene Lizenzgebühr. So auch im Lauterkeitsrecht, vgl. *Ackermann*, UWG, S. 402.

496 Vergleiche VO 1/2003, Erwägungsgrund Nr. 5; VO-Entwurf, Begründung zu Art. 2, S. 15.

497 Siehe EuGH, Rs. 43 und 63/82,, Slg. 1984, 19, Rn. 52 – „VBVB/VBBB"; EuG, Rs. T-66/89,, Slg. II-1992, 1995, Rn. 69 – „Publishers Association"; EuG, Rs. T-17/93, Slg. II-1994, 595, Rn. 104 – „Matra Hachette"; *Krück/Sauter*, in: Dauses, Bd. 2 H.I § 3, Rn.52 und *Pernice*, in: Grabitz/Hilf, Bd. 1 -alt- nach Art. 87 EGV VO 17 (Vorbemerkung), Rn. 16 f.; *Schmidt*, in: Immenga/Mestmäcker, GWB, § 57, Rn. 1, 9; *BDI*, Stellungnahme 2001, Rn. 2.

Wesentlich problematischer ist die Anwendung des Art. 2 VO 1/2003 auf Strafverfahren und Bußgeldverfahren vor den nationalen Gerichten. Die Bundesregierung hat diesbezüglich bei Verabschiedung der VO 1/2003 durch den Rat der Europäischen Union am 16. Dezember 2002 in einer Protokollerklärung mitgeteilt, dass sie davon ausgehe, dass Art. 2 VO 1/2003 nicht für strafrechtliche oder strafverfahrensrechtliche Bestimmungen gelte, da andernfalls die Unschuldsvermutung als wesentliche Verfahrensgarantie de facto außer Kraft gesetzt werden würde[498]. Anknüpfungspunkt für die deutschen Bedenken ist die fehlende Rechtsgrundlage in Art. 83 EG, strafrechtliche oder strafverfahrensrechtliche Bestimmungen zu ändern. An dieser Stelle ist jedoch festzustellen, dass eine derartige Änderung durch die neue Verordnung überhaupt nicht intendiert ist, die VO 1/2003 erklärt vielmehr, dass nationale Besonderheiten von der Regelung des Art. 2 VO 1/2003 unberührt bleiben sollen. Die vorgebrachten deutschen Bedenken sind zwar nachvollziehbar, sie erweisen sich jedoch in Anbetracht der Erläuterung in Erwägungsgrund Nr. 5 der VO 1/2003, die genau diese Fragestellung betrifft, als unbegründet[499].

c) Vermutung der Wettbewerbswidrigkeit

Im Vorfeld der Veröffentlichung des VO-Entwurfs wurde zum Teil die Ansicht vertreten, dass das Fehlen der Freistellungsvoraussetzungen vom Klageführer zu beweisen sei[500]. Grund dafür war die unklare Formulierung im Weißbuch, wonach in Art. 81 EG nicht zwingend eine Vermutung für die Wettbewerbswidrigkeit von Vereinbarungen angelegt sei[501]. Die in der VO 1/2003 letztlich verabschiedete Regelung legt die Beweislast jedoch eindeutig fest. Durch diese Regelung ist im Grunde wieder eine Vermutung dahingehend eingeführt worden, dass Vereinbarungen, die nachweislich unter Art. 81 I EG fallen, solange als

---

498 Siehe *Rat*, Dokument 15918/02 vom 18.2.2003, darin die Protokollerklärung der Regierung der Bundesrepublik Deutschland, Anlage II Erklärung 169/02, S. 16, abrufbar unter http://register.consilium.eu.int/pdf/de/02/st15/st15918de02.pdf (zuletzt aufgerufen am 20.07.2004); siehe auch *Weitbrecht*, EuZW 2003, 69 (72); *Hossenfelder/Lutz*, WuW 2003, 118 (119) und *Mestmäcker*, EuZW 1999, 523 (528).

499 VO 1/2003, Erwägungsgrund Nr. 5 lautet: „…Diese Verordnung berührt weder die nationalen Rechtsvorschriften über das Beweismaß noch die Verpflichtung der Wettbewerbsbehörden und Gerichte der Mitgliedstaaten, zur Aufklärung rechtserheblicher Sachverhalte beizutragen, sofern diese Rechtsvorschriften und Anforderungen im Einklang mit den allgemeinen Grundsätzen des Gemeinschaftsrechts stehen".

500 Vergleiche *Fikentscher*, WuW 2001, 446 (447); *Mestmäcker*, EuZW 1999, 523 (528).

501 Vergleiche Weißbuch, Rn. 48 und 78.

verboten angesehen werden, bis die Parteien des Kartells Beweise vorlegen, die eine Freistellung nach Art. 81 III EG rechtfertigen[502].

d) Wertung

Die obigen Ausführungen machen deutlich, dass Art. 2 VO 1/2003 zumindest unglücklich formuliert ist. Während er einerseits formuliert, was ohnehin bereits gängige Praxis ist, trifft er andererseits keine Aussage zur Garantie des Fortbestandes nationaler verfahrensrechtlicher Besonderheiten. Ausführungen dazu sind nicht in Art. 2 VO 1/2003 selbst niedergelegt, sondern nur in den Erwägungsgründen zur VO 1/2003[503]. Wünschenswert wären an dieser Stelle nähere Ausführungen zum Amtsermittlungsgrundsatz, allein der Hinweis in Erwägungsgrund Nr. 5 der VO 1/2003 gibt hier zu wenig rechtliche Klarheit.

Die zu befürchtenden Beweisschwierigkeiten bei Außenseiterklagen könnten möglicherweise durch die Einführung eines Sphärenmodells[504] behoben werden, wonach der Beklagte verpflichtet wäre, diejenigen Tatsachen offen zu legen, die aus seinem Einflussbereich stammen und auf die ein Kartellaußenseiter erfahrungsgemäß keinen Zugriff hat, sofern der Kläger seinerseits konkrete Anhaltspunkte für eine wettbewerbswidrige Vereinbarung, einen Beschluss oder eine abgestimmte Verhaltenweise darlegt.

4.) Unmittelbare Anwendbarkeit des gesamten Art. 81 EG

Notwendige Voraussetzung für die Einführung eines dezentralisierten Legalausnahmesystems ist die unmittelbare Anwendbarkeit des gesamten Art. 81 EG. Sollen in Folge der Dezentralisierung die nationalen Gerichte alle Entscheidungen treffen, so müssen sie auch befugt sein, Art. 81 EG in seiner Gesamtheit an-

---

502 Der Einwand von *Fikentscher*, WuW 2001, 446 (447 f.), die Kommission gehe nicht mehr von einer Vermutung der Wettbewerbswidrigkeit aus, kann insoweit nicht überzeugen, als der Autor selbst feststellt, dass die Vermutung der Wettbewerbswidrigkeit nur zum Tragen kommt, wenn Art. 81 III EG die fragliche Abrede nicht umfasst oder der Beklagte den Beweis nicht führen kann. Dies entspricht jedoch der Regelung des Art. 2 VO 1/2003.

503 Siehe VO 1/2003, Erwägungsgrund Nr. 5.

504 Eine solches Sphärenmodell findet etwa bei der Beweislastverteilung im Rahmen der Produzentenhaftung Anwendung. Hier hat der Geschädigte Fehler, Schaden und Ursächlichkeit zu beweisen, während den Hersteller die Beweislast dafür trifft, dass ihn im Hinblick auf den Fehler an der Sache kein Verschulden trifft; vgl. *Thomas/Putzo*, ZPO, Vorbem § 284, Rn. 29; *Palandt/Sprau*, BGB, § 823, Rn. 184; BGHZ 51, 91.

zuwenden. Dies ist nur möglich, wenn auch Art. 81 III EG nunmehr unmittelbar anwendbar ist[505].

a) Definition der unmittelbaren Anwendbarkeit

Erstmalig hat sich der EuGH im Jahr 1963 in der Rechtssache „van Gend & Loos" mit der unmittelbaren Anwendbarkeit des Europarechts beschäftigt[506]. Danach ist eine Vorschrift dann unmittelbar anwendbar, wenn der Einzelne aus dieser Vorschrift Rechte herleiten kann, diese Vorschrift von nationalen Gerichten zu beachten ist, sie vor diesen geltend gemacht und von diesen angewendet werden kann. In der „van Gend & Loos" – Entscheidung führt der EuGH weiter aus, dass die Frage der unmittelbaren Anwendbarkeit einer Vorschrift anhand

> *„...des Geistes der Vorschrift, von ihrer Systematik und von ihrem Wortlaut her zu entscheiden ist"*[507].

Es sind danach in der Regel nur solche Normen des gemeinsamen Rechts unmittelbar anwendbar, die der Sache nach abschließend, inhaltlich klar und rechtlich perfekt sind, die also zu ihrer Anwendbarkeit keiner weiteren Ausführungsakte bedürfen und den mitgliedstaatlichen Stellen keinen Ermessenspielraum lassen[508]. Entscheidend ist eine funktionale Betrachtungsweise der fraglichen Norm.

Dagegen meint der Begriff der unmittelbaren Geltung des Gemeinschaftsrechts, dass die Bestimmungen des Gemeinschaftsrechts ihre volle Wirkung einheitlich in sämtlichen Mitgliedstaaten vom Zeitpunkt des Inkrafttretens und während der gesamten Dauer ihrer Gültigkeit entfalten müssen[509].

---

505 Der EuGH hat nur für die Art. 81 I, II und 82 EG festgelegt, dass diese unmittelbar anwendbares Gemeinschaftsrecht darstellen, EuGH, Rs. 127/73, Slg. 1974, 51, Rn. 16 – „BRT/SABAM". Der Grundsatz der unmittelbaren Anwendbarkeit von Art. 81 I und 82 EG wurde erneut bestätigt durch EuGH, Rs. C-234/89, Slg. I-1991, 935, Rn. 44.ff. – „Delimitis".

506 Siehe EuGH, Rs. 26/62, Slg. 1963, 1 (23 ff.) – „van Gend & Loos".

507 EuGH, Rs. 26/62, Slg. 1963, 1 (24) – „van Gend & Loos"; zur Auffassung der Kommission über die Definition der unmittelbaren Anwendbarkeit des Gemeinschaftsrechts vergleiche *Kommission*, MEMO/02/268 vom 26.11.2002, Rn. 8, abrufbar unter: http://www.europa.eu.int/rapid/start/cgi/guesten.ksh?p_action.getfile=gf&doc=MEMO/02/268|0|AGED&lg=EN&type=PDF (zuletzt aufgerufen am 20.07.2004).

508 Vergleiche *Oppermann*, EuR, Rn. 627; *Geiger*, EUV/EGV, Art. 12 EGV, Rn. 21; *Schmidt*, in: v. d. Groeben/Thiesing/Ehlermann, Bd. 4 Art. 189, Rn. 8 ff.

509 Siehe EuGH, Rs. 106/77, Slg. 1978, 629, Rn. 16 ff. – „Simmenthal".

b) Möglichkeit der unmittelbaren Anwendbarkeit des Art. 81 III EG

Zu untersuchen ist, ob Art. 81 III EG die eben dargestellten Kriterien der unmittelbaren Anwendbarkeit erfüllt.

Dies ist insbesondere deshalb von Bedeutung, weil im Falle der fehlenden unmittelbaren Anwendbarkeit des Art. 81 III EG auch Art. 81 I EG nicht länger unmittelbar anwendbar wäre. Art. 81 I EG verlöre seine unmittelbare Anwendbarkeit, weil im künftigen System der Art. 81 EG eine einheitlich anzuwendende Norm sein soll[510] und daher nur in seiner Gesamtheit unmittelbar anwendbar sein kann[511]. Wird aber die unmittelbare Anwendbarkeit des Art. 81 I EG durch die VO 1/2003 aufgehoben, so ist diese Verordnung durch eine Klage nach Art. 230 II EG in Verbindung mit Art. 231 EG angreifbar. Grund dafür ist, dass Rechte, die Einzelnen aufgrund von Primärrecht entstehen, nicht durch eine sekundärrechtliche Verordnung wieder entzogen werden dürfen[512].

Die unmittelbare Anwendbarkeit des Art. 81 III EG ist nach Ansicht der Europäischen Kommission in den Art. 1, 5 und 6 VO 1/2003 angelegt[513]. Diese Vorschriften heben in Art. 1 I, II VO 1/2003 den Anmeldezwang auf und erklären die nationalen Behörden (Art. 5 VO 1/2003) und die nationalen Gerichte (Art. 6 VO 1/2003) für zuständig, den gesamten Art. 81 EG anzuwenden[514].

Da jedoch Sekundärrecht Primärrecht nicht ändern kann, ist die Frage, ob Art. 81 III EG einer unmittelbaren Anwendung zugänglich ist, nicht anhand der Aussagen der Kommission zu entscheiden, sondern allein anhand der vom EuGH in ständiger Rechtsprechung aufgestellten Kriterien zu bewerten, die dieser in der „von Gend & Loos" – Entscheidung erstmals dargelegt hat[515]. Danach müsste Art. 81 III EG in der Sache abschließend, inhaltlich klar und rechtlich perfekt sein.

---

510 Siehe Weißbuch, Rn. 69.

511 Vergleiche *Möschel*, JZ 2000, 61 (62); *Monopolkommission*, 28. Sondergutachten, Rn. 18 ff.; *von Bogdandy*, EuZW 2001, 357 (359).

512 Siehe EuGH, Rs. 37/79, Slg. 1980, 2481, Rn. 13 f. – „Marty/Lauder".

513 Siehe auch VO 1/2003, Erwägungsgrund Nr. 4.

514 Nicht ganz verständlich war die komplizierte Formulierung des Art. 5 VO-Entwurf, der die nationalen Behörden zur Anwendung des Art. 81 III EG ermächtigte. Wesentlich eindeutiger stellt sich hingegen die Formulierung des Art. 6 VO-Entwurf dar, der die Anwendbarkeit des Art. 81 III EG für die nationalen Gerichte festlegte. In der VO 1/2003 ist die Ermächtigung der nationalen Behörden nun ausdrücklich festgestellt, so dass diesbezügliche Unklarheiten ausgeräumt sind; *Bechtold*, BB 2000, 2425 (2426).

515 Siehe EuGH, Rs. 26/62, Slg. 1963, 1 (24) – „van Gend & Loos".

(1) Die „Delimitis" – Rechtsprechung des EuGH

Art. 81 III EG wäre dann nicht unmittelbar anwendbar, wenn er einen Beurteilungsspielraum eröffnen würde, der einer Ausfüllung durch die Gerichte nicht zugänglich ist. In diesem Fall gilt die Regelung nicht unbedingt und ist für eine unmittelbare Anwendbarkeit inhaltlich nicht hinreichend bestimmt.

Ein Beurteilungsspielraum liegt dann vor, wenn durch die Verwendung unbestimmter Rechtsbegriffe auf der Tatbestandsseite einer Norm der Behörde bei ihrer Anwendung ein Entscheidungsspielraum zugestanden wird, der durch die Gerichte nur eingeschränkt überprüfbar ist. Der Gesetzgeber ermächtigt damit die Verwaltung zur eigenverantwortlichen, gerichtlich nur beschränkt überprüfbaren Entscheidung[516].

In der „Delimitis" – Entscheidung hat der EuGH festgestellt, dass die Bewertung, ob eine Vereinbarung freistellungsfähig ist oder nicht

> *„notwendigerweise mit komplexen Beurteilungen wirtschaftlicher Art verbunden ist"*[517].

Die Komplexität dieser Abwägung und die damit verbundene schwierige Justitiabilität wird schon anhand des kumulativ zu erfüllenden Katalogs an Freistellungsvoraussetzungen in Art. 81 III EG deutlich. Zu prüfen ist, ob die Vereinbarung zur Verbesserung der Warenerzeugung oder Warenverteilung oder zur Förderung des technischen oder wirtschaftlichen Fortschritts beiträgt, ob der entstehende Gewinn in angemessener Form an die Verbraucher weitergegeben wird, ob Beschränkungen auferlegt werden, die für die Verwirklichung dieser Ziele nicht unerlässlich sind und ob durch die Vereinbarung die Möglichkeit ausgeschaltet wird, für einen wesentlichen Teil der betreffenden Waren den Wettbewerb auszuschalten. Das Vorliegen eines Beurteilungsspielraums im Rahmen des Art. 81 III EG ist daher zu bejahen.

Nach dem alten System oblag die Anwendung des Art. 81 III EG und somit die Ausfüllung des Beurteilungsspielraums ausschließlich der Europäischen Kommission. Die Gerichte waren zur Überprüfung der Anwendung des Art. 81 III EG durch die Europäische Kommission daher nur eingeschränkt befugt.

---

516 Siehe zur Überprüfbarkeit von Behördenentscheidungen *Maurer*, VerwR, § 7, Rn. 31 ff.

517 EuGH, Rs. C-234/89, Slg. I-1991, 935, Rn. 44 – „Delimitis"; so auch schon EuGH, Rs. 56 und 58/64, Slg. 1966, 322 (396) – „Grundig/Consten"; EuG, Rs. T-29/92, Slg. II-1995, 289, Rn. 288 – „SPO" bestätigt durch den EuGH, Rs. C-271/94, Slg. I-1996, 1611, Rn. 39 ff. – „SPO"; vergleiche auch *Schweitzer/Selmayr*, S. 13 und *Jahn*, Rn. 3.

Nach der Rechtsprechung des EuGH oblag den Gerichten nur die Prüfung, ob die Kommission die Verfahrens- und Begründungsregeln beachtet hatte, ob Tatsachen richtig festgestellt worden waren und ob kein offenkundiger Beurteilungsfehler und kein Ermessensfehlgebrauch vorlag[518]. Dagegen waren die Gerichte nach Einschätzung des EuGH nicht berufen und in der Lage, die bei der Anwendung von Art. 81 III EG notwendige Abwägung der Vor- und Nachteile eines Kartells vorzunehmen.

Dementsprechend vertrat die Kommission noch 1993 dezidiert die Meinung, dass die Aufgabe der Abwägung nach Art. 81 III EG nur durch sie selbst wahrgenommen werden könne[519].

Das Problem des Legalausnahmesystems besteht nun darin, dass es keine der Überprüfung durch die Gerichte unterliegenden Freistellungsentscheidungen der Kommission mehr gibt. In Zukunft sollen Kartellaußenseiter direkt vor den nationalen Gerichten auf Nichtigkeit der Absprache und auf Schadenersatz klagen. Das mitgliedstaatliche Gericht müsste im neuen System also selbst überprüfen, ob eine Vereinbarung freigestellt ist oder nicht, um ein Urteil fällen zu können. Es müsste mithin untersuchen, ob die Vereinbarung zur Verbesserung der Warenerzeugung oder Warenverteilung oder zur Förderung des technischen oder wirtschaftlichen Fortschritts beiträgt, ob der entstehende Gewinn in angemessener Form an die Verbraucher weitergegeben wird, ob Beschränkungen auferlegt werden, die für die Verwirklichung dieser Ziele nicht unerlässlich sind und ob die Vereinbarung für einen wesentlichen Teil der betreffenden Waren den Wettbewerb auszuschalten vermag.

Entgegen ihrer ursprünglichen Auffassung[520] vertritt die Kommission im Weißbuch nunmehr die Ansicht, dass die Gerichte durchaus in der Lage seien, diese bei der Anwendung von Art. 81 III EG notwendige Abwägung der Vor- und Nachteile eines Kartells vorzunehmen[521]. Diese Annahme der Kommission wird zum Teil heftig bestritten[522].

---

518 So EuG, Rs. T-27/92, Slg. II-1995, 289, Rn. 288 – „SPO".

519 So die *Kommission/Generaldirektion Wettbewerb*, XXIII. Bericht über die Wettbewerbspolitik 1993, Rn. 190.

520 So die *Kommission/Generaldirektion Wettbewerb*, XXIII. Bericht über die Wettbewerbspolitik 1993, Rn. 190.

521 Siehe Weißbuch, Rn. 99 f.

522 So zum Beispiel *Möschel*, JZ 2000, 61 (62); *Deringer*, EuZW 2000, 5 (7); *Emmerich*, WRP 2000, 858 (862); *Bartosch*, EuZW 2001, 101 (102); *Mestmäcker*, EuZW 1999, 523 (526). Dagegen bejahend *Geiger*, EuZW 2000, 165 (167); *Schaub/Dohms*, WuW 1999, 1055 (1065).

Im Folgenden soll daher untersucht werden, ob es den nationalen Gerichten tatsächlich möglich sein wird, die

„komplexen Beurteilungen wirtschaftlicher Art“[523]

anstelle der Kommission durchzuführen und somit selbst über die Freistellungsfähigkeit einer Vereinbarung zu entscheiden.

(2) Übergangsregelung aus Art. 81 EG

Vielfach wird Art. 81 III EG für durchaus justitiabel und somit als einer unmittelbaren Anwendbarkeit zugänglich erachtet. Als Argument wird hier unter anderem die Übergangsvorschrift des Art. 84 EG herangezogen, die es den nationalen Kartellbehörden vor Einführung der VO 17/62 gestattete, auch Art. 81 III EG anzuwenden[524]. Aus dieser Übergangskompetenz wird gefolgert, dass Art. 81 III EG von den Autoren des Vertrags als unmittelbar anwendbar angesehen wurde und dies auch heute noch Gültigkeit haben müsse.

Diesem Argument wohnt zwar eine gewisse Überzeugungskraft inne, jedoch bedarf es einer bedeutenden Einschränkung. Diese Einschränkung ergibt sich aus dem Behördenbegriff des Art. 84 EG. Fraglich ist, was unter „Behörden der Mitgliedstaaten“ zu verstehen ist. Hierunter fallen selbstverständlich die Kartellbehörden der Mitgliedstaaten. Nicht ohne weiteres lassen sich hierunter indes die Gerichte der Mitgliedstaaten fassen. Der EuGH hat entschieden, dass die Zivilgerichte grundsätzlich nicht als Behörden im Sinne des Art. 84 EG anzusehen sind, sondern darunter nur solche Gerichte zu fassen sind, die besonders mit kartellrechtlichen Aufgaben betraut sind[525].

Die Tatsache, dass Art. 81 EG gemäß Art. 84 EG von den Vertragsparteien für die nationalen Behörden als unmittelbar anwendbar angesehen wurde, lässt sich daher nicht ohne weiteres auf die nationalen (Zivil-) Gerichte übertragen, da diese gerade nicht besonders mit kartellrechtlichen Aufgaben betraut sind. Aus der Übertragungskompetenz des Art. 84 EG lässt sich somit kein Argument für die

---

523 EuGH, Rs. C-234/89, Slg. I-1991, 935, Rn. 44 – „Delimitis“.

524 Siehe *Stillfried/Stockenhuber*, WBL 2001, 145 (151).

525 Siehe EuGH, Rs. 127/73, Slg. 1974, 51, Rn. 22 – „BRT/SABAM“; EuGH, Rs. 209 bis 213/84, Slg.1986, 1425, Rn. 55 – „Asjes“; vergleiche auch *Schröter*, in: v. d. Groeben/Thiesing/Ehlermann, Bd. 2/II Artikel 88, Rn. 2; *Pernice*, in: Grabitz/Hilf, Bd. 1 -alt- Art. 88 EGV, Rn. 3. So ist zum Beispiel in Österreich ein Sondergericht mit Kartellfragen betraut, vergleiche *Zinsmeister*, WuW 1999, 115; *Zinsmeister/Lienemeyer*, WuW 2002, 331 (333); für den Bereich der Sanktionen und Strafen siehe die ausführliche Zusammenstellung bei *Jones*, E.C.L.R. 2001, 405 ff; anderer Ansicht *Ehlermann*, CMLRev. 37 (2000), 537 (557).

unmittelbare Anwendbarkeit des Art. 81 III EG durch die Zivilgerichte gewinnen.

(3) Ermessensspielraum

Vereinzelt wird darauf abgestellt, dass Art. 81 III EG keinen Ermessensspielraum[526] auf der Rechtsfolgenseite, sondern einen Beurteilungsspielraum auf der Tatbestandsseite eröffnet. Nur ein Ermessen auf der Rechtsfolgenseite würde aber nach dieser Ansicht einer unmittelbaren Anwendbarkeit entgegenstehen, ein Beurteilungsspielraum auf der Tatbestandsseite hingegen soll eine unmittelbare Anwendbarkeit nicht ausschließen[527]. Dagegen wird vorgebracht, dass gerade unbestimmte Rechtsbegriffe auf der Tatbestandsseite einer umfassenden wirtschaftlichen Beurteilungen bedürfen[528].

Festzustellen ist, dass der EuGH in der „Delimitis" – Entscheidung keine Aussage dazu trifft, ob es sich bei der Anwendung des Art. 81 III EG um eine Ermessensentscheidung handelt[529]. Der EuGH spricht in dieser Entscheidung vielmehr allgemein von komplexen wirtschaftlichen Zusammenhängen, die sich einer Überprüfung durch die Gerichte entziehen. Maßgeblich für die Frage, ob Art. 81 III EG unmittelbar anwendbar ist oder nicht, ist daher einzig, ob derartig komplexe wirtschaftliche Zusammenhänge vorliegen und ob diese von den Gerichten sachgerecht beurteilt werden können. Dies ist losgelöst von der Frage der Tatbestands- oder Rechtsfolgenseite zu beurteilen, weshalb auch diese Argumentation letztlich nicht weiterführt.

(4) Vergleichbarkeit mit anderen unmittelbar anwendbaren Vorschriften

Eine weitere Argumentationsschiene, die für eine unmittelbare Anwendbarkeit streitet, stellt darauf ab, dass der EuGH andere Vorschriften, die ähnlich unbestimmt sind, ebenfalls für unmittelbar anwendbar erklärt hat. Als Beispiele hierfür werden Art. 82[530], 86 II[531] und 28 EG angeführt[532]. Dazu ist allerdings festzu-

---

526 Zur Definition des Ermessenes siehe nur *Maurer*, VerwR, § 7, Rn. 7 ff.

527 Siehe *Hossenfelder/Lutz*, WuW 2003, 118.

528 Siehe dazu *Schaub/Dohms*, WuW 1999, 1055 (1064). In Bezug auf das Fehlen des Ermessen und in Befürwortung eines Beurteilungsspielraums auch *Schröter*, in: v. d. Groeben/Thiesing/Ehlermann, Bd. 2/I Artikel 85 Absatz 3, Rn. 243; *Gleiss/Hirsch*, Bd.1 Art. 85 (3), Rn. 1833; EuGH, Rs. 56 und 58/64, Slg. 1966, 321 (399) – „Grundig/Consten"; *Deringer*, EWG-Wettbewerbsrecht, Art. 85 Abs. 3, Rn. 4; *Hamer*, EWS 2003, 415 (417).

529 Siehe EuGH, Rs. C-234/89, Slg. I-1991, 935, Rn. 44 – „Delimitis".

530 Vergleiche auch *Schröter*, in: v. d. Groeben/Thiesing/Ehlermann, Bd. 2/I Artikel 85 Absatz 1, Rn. 27 ff. und Artikel 86, Rn. 28 ff.

stellen, dass der Gerichtshof zwar die unmittelbare Anwendbarkeit dieser Normen erklärt haben mag, dies jedoch auch bei diesen Regelungen keineswegs unumstritten gewesen ist. Aus diesem Grunde kann allein aus der unmittelbaren Anwendbarkeit anderer Vorschriften nicht auf die unmittelbare Anwendbarkeit des Art. 81 III EG geschlossen werden[533].

(5) Herleitung der unmittelbaren Anwendbarkeit aus der Kompetenz zum Erlass einstweiliger Maßnahmen

Die Kommission leitet im Weißbuch die unmittelbare Anwendbarkeit des Art. 81 III EG aus der bereits bisher bestehenden Befugnis der nationalen Gerichte zum Erlass einstweiliger Maßnahmen bis zum Zeitpunkt der Entscheidung der Kommission her[534]. Hintergrund dessen ist, dass die nationalen Gerichte nach der „Delimitis" – Entscheidung bei einer wahrscheinlichen Freistellung durch die Kommission einstweilige Maßnahmen zur Sicherung dieses Zustandes treffen dürfen[535].

Zwar hat eine einstweilige Maßnahme lediglich das Ziel, einen bestehenden Zustand zu sichern, während die eigentliche Entscheidung über die Anwendung des Art. 81 III EG auch nach einer einstweiligen Maßnahme durch ein nationales Gericht bei der Kommission verbleibt. Allerdings muss das Gericht, um zu einer sinnvollen Entscheidung zu kommen, im Rahmen des Erlasses einer einstweiligen Maßnahme bereits selbst eine Prognose bezüglich der Kommissionsentscheidung vornehmen. Eine solche Prognoseentscheidung setzt grundsätzlich bereits die gleichen Erwägungen wie die eigentliche Entscheidung voraus. Daraus kann geschlossen werden, dass die nationalen Gerichte durchaus die Fähigkeiten zur Vornahme einer derartigen Abwägung besitzen.

(6) Einheitlichkeit des Art. 81 EG

Für eine unmittelbare Anwendbarkeit des Art. 81 III EG spricht jedoch darüber hinaus die Tatsache, dass auch Art. 81 I EG unmittelbar durch die nationalen

---

531 Die unmittelbare Anwendbarkeit von Art. 86 II EG ist heftig umstritten gewesen und erst nach und nach vom EuGH anerkannt worden, EuGH, Rs. 66/86, Slg. 1989, 803, Rn. 55 – „Wettbewerb – Flugtarife". Hier ermächtigt der EuGH die mitgliedstaatlichen Behörden zu prüfen, ob die Tatbestandsvoraussetzungen des Art. 86 I EG erfüllt sind und gegebenenfalls Maßnahmen einzuleiten. Vergleiche *Hochbaum*, in: v. d. Groeben/Thiesing/Ehlermann, Bd. 2/II Artikel 90, Rn. 71 ff.

532 Vergleiche *Ehlermann*, CMLRev. 37 (2000), 537 (558).

533 Siehe EuGH, Rs. C-234/89, Slg. I-1991, 935, Rn. 44 – „Delimitis".

534 So Weißbuch, Rn. 47.

535 Siehe EuGH, Rs. C-234/89, Slg. I-1991, 935, Rn. 52 f. – „Delimitis".

Gerichte anwendbar ist[536]. Eine Spaltung der Vorschrift des Art. 81 EG in einen unmittelbar anwendbaren und einen nicht unmittelbar anwendbaren Teil würde einen einheitlichen Sachverhalt auseinander ziehen. Um Art. 81 I EG sinnvoll anwenden zu können, bedarf es immer auch des Rückgriffs auf die Ausnahmetatbestände des Art. 81 III EG, nur in den seltensten Fällen wird ein Sachverhalt allein an Art. 81 I EG zu messen sein. Dies ist nur dann der Fall, wenn eine Vereinbarung, die geeignet ist, den Handel zwischen den Mitgliedstaaten zu beeinträchtigen, keine oder eine eindeutig nichtfreistellungsfähige Wettbewerbsbeschränkung darstellt[537]. In allen anderen Fällen muss Art. 81 III EG geprüft werden. Eine sinnvolle Überprüfung des Art. 81 I EG ist also ohne die Heranziehung des Art. 81 III EG gar nicht möglich. Um eine sachgerechte Entscheidung zu ermöglichen, muss daher auch Art. 81 III EG unmittelbar anwendbar sein.

(7) Umfassende Kasuistik zu Art. 81 III EG

Zu Art. 81 III EG besteht bereits eine sehr umfangreiche Kasuistik aus Entscheidungen des Gerichtshofs und der Kommission. Des Weiteren bestehen zahlreiche Gruppenfreistellungsverordnungen, Leitlinien und Bekanntmachungen, die die Norm des Art. 81 III EG konkretisieren. Die Kommission plant ferner, in Zukunft weitere Verordnungen und Leitlinien zu erlassen, die die Anwendungsprobleme im Rahmen des Art. 81 III EG verringern sollen[538]. Anhand dieser bestehenden Entscheidungen, die im neuen System ihre Gültigkeit behalten, ist es den nationalen Gerichten möglich, auch komplizierte wirtschaftliche Zusammenhänge richtig zu beurteilen.

Zudem sieht die VO 1/2003 ein umfassendes System an Informations- und Konsultationspflichten vor[539]. Die Gerichte haben danach jederzeit die Möglichkeit, die Kommission fallbezogen um Stellungnahme zu bitten. Dies versetzt sie in die Lage, Zugang zu wichtigen Information in Bezug auf die Anwendung des Art. 81 III EG zu erlangen.

Die richtige Einordnung der wirtschaftlichen Zusammenhänge wird den Gerichten zudem durch die Möglichkeit des Sachverständigenbeweises[540] erleichtert, der von den Unternehmen, die die Freistellungsfähigkeit nach Art. 81 III EG zu

---

536 Siehe EuGH, Rs. 127/73, Slg. 1974, 51, Rn. 17 – „BRT/SABAM".
537 Siehe EuGH, Rs. C-234/89, Slg. I-1991, 935, Rn. 50 – „Delimitis".
538 Siehe oben Kapitel 6 I.A.5.).
539 Siehe unten Kapitel 6 III.A.
540 In Deutschland ist der Sachverständigenbeweis in den §§ 402 ff. ZPO geregelt.

beweisen haben, angeboten oder durch das Gericht von Amts wegen angeordnet werden kann[541].

Diese tiefe Absicherung der Entscheidungsmöglichkeiten durch EuGH-Rechtsprechung und Kommissionsentscheidungen spricht ein weiteres Mal dafür, dass die Gerichte in der Lage sein werden, die komplexen wirtschaftlichen Zusammenhänge richtig zu erfassen und interessengerechte Entscheidungen zu treffen.

c) Ergebnis

Zusammenfassend ist zur Frage der unmittelbaren Anwendbarkeit des Art. 81 festzustellen, dass Art. 81 III EG einer unmittelbaren Anwendung zugänglich ist. Art. 81 III EG erfüllt die Kriterien, die der EuGH in der „van Gend & Loos“ – Entscheidung aufgestellt hat[542]. Die Regelung ist, insbesondere unter Beachtung der von Rechtsprechung und Kommissionsentscheidungen aufgestellten Auslegungshilfen, hinreichend klar, so dass die Gerichte die im Rahmen des Art. 81 III EG erforderliche Abwägung selbst vornehmen können.

Nach dem von der Kommission angestoßenen Wegfall des Freistellungsmonopols ist aus den genannten Gründen damit zu rechnen, dass der EuGH, sollte er zur Klärung dieser Frage im Wege eines Vorlageverfahrens nach Art. 234 EG angerufen werden, im Sinne einer unmittelbaren Anwendbarkeit entscheiden wird.

5.) Funktion der „neuen“ Gruppenfreistellungsverordnungen, Bekanntmachungen und Leitlinien

a) Gruppenfreistellungsverordnungen

Auch unter dem neuen Legalausnahmesystem sollen nach wie vor Gruppenfreistellungsverordnungen zur Anwendung kommen[543]. Die Gruppenfreistellungsverordnungen stellen nach Auffassung der Kommission ein unerlässliches Steuerungselement im europäischen Wettbewerbsrecht dar[544] und sollen gerade in einem dezentralisierten System die einheitliche Anwendung des Gemeinschafts-

---

541 In Deutschland ist diese Möglichkeit in § 144 I 1 ZPO vorgesehen.

542 Siehe EuGH, Rs. 26/62, Slg. 1963, 1 (24) – „van Gend & Loos“.

543 Dies gilt sowohl für bestehende als auch für neu zu schaffende Gruppenfreistellungsverordnungen; siehe Weißbuch, Rn. 71 und 78.

544 So VO-Entwurf, Begründung zu Art. 4, S. 17.

rechts sicherstellen[545]. Allerdings stellt sich in einem Legalausnahmesystem die Frage nach Sinn und Zweck von Gruppenfreistellungsverordnungen.

(1) Wirkweise der Gruppenfreistellungsverordnungen

Eine Gruppenfreistellungsverordnung ist eine Freistellungsentscheidung, die von der Kommission beziehungsweise dem Rat im Voraus für eine unbestimmte Anzahl von Fällen, die üblicherweise ähnlich gelagert sind und deshalb pauschal behandelt werden können, getroffen wird. Dagegen bewirkt ein Legalausnahmesystem, dass eine Vereinbarung bei Vorliegen der Freistellungsvoraussetzungen des Art. 81 III EG ohne Entscheidung der Kommission automatisch freigestellt ist. Geht man davon aus, dass künftig allein Art. 81 III EG dafür maßgeblich ist, ob eine Vereinbarung, ein Beschluss oder eine abgestimmte Verhaltensweise freigestellt ist oder nicht, so liegt der Schluss nahe, dass eigentlich kein Raum für Gruppenfreistellungsverordnungen mehr besteht. Die Freistellung vom Kartellverbot, egal ob Einzel- oder Gruppenfreistellung, ist ein konstitutiver Akt der zuständigen Kartellbehörde. Solch einen konstitutiven Akt kann es aber in einem Legalausnahmesystem nicht mehr geben, da Art. 81 III EG hier self-executing ist und keiner ausführenden Entscheidung mehr bedarf[546].

Die Gruppenfreistellungsverordnungen unter dem neuen System müssen also, um mit einem Legalausnahmesystem vereinbar zu sein, eine andere Ausprägung haben als im bisherigen Anmeldesystem. Sie können nur noch gruppenweise das Vorliegen der Freistellungsvoraussetzungen feststellen, jedoch nicht mehr rechtsgestaltend eine Freistellung aussprechen. Die eigentliche Freistellung erfolgt allein auf der Basis des Art. 81 III EG. Gruppenfreistellungsverordnungen haben also in einem Legalausnahmesystem nur die Möglichkeit, deklaratorisch festzustellen, was von Rechts wegen ohnehin schon gilt.

Diese Ausführungen legen den Schluss nahe, dass der Terminus Gruppenfreistellungsverordnung für die geplanten neuen Verordnungen wenn nicht falsch, so doch zu mindest unscharf und irreführend ist[547]. Da Gruppenfreistellungsverordnungen, wie oben dargestellt, im Legalausnahmesystem keine konstitutive Wirkung zukommt, können sie auch keine Freistellung vom Kartellverbot im hergebrachten Sinne bewirken. Eine Freistellung ist unter einem self-executing Art. 81 III EG gerade nicht mehr erforderlich. Vielmehr soll die Kommission

---

545 Siehe auch die Stellungnahme des *Wirtschafts- und Sozialausschusses* zum Verordnungsvorschlag, ABl. Nr. C 155/74 vom 29.5.2001 (S. 77).

546 Vergleiche *Bechtold*, EWS 2001, 49 (54); *Schütz*, WuW 2000, 686 (690); *Geiger*, EuZW 2000, 165 (166); *Schaub/Dohms*, WuW 1999, 1055 (1061); *Deringer*, EuZW 2000, 5 (7).

547 Für die GRUR-Vereinigung *Gloy/Loschelder*, GRUR 2000, 217 (218); *Deringer, EuZW* 2000, 5 (7); *Geiger*, EuZW 2000, 165 (166).

oder der Rat feststellen, unter welchen Bedingungen kein Grund zum Einschreiten gegen eine Vereinbarung besteht beziehungsweise wann die Voraussetzungen des Art. 81 III EG als erfüllt angesehen werden können und dadurch den nationalen Stellen die Anwendung erleichtern. Aus diesem Grund hat *Deringer* vorgeschlagen, die künftigen Verordnungen korrekterweise als „Gruppennegativatteste" zu bezeichnen[548].

Zum Teil wird angenommen, dass die Kommission ihrerseits den Gruppenfreistellungsverordnungen auch weiterhin konstitutive Wirkung zuspricht[549]. Dafür spricht, dass in Art. 29 VO 1/2003 den Behörden der Mitgliedstaaten das Recht eingeräumt wird, den Rechtsvorteil einer Gruppenfreistellungsverordnung für ihr Territorium wieder zu entziehen, falls diese eine mit Art. 81 III EG unvereinbare Wirkung hat. Aus den Begriffen „Rechtsvorteil" und „Entziehen" wird mit dem Argument die konstitutive Wirkung der Gruppenfreistellungsverordnungen gefolgert, dass es im Falle einer rein deklaratorischen Wirkung keinen Rechtsvorteil zu entziehen gäbe[550].

Diese Interpretation geht jedoch zu weit. Die Kommission spricht sich an keiner Stelle für eine konstitutive Wirkung aus, sondern betont vielmehr, dass die Gruppenfreistellungen kein „neues Recht" schaffen, aber für die Auslegung des Art. 81 III EG von großer Bedeutung sind[551]. Dies spricht dafür, dass auch die Kommission von einer rein deklaratorischen Wirkung der Gruppenfreistellungsverordnungen ausgeht. Unterstützt wird diese These durch die detaillierten Ausführungen der Kommission in Weißbuch und VO-Entwurf zur Wirkweise von Art. 81 III EG. Die Kommission betont an zahlreichen Stellen, dass Art. 81 III EG den alleinigen Maßstab für die Freistellungsfähigkeit von Vereinbarungen darstellt[552]. Zudem ließen sich Verordnungen, die von Art. 81 III EG abweichen, nicht auf Art. 83 EG stützen, da dieser allein auf die Verbote der Art. 81 und 82 EG Bezug nimmt.

Als Ergebnis ist daher festzuhalten, dass die Gruppenfreistellungserklärungen künftig nur noch deklaratorische Wirkung haben werden. Ihre Aufgabe wird es sein, den Behörden Hilfestellung bei der Auslegung des Gemeinschaftsrechts zu geben.

---

548 Vergleiche *Deringer*, EuZW 2000, 5 (7); zustimmend *Bartosch*, WuW 2000, 462 (466) und *Gröning*, WRP 2001,83 (85); für die GRUR-Vereinigung *Gloy/Loschelder*, GRUR 2000, 217 (218). Im Folgenden wird aber weiterhin der Terminus Gruppenfreistellungsverordnungen verwendet.

549 So zum Beispiel *Eilmansberger*, JZ 2001, 365 (374); *Wagner*, WRP 2003, 1369 (1374 f.).

550 So *Eilmansberger*, JZ 2001, 365 (374).

551 Siehe Weißbuch, Rn. 84; VO-Entwurf, Begründung zu Art. 4, S. 18.

552 Siehe zum Beispiel VO-Entwurf, Begründung, S. 9 f. und 12.

(2) *Erlass von Gruppenfreistellungsverordnungen*

Betreffend den Erlass von Gruppenfreistellungsverordnungen werden sich im Vergleich zum bestehenden System keine Änderungen ergeben. Die Gruppenfreistellungsermächtigungen müssen nach wie vor durch den Rat erlassen werden oder sich auf eine Ermächtigung der Kommission durch den Rat zum Erlass von Gruppenfreistellungsverordnungen stützen[553].

Die in Art. 28 I VO-Entwurf vorgesehene generelle Ermächtigung der Kommission zum Erlass von Gruppenfreistellungsverordnungen, die eine spezielle Legitimation durch den Rat nicht vorsah, wurde in die VO 1/2003 nicht übernommen[554].

(3) *Bindungswirkung*

(a) *Formale Bindungswirkung*

Zu untersuchen ist nunmehr die tatsächliche Bindungswirkung der Gruppenfreistellungsverordnungen. Teilweise wird die Ansicht vertreten, dass Gruppenfreistellungsverordnungen, da sie nicht konstitutiv wirken, auch keine Bindungswirkung gegenüber den anwendenden Stellen entfalten[555]. Dieser Ansatz verkennt jedoch, dass Bindungswirkung und konstitutive Wirkung voneinander unabhängig bestehen und deshalb auch losgelöst voneinander zu untersuchen sind[556]. Es ist daher davon auszugehen, dass unter dem neuen Legalausnahmesystem die Gruppenfreistellungsverordnungen auch weiterhin für die anwendenden Stellen verbindlich sind[557]. Dies legt bereits der Wortlaut des Art. 249 II EG nahe, der Verordnungen in allen Teilen für verbindlich erklärt[558]. Gemäß Art. 249 II EG sind Verordnungen als Gesetze der Gemeinschaft von den nationalen Behörden und Gerichten bei der Anwendung des Gemeinschaftsrechts zu beachten.

---

553 Vergleiche dazu oben Kapitel 3 III.B.2.)b)(1).

554 Siehe oben Kapitel 5 III.F.

555 So zum Beispiel *Deringer*, EuZW 2000, 5 (7).

556 Zuzugeben ist an dieser Stelle freilich, dass eine Verordnung, die diese beiden Eigenschaften miteinander verknüpft, ungewöhnlich ist und bislang selten erlassen wurde. Vergleiche zum Beispiel für den Verkehrssektor Art. 2 VO 4056/86, ABl. Nr. L 378/4 vom 31.12.1986; Art. 3 VO 1017/68, ABl. Nr. L 175/1 vom 23.7.1968; Art. 2 VO 3975/87, ABl. Nr. L 374/1 vom 31.12.1987. Siehe dazu ferner *Schröter*, in: v. d. Groeben/Thiesing/Ehlermann, Bd. 2/I Art. 87 – Zweiter Teil: Verkehr, Rn. 18 f.

557 So zum Beispiel *Schaub/Dohms*, WuW 1999, 1055 (1061) und *Weyer*, ZHR 164 (2000), 611 (628).

558 Siehe *Nettesheim*, in: Grabitz/Hilf, Bd. 2 Art. 249, Rn. 110 ff.

(b) *Auswirkung der Bindungswirkung in der Praxis*

Wichtiger als die formale Bindungswirkung der Gruppenfreistellungserklärungen ist die Frage nach deren praktischer Bedeutung in der täglichen Anwendung, das heißt die Frage, wie deklaratorische Gruppenfreistellungsverordnungen neben einem Art. 81 III EG mit unmittelbarer Wirkung zum Tragen kommen.

Es wurde bereits darauf hingewiesen, dass die Gruppenfreistellungsverordnungen zur Auslegung und Präzisierung des Art. 81 III EG dienen. Fraglich ist nun, welcher Beurteilungsspielraum den nationalen Gerichten und Behörden ihrerseits bei der Auslegung der Regelungen der Gruppenfreistellungsverordnungen zukommt.

Bislang waren die Gruppenfreistellungsverordnungen nach der Rechtsprechung des EuGH eng auszulegen[559]. Dies hatte zur Folge, dass nur solche Vereinbarungen als freigestellt angesehen wurden, die genau den Vorgaben der Gruppenfreistellungsverordnung entsprachen[560]. Wird diese Regelung im Legalausnahmesystem beibehalten, so rückt das Wettbewerbsrecht wieder in die Nähe des alten Systems, da die Behörden und Gerichte in diesem Fall bei ihrer Beurteilung einer Vereinbarung eng an den Gruppenfreistellungsverordnungen haften müssen und die Entscheidungen daher de facto bereits durch die Kommission vorgegeben sind. Im Ergebnis würden die Gruppenfreistellungsverordnungen somit doch wieder „freistellen" und nicht nur Konkretisierung- und Auslegungshilfe leisten. Im neuen System sollten Gruppenfreistellungsverordnungen einen weiten Beurteilungsspielraum eröffnen, da nur so die unmittelbare Anwendbarkeit des Art. 81 III EG voll zum Tragen kommen kann. Eine Freistellung sollte also auch dann möglich sein, wenn einzelne Aspekte der Gruppenfreistellungsverordnung nicht erfüllt sind, dieses Manko aber durch andere Merkmale wieder ausgeglichen werden kann.

Damit ist zugleich auch die Frage nach dem eigentlichen Vorteil der neuen Gruppenfreistellungserklärungen im Vergleich zu den Leitlinien und Bekanntmachungen beantwortet. Die Kommission will, indem sie die Verbindlichkeit von Verordnungen nach Art. 249 II EG nutzt, ihren Einfluss auf das Wettbewerbsrecht stärken und somit für eine kohärente Anwendung des Gemeinschaftsrechts sorgen.

---

[559] Siehe EuGH, Rs. C-70/93, Slg. I-1995, 3439, Rn. 28 – „BMW".

[560] Es wurde versucht, diesen Zwangsjackeneffekt durch die Einführung von Gruppenfreistellungsverordnungen neuen Typs abzudämpfen. Siehe oben Kapitel 4 II.C.2.).

(4) Problemfälle

Probleme könnten sich ergeben, wenn der Rat oder die Kommission eine Gruppenfreistellungsverordnung erlässt, die evident außerhalb dessen liegt, was durch Art. 81 III EG als freistellungsfähig erachtet werden kann. Es wurde bereits festgestellt, dass die anwendenden Stellen an die Auslegungsregeln der Gruppenfreistellungsverordnungen auch im neuen System noch gebunden sind[561]. Es käme daher zu einem Widerspruch zwischen der Anwendung des Art. 81 III EG und den Auslegungsregeln der fraglichen Gruppenfreistellungsverordnung. Dieser Konflikt muss klar zugunsten des Art. 81 III EG ausfallen. Eine Gruppenfreistellungsverordnung, die gegen die Grundprinzipien des Art. 81 III EG evident verstößt, kann im Vertragsverletzungsverfahren nach Art. 230 EG sowie einzelfallbezogen auch über das Vorabentscheidungsverfahren nach Art. 234 EG, angegriffen werden. Im alten System bestand diese Problematik nicht in vergleichbarem Ausmaß, da die Gruppenfreistellungsverordnungen hier nicht nur Art. 81 III EG ausgestalteten, sondern konstitutive Wirkung besaßen.

Zum Teil wird befürchtet, dass bei zu intensivem Gebrauch von Gruppenfreistellungsverordnungen das Gemeinschaftskartellrecht in branchenspezifische Regulierungen abgleitet[562]. Dies ist vor allem vor dem Hintergrund interessant, dass die Kommission bei den Gruppenfreistellungsverordnungen für horizontale Vereinbarungen nicht pauschal auf das Modell der „Schirm-Gruppenfreistellungsverordnung" für vertikale Vereinbarungen zurückgreifen will, sondern lediglich die bestehenden sektorspezifischen Verordnungen zu ersetzen plant[563]. In Folge einer solchen branchenspezifischen Überregulierung droht danach das Wettbewerbsrecht insgesamt an Durchschlagskraft zu verlieren[564].

Diese Ansicht vermag nicht zu überzeugen. Es ist nicht ersichtlich, worin hinsichtlich der Gefahr der Überregulierung durch Gruppenfreistellungsverordnungen der Unterschied zum alten System bestehen soll. Der gleiche Effekt hätte auch schon im bestehenden System eintreten können. Darüber hinaus wird es in der Praxis keinen Unterschied machen, ob Gruppenfreistellungsverordnungen

561 Siehe oben Kapitel 6 I.A.5.)a)(3)(a).

562 Vergleiche *Möschel*, WuW 2001, 147.

563 Die Entwürfe zu den Gruppenfeistellungsverordnungen zur Anwendung des Art. 81 III EG auf Gruppen von Vereinbarungen über Forschung und Entwicklung, Gruppen von Spezialisierungsvereinbarungen und die Leitlinien zur Anwendbarkeit von Art. 81 III EG auf Vereinbarungen über horizontale Zusammenarbeit sind zusammen gefasst in ABl. Nr. C 118/3 vom 27.4.2000.

564 Dazu *Möschel*, WuW 2001, 147.

aufgrund einer Generalermächtigung erlassen werden oder nicht, da bereits bislang der Großteil der Gruppenfreistellungsverordnungen durch die Kommission erlassen wurde. Denkbar ist, dass *Möschel* seine Bedenken nur auf den Fall der ehemals geplanten Generalermächtigung der Kommission richtet[565], die wieder verworfen wurde.

b) Leitlinien und Bekanntmachungen

Ergänzt werden soll das System der Gruppenfreistellungsverordnungen zukünftig durch Leitlinien und Bekanntmachungen, die den Unternehmen Hilfestellung bei der Auslegung und Anwendung des EG-Vertrags geben[566]. Eine weitere Funktion der Leitlinien und Bekanntmachungen wird die Veröffentlichung der allgemeinen Politik der Kommission sein[567].

Diese Leitlinien und Bekanntmachungen sind weder für die Unternehmen, noch für die mitgliedstaatlichen Behörden in irgendeiner Form bindend[568], die Kommission erhofft sich von ihnen jedoch wichtige Impulse für eine kohärente Anwendung des Gemeinschaftsrechts.

6.) Einzelentscheidungen der Kommission

Neben den soeben beschriebenen allgemeinen Steuerungsmitteln, wie Gruppenfreistellungsverordnungen, Leitlinien und Bekanntmachungen, soll durch die VO 1/2003 parallel das System der fallbezogenen Entscheidungen, die von der Kommission oder den nationalen Stellen getroffen werden können, modernisiert und dem Legalausnahmesystem angepasst werden. Diese Entscheidungen sollen bei der Ausrichtung der Wettbewerbspolitik eine große Rolle spielen und sich durch ihre gemeinschaftsweite Wirkung auf die kohärente Anwendung des Gemeinschaftsrechts positiv auswirken.

a) Allgemeines

Die der Kommission zur Verfügung stehenden Entscheidungsarten sind in Kapitel III der VO 1/2003 in den Art. 7-10 aufgeführt. Die Art. 7-10 VO 1/2003 beziehen sich grundsätzlich nur auf die Kommission, jedoch stehen den Gerichten und Kartellbehörden der Mitgliedstaaten über Art. 5 beziehungsweise Art. 6 VO 1/2003 grundsätzlich die gleichen Eingriffsmöglichkeiten auf der Basis ih-

---

565 Siehe *Möschel*, WuW 2001, 147.
566 Vergleiche Weißbuch, Rn. 71 und 78.
567 So Weißbuch, Rn. 51.
568 Dazu Weißbuch, Rn. 86.

res nationalen Verfahrensrechts zur Verfügung[569]. Diese Entscheidungen müssen jedoch stets in Übereinstimmung mit der VO 1/2003 erfolgen[570].

b) Feststellung und Abstellung von Zuwiderhandlungen gegen das Kartellverbot – Art. 7 VO 1/2003

Die VO 1/2003 sieht in Art. 7 für die Kommission die Möglichkeit vor, in Einzelfällen Verbotsentscheidungen zu erlassen. Diese Regelung gleicht in weiten Teilen der Regelung des Art. 3 VO 17/62. Als grundlegende Neuerung sieht Art. 7 VO 1/2003 die Möglichkeit struktureller Maßnahmen nun auch für das Kartellrecht vor.

(1) Grundfall der Abstellung

Grundsätzlich ist das Verfahren zur Feststellung und Abstellung von Zuwiderhandlungen gegen Art. 81 und 82 EG durch die Reform kaum verändert worden, weshalb hier auf die Ausführungen zu Art. 3 VO 17/62 verwiesen werden kann[571].

Erwähnenswert ist an dieser Stelle jedoch, dass Art. 7 I VO 1/2003 nunmehr ausdrücklich die Berechtigung der Kommission anerkennt, bereits beendete Zuwiderhandlungen festzustellen[572].

Dem Beschwerdesystem soll zukünftig eine herausragende Rolle zukommen. Die Kommission wird danach nur noch richtungweisende Fälle mit Präzedenzwirkung bearbeiten[573]. Sie will ihre Kapazitäten gezielt auf „Hardcore-Kartelle" konzentrieren und dadurch den anderen mit der Anwendung des Gemeinschaftskartellrechts befassten Behörden, weitere wichtige Auslegungshilfen geben. Aufgrund des Wegfalls der ehedem obligatorischen Anmeldungen stellen die

---

569 Siehe VO-Entwurf, Begründung zu Art. 5, S. 20 und Begründung zu Art. 6, S. 21.

570 Naturgemäß keine Befugnis haben die nationalen Stellen zum Erlass von Positiventscheidungen nach Art. 10 VO 1/2003, siehe dazu unten Kapitel 6 II.C.

571 Vergleiche VO-Entwurf, Begründung zu Art. 7, S. 19; siehe zu Art. 3 VO 17/62 oben Kapitel 3 III.A.

572 Eine solche Regelung enthält Art. 3 VO 17/62 nicht. Art. 3 VO 17/62 sieht entgegen dem verwirrenden Wortlaut eine isolierte Feststellungs- ohne Abstellungsentscheidung nicht vor. Die Feststellung der Unvereinbarkeit mit Art. 81 I oder 82 EG ist lediglich eine Tatbestandsvoraussetzung für den Erlass einer Abstellungsentscheidung. Jedoch war es der Kommission nach EuGH, Rs. 7/82, Slg. 1989, 493, Rn. 16 ff. (insbesondere Rn. 27 ff.) – „GVL", unter bestimmten Umständen möglich, nachträglich eine Feststellungsentscheidung zu treffen. Zu diesen Umständen gehörte insbesondere die Gefahr der Wiederaufnahme der fraglichen Praxis und ein berechtigtes Interesse des Beschwerdeführers an einer nachträglichen Feststellung.

573 Siehe Weißbuch, Rn. 87.

Beschwerden für die Kommission die einzige Möglichkeit dar, Informationen von Außen, also direkt aus den beteiligten Kreisen, über das aktuelle Marktgeschehen zu erlangen[574]. Im alten System gingen nach dem Weißbuch rund 30 % der neu anhängigen Fälle auf förmliche Beschwerden zurück, der Großteil der von der Kommission von Amts wegen eingeleiteten Verfahren hatte seinen Ursprung in einer formlosen Anzeige durch Dritte an die Kommission[575].

Die Kommission ist sich der im neuen System nochmals gestiegenen Bedeutung der Beschwerden bewusst. Aus diesem Grunde machte sie im Weißbuch sehr umfangreiche Ausführungen dazu, wie in Zukunft das Beschwerdesystem effektiver und für den Beschwerdeführer einfacher und berechenbarer gestaltet werden soll[576]. Dabei sind insbesondere Bearbeitungsfristen und Bekanntmachungen, die die Beschwerdeführer über ihr mögliches Vorgehen besser informieren sollen, zu nennen. Außerdem sollte anhand einer Definition des Gemeinschaftsinteresses geklärt werden, welche Behörde für die Beschwerde zuständig ist.

Von den vollmundigen Ankündigungen der Kommission im Weißbuch, wonach das Institut der Beschwerde zu schärfen sei, um genaue und vielfältige Informationen über das Marktgeschehen zu erlangen, ist jedoch im VO-Entwurf und in der VO 1/2003 erstaunlicherweise fast nichts mehr zu finden. Im VO-Entwurf zieht sich die Kommission auf den Standpunkt zurück, dass im Rahmen der Beschwerde kaum Änderungen zum bestehenden Recht vorgenommen werden sollen[577]. Auch in der VO 1/2003 fehlen die angekündigten Neuregelungen. Über die Gründe, aus denen die Kommission ihren Ankündigungen über den Erlass von Bekanntmachungen und die Einführung strenger Bearbeitungsfristen keine konkreten Umsetzungen folgen ließ, kann nur spekuliert werden. Es liegt jedoch der Verdacht nahe, dass die Kommission vor einer immensen Anzahl von Beschwerden zurückschreckt. So betrafen bislang die Hälfte aller förmlichen Entscheidungen die Abweisung von Beschwerden[578]. Die Kommission befürchtet daher möglicherweise, dass durch eine Verbesserung und eine Vereinfachung des Beschwerdewesens der Verfahrensrückstau nicht verringert werden kann und so die geplanten Vorzüge der Reform zunichte gemacht würden.

Die Aufgabe der Evaluierung des Beschwerdesystems ist bedauerlich, da Beschwerden von Seiten der Wirtschaft ein viel versprechendes Mittel zur Informationsbeschaffung über „Hardcore-Kartelle" sind, deren bessere Aufspürung und Bekämpfung eines der Hauptanliegen der Reform ist. Werden keine ver-

---

574 Siehe Weißbuch, Rn. 117; VO-Entwurf, Begründung, S. 7.
575 Siehe Weißbuch, Rn. 117.
576 Siehe Weißbuch, Rn. 118 ff.
577 Vergleiche VO-Entwurf, Begründung zu Art. 7, S. 19.
578 Siehe Weißbuch, Rn. 121.

stärkten Anreize zur Beschwerde gegeben, so ist die Umsetzung dieses Ziels jedoch zweifelhaft, denn ob es der Kommission gelingt, allein über die geplante Intensivierung eigener investigativer Maßnahmen die Anzahl der aufgespürten „Hardcore-Kartelle" wesentlich zu steigern, ist fraglich und bleibt abzuwarten[579].

(2) Sonderfall: Strukturelle Maßnahmen

Nach dem soeben Gesagten erstaunt es um so mehr, dass Art. 7 VO 1/2003 mit dem Vorschlag aufwartet, zukünftig auch strukturelle Maßnahmen zulassen zu wollen.

Unter strukturellen Maßnahmen versteht die Kommission nach ihren Ausführungen im VO-Entwurf die Veräußerung bestimmter Bestandteile des Betriebsvermögens[580]. De facto handelt es sich hierbei um eine Unternehmensentflechtung. Eine Regelung dieser Art stellt für das europäische Kartellrecht völliges Neuland dar. Entflechtung ist im europäischen, wie auch im deutschen Recht bislang nur in der Fusionskontrolle etabliert, wurde jedoch auch dort kaum praktiziert[581]. Größere Bedeutung haben Veräußerungszusagen erlangt. In den USA ist Entflechtung auch außerhalb der Fusionskontrolle vorgesehen, in vollem Ausmaß jedoch auch dort nur selten vollzogen worden[582].

(a) Ermächtigungsgrundlage für strukturelle Maßnahmen

Fraglich ist, ob eine Unternehmensentflechtung, die durch Sekundärrecht angeordnet wird, noch von der Ermächtigungsgrundlage des Art. 83 EG gedeckt ist.

---

579 Siehe zu den neuen Untersuchungsbefugnissen der Kommission nach der VO 1/2003 unten Kapitel 6 V.A.

580 Siehe VO-Entwurf, Begründung zu Art. 7, S. 20. Erstaunlich ist auch, dass in den Erwägungsgründen zur VO 1/2003 keine Klarstellung darüber erfolgt, was als strukturelle Maßnahmen im Sinn des Art. 7 VO 1/2003 anzusehen ist. Art. 7 I VO 1/2003 formuliert im Gegensatz zu Art. 7 I VO-Entwurf die Voraussetzungen für einen strukturellen Eingriff wesentlich restriktiver. Nach Art. 7 I 3 VO 1/2003 sind strukturelle Maßnahmen grundsätzlich gegenüber Verhaltensmaßnahmen subsidiär, es sei denn, die Verhaltensmaßnahmen erweisen sich im Einzelfall als schwerwiegendere Eingriffe. Änderungen an der Unternehmensstruktur sind nur dann verhältnismäßig, wenn ein erhebliches, durch die Struktur des Unternehmens als solches bedingtes Risiko anhaltender oder wiederholter Zuwiderhandlungen gegeben ist. Siehe auch VO 1/2003, Erwägungsgrund Nr. 12.

581 In der Fusionskontrolle bestehen zwei Typen der Veräußerung von Unternehmensteilen, zum einen die „echte" Entflechtung, bei der ein bereits bestehendes Unternehmen zerschlagen wird, und zum anderen die Entflechtungsauflage oder Veräußerungszusage, bei der sich ein fusionswilliges Unternehmen verpflichtet, vor dem Zusammenschluss als Auflage gewisse Teile des Unternehmens zu veräußern.

582 Siehe *Haus*, WuW 2001, 659; *BDI*, Stellungnahme 2001, Rn. 7; *Merz/Glos*, BT-Drucksache 14/6634, Rn. 7.

Die Kommission geht darauf weder im Weißbuch und im VO-Entwurf noch in den Erwägungen zur VO 1/2003 ein.

Die Unternehmensentflechtung stellt einen unmittelbaren Eingriff in das Eigentum des Unternehmens dar und muss aus diesem Grunde ganz besonderen Anforderungen hinsichtlich der Verhältnismäßigkeit unterliegen.

Denkbar wäre es, die Zulässigkeit struktureller Maßnahmen in Parallelität zur Fusionskontrollverordnung zu bejahen. In Art. 8 IV FusKontrVO[583] ist geregelt, dass bei bereits zusammengeschlossenen Unternehmen Maßnahmen zur Wiederherstellung wirksamen Wettbewerbs eingeleitet werden können. Dazu gehört explizit auch die Veräußerung von Vermögensbestandteilen und die Trennung der Unternehmen[584].

Diese Herleitung kann vorliegend jedoch nicht herangezogen werden. Grund dafür ist zum einen, dass im Falle bereits zusammengeschlossener Unternehmen gerade deren Fusion gegen die Regelungen der Fusionskontrolle verstößt und wirksamer Wettbewerb somit nur wiederhergestellt werden kann, indem die Unternehmen entflochten werden. Eine Entflechtung ist in diesem Falle also in jedem Falle verhältnismäßig. Dies ist bei einer wettbewerbswidrigen Vereinbarung, einem Beschluss oder einer abgestimmten Verhaltensweise nicht zwingend der Fall. Darüber hinaus wird die Möglichkeit zur Unternehmensentflechtung selbst in der Fusionskontrollverordnung nicht ausschließlich auf die Ermächtigungsgrundlage des Art. 83 EG gestützt. Art. 83 EG wurde vielmehr als für derart weit reichende Konsequenzen nicht ausreichende Ermächtigungsgrundlage erachtet. Aus diesem Grunde wurde für die Entflechtungsmöglichkeit der Fusionskontrollverordnung die Ausnahmevorschrift des Art. 308 EG herangezogen[585].

Aus der Tatsache, dass schon bei der Fusionskontrolle, bei der die Entflechtung häufig das einzige erfolgsversprechende Mittel zur Wiederherstellung des Wettbewerbs darstellt, auf Art. 308 EG zurückgegriffen werden muss, wird zum Teil

---

583 Art. 8 IV FusKontrVO lautet: „Ist der Zusammenschluss bereits vollzogen, so kann die Kommission in einer Entscheidung nach Absatz 3 oder in einer gesonderten Entscheidung die Trennung der zusammengefassten Unternehmen oder Vermögenswerte, die Beendigung der gemeinsamen Kontrolle oder andere Maßnahmen anordnen, die geeignet sind, wirksamen Wettbewerb wiederherzustellen."

584 Siehe auch die Mitteilung der *Kommission* über die im Rahmen der VO 4064/89 des Rates und VO 447/98 der Kommission zulässige Abhilfemaßnahmen, ABl. Nr. C 68/3 vom 2.3.2001.

585 Siehe VO 4064/89 (FusKontrVO) vom 21.12.1989, ABl. Nr. L 257/13 vom 21.9.1990 Erwägungsgründe Nr. 6-8; siehe auch *Schwartz*, in: v. d. Groeben/Thiesing/Ehlermann, Bd. 2/II Art. 235, Rn. 21.

geschlossen, dass auch im Rahmen des Kartellverbots somit Art. 83 EG als alleinige Ermächtigungsgrundlage nicht ausreichend sein kann und eine Entflechtung im Rahmen des Kartellverbots daher mangels einer ausreichenden Ermächtigungsgrundlage unzulässig ist[586]. Dabei wird jedoch übersehen, dass auch im Rahmen der Bekämpfung von Wettbewerbsbeschränkungen die Möglichkeit besteht, auf Art. 308 EG als Ermächtigungsgrundlage zurückzugreifen, wenn eine Entflechtung zur Erfüllung der Ziele des gemeinsamen Marktes erforderlich erscheint[587].

(b) Verhältnismäßigkeit struktureller Maßnahmen

Art. 7 I VO 1/2003 sieht jedoch im Gegensatz zu Art. 7 I VO-Entwurf eine Einschränkung dahingehend vor, dass strukturelle Maßnahmen nur dann als erforderlich angesehen werden, wenn „konventionelle" Maßnahmen mit einer größeren Belastung für das betroffene Unternehmen verbunden wären. Diese Einschränkung wurde auf zahlreiche Interventionen hin in die VO 1/2003 eingefügt[588]. Die Maßnahmen der Kommission dürfen also nicht das zur Wiederherstellung des Wettbewerbs Angemessene und Erforderliche überschreiten. Maßstab hierfür ist das Primärrecht, also Art. 81 und 82 EG selbst. Es stellt sich mithin die Frage, ob eine Entflechtung im Rahmen von Art. 81 f. EG diese Kriterien überhaupt erfüllen kann.

Im Rahmen des Art. 82 EG ist der Sinn einer Entflechtung zweifelhaft, da Art. 82 EG nicht eine marktbeherrschende Stellung, sondern lediglich deren Missbrauch verbietet[589]. Würde man nun aber ein marktbeherrschendes Unternehmen entflechten, so wäre dessen marktbeherrschende Stellung selbst unmittelbar angegriffen. Eine derartige Anordnung erfüllt keinen legitimen Zweck des Art. 82 EG und ist folglich auch nicht geeignet, eine wettbewerbsrechtskonforme Lage herzustellen. Auch im Rahmen des Kartellverbots nach Art. 81 EG ist schwer ersichtlich, wie eine Entflechtung eine wettbewerbsbeschränkende Absprache beseitigen soll. Es besteht die Gefahr, dass dem betroffenen Unternehmen durch die Entflechtung das Interesse an der Betätigung auf dem fraglichen

---

586 Siehe *Haus*, WuW 2001, 659 (664).

587 Vergleiche *Geiger*, EUV/EGV, Art. 308, Rn. 3 ff.

588 Vergleiche zum Beispiel den Zwischenbericht des Vorsitzes des Rates an den AStV/Rat (Industrie/Energie) über den Verordnungsvorschlag, *Rat*, Dokument 7949/01, Rn. 11, abrufbar unter: http://register.consilium.eu.int/pdf/de/01/st07/07949d1.pdf (zuletzt aufgerufen am 20.07.2004) und *Rat*, Dokument 7949/01 COR 1, abrufbar unter: http://register.consilium.eu.int/pdf/de/01/st07/07949-c1d1.pdf (zuletzt aufgerufen am 20.07.2004) oder die *BDI*, Stellungnahme 2001, Rn. 7.

589 Ständige Rechtsprechung des Europäischen Gerichtshofs, vergleiche nur EuGH, Rs. 322/81, Slg. 1983, 3461 – „Michelin"; *Jung*, in: Grabitz/Hilf, Bd. 1 Art. 82, Rn. 10; *Schröter*, in: v. d. Groeben/Thiesing/Ehlermann, Bd. 2/I Art. 86, Rn. 20 f.

Markt zur Gänze genommen wird. Ein solcher Eingriff würde das Eigentum und die wirtschaftliche Betätigungsfreiheit des Unternehmens erheblich einschränken. Die Entflechtung ist somit von Art. 81 EG nur gedeckt, wenn diese die wirtschaftliche Betätigungsfreiheit des Unternehmers im Kern nicht angreift, sondern lediglich als ultima ratio zur Beseitigung ihrer Auswüchse eingesetzt wird[590].

(c) Ergebnis

Festzustellen ist somit, dass die Legitimation derartiger struktureller Maßnahmen zweifelhaft ist und nur äußerst restriktiv eingesetzt werden sollte. Insgesamt erweckt die Regelung des Art. 7 VO 1/2003 den Anschein, als wolle die Kommission sich die Arbeit erleichtern, indem sie die mühevolle, weil andauernde Verhaltensaufsicht durch einmalige strukturelle Maßnahmen ersetzen. In der Praxis wird der Entflechtung jedoch keine allzu große Bedeutung zukommen, da Wettbewerbsbeschränkungen bereits in der Vergangenheit mit den etablierten Mitteln gut bekämpft werden konnten und durch die Verschärfung der Untersuchungsbefugnisse und der Sanktionen[591] im neuen System Wettbewerbsbeschränkungen noch besser Einhalt geboten werden kann.

c) Positiventscheidung – Art. 10 VO 1/2003

In Art. 10 VO 1/2003 hat die Kommission die so genannte Positiventscheidung geregelt[592]. Positiventscheidungen stellen danach fest, dass eine Vereinbarung, ein Beschluss oder eine abgestimmte Verhaltensweise nicht gegen Art. 81 EG beziehungsweise Art. 82 EG verstößt, weil sie entweder schon nicht unter Art. 81 I EG zu subsumieren ist oder aber nach Art. 81 III EG freigestellt beziehungsweise Art. 82 EG nicht einschlägig ist[593].

---

590 Siehe *Schröter*, in: v. d. Groeben/Thiesing/Ehlermann, Bd. 2/I Vorbemerkung zu den Artikeln 85 bis 94, Rn. 8; *Emmerich*, in: Immenga/Mestmäcker, Bd. 1 Art. 85 Abs. 1, Rn. 1 ff.

591 Siehe zu den Untersuchungsbefugnissen und den Sanktionen unten Kapitel 6 V.

592 Positiventscheidungen können auch als Nichtanwendungsentscheidungen bezeichnet werden. Die sprachliche Nomenklatur ist hier nicht eindeutig. So spricht die *Kommission* im Weißbuch und im VO-Entwurf von Positiventscheidungen, im VO 1/2003 taucht dieser Begriff dagegen nicht mehr auf. Die sprachliche Verwirrung nimmt noch zu, wenn man die Positiventscheidung nach Art. 10 VO 1/2003 und das Negativattest nach Art. 2 VO 17/62 vergleicht; siehe oben Kapitel 3 III.B.2.)c). Beide Entscheidungen zielen auf dasselbe ab, sind aber nun völlig unterschiedlich benannt; vergleiche hierzu auch *Deringer*, EuZW 2000, 5 (7). Im Schrifttum hat sich der Terminus Positiventscheidung durchgesetzt, weshalb er auch hier verwendet werden soll.

593 Siehe Weißbuch, Rn. 88 f.

(1) Rechtsnatur

Nach der Definition der Positiventscheidungen im Weißbuch[594] könnten derartige Entscheidungen in einem Legalausnahmesystem, in dem es grundsätzlich gerade keiner Feststellung bezüglich der Vereinbarkeit oder Unvereinbarkeit einer Vereinbarung mit Art. 81 EG mehr bedarf, als systemwidriger Fremdkörper empfunden werden.

Die Positiventscheidungen haben jedoch lediglich eine feststellende Natur und dienen als Leitentscheidungen für die Zukunft[595], in denen die Kommission über ihre Politik bezüglich bestimmter Formen der Wettbewerbsbeschränkung unterrichtet[596]. Die Kommission will auf das Instrument der Positiventscheidungen nur bei besonderen, neuartigen Fallgestaltungen zurückgreifen. Damit sind insbesondere unbekannte Formen von Vereinbarungen und solche von großer wirtschaftlicher Bedeutung gemeint, deren Behandlung durch die Verwaltungspraxis beziehungsweise die Rechtsprechung noch nicht hinreichend geklärt ist. Die Positiventscheidungen dienen also der Klärung der Rechtslage und fördern eine einheitliche Anwendung des Gemeinschaftsrechts.

Aufgrund der deklaratorischen Wirkung ist die Positiventscheidung an keine zeitliche Befristung gebunden. Ändern sich die Rahmenbedingungen und kommt die Kommission aufgrund einer neuerlichen Prüfung zu dem Ergebnis, dass die Vereinbarung nicht mehr mit Art. 81 oder 82 EG vereinbar ist, so kann sie ohne weiteres verfügen, dass die fragliche Verhaltensweise abzustellen ist.

(a) Bindungswirkung

Im Weißbuch sah die Kommission für die Positiventscheidungen neuen Typs parallel zu den Negativattesten nach Art. 2 VO 17/62[597] keine Bindungswirkung für die nationalen Gerichte und Behörden vor. Dagegen betonte sie im VO-Entwurf, dass die Positiventscheidungen Entscheidungen im Sinne des Art. 16 VO-Entwurf und somit von den nationalen Stellen zu beachten sind. Fraglich ist, wie sich dieser Verweis nunmehr nach Erlass der VO 1/2003 auswirkt. Art. 16 VO 1/2003 ist als Reaktion auf die „Masterfoods“ – Entscheidung[598] nämlich wesentlich strenger formuliert als es noch Art. 16 VO-Entwurf war. Art. 16

---

594 Siehe auch VO 1/2003, Erwägungsgrund Nr. 14.

595 Insoweit zu oberflächlich *Berneke*, in: Die dezentrale Anwendung des EG-Kartellrechts, S. 69 (73).

596 Vergleiche Weißbuch, Rn. 88; VO-Entwurf, Begründung zu Art. 10, S. 21; VO-Entwurf, Erwägungsgründe Nr. 13 f.; VO 1/2003, Erwägungsgrund Nr. 14.

597 Siehe Weißbuch, Rn. 89. Vergleiche zu den Negativattesten oben Kapitel 3 III.B.2.)c).

598 So EuGH, Rs. C-344/98 EuZW 2001, 113 – „Masterfoods“; siehe hierzu auch oben Kapitel 3 V.B.3.).

VO 1/2003, der Ausdruck des Grundsatzes vom gemeinschaftstreuen Verhalten gemäß Art. 10 II EG ist[599], bestimmt, dass die nationalen Behörden und Gerichte keine Entscheidungen treffen dürfen, die Entscheidungen der Kommission zuwiderlaufen. Für die Gerichte soll dies sogar in Bezug auf zukünftige Entscheidungen der Kommission gelten, die für sie bereits absehbar sind. Ob einer lediglich deklaratorischen Positiventscheidung ein solches Gewicht beigemessen werden kann, ist indes fraglich.

Um Vorrang vor nationalen Rechtsordnungen zu genießen und damit für die nationalen Behörden und Gerichte bindend zu sein, müssten die Positiventscheidung nach der „Walt Wilhelm" – Rechtsprechung Ausdruck einer positiv gestaltenden Politik der Gemeinschaft sein[600]. Dies ist bei den Positiventscheidungen nach ihrer Ausgestaltung durch die Kommission in der VO 1/2003 durchaus der Fall. Die Kommission will gerade durch die Positiventscheidungen lenkend auf die Wettbewerbspolitik einwirken. Um die gestaltende Kraft zu betonen und zu bewahren, sollen die Positiventscheidungen auch äußerst restriktiv und nur von Amts wegen eingesetzt werden. Vor diesem Hintergrund wäre eine Verneinung der Bindungswirkung widersinnig. Der Effekt von Positiventscheidungen, den die Kommission als

> *„...erheblich für die einheitliche Anwendung des Gemeinschaftsrechts..."*[601]

bezeichnet, wäre ohne eine Bindung der Mitgliedstaaten kaum spürbar. Der ursprüngliche Vergleich mit den Negativattesten des Weißbuchs ist daher unglücklich und wenig zielführend. Diesen Fehler hat die Kommission korrigiert.

(b) Antragsrecht der Unternehmen

Unmittelbare Folge des restriktiven Einsatzes der Positiventscheidung ist, dass diese nur von Amts wegen und aus Gründen des öffentlichen Interesses der Gemeinschaft ergehen kann (Art. 10 I VO 1/2003)[602]. Dieser Ausschluss eines Antragsrechts der Unternehmen hat zu einiger Kritik während des Entstehungsprozesses der VO 1/2003 geführt; sowohl im Schrifttum[603] als auch von Industrie-

---

599 Siehe hierzu umfassend *von Bogdandy*, in: Grabitz/Hilf, Bd. 1 Art. 10 EGV, Rn. 6 ff.

600 So EuGH, Rs. 14/68, Slg. 1969, 1, Rn. 4 ff. – „Walt Wilhelm"; siehe hierzu auch oben Kapitel 3 V.A.

601 VO-Entwurf, Begründung zu Art. 10, S. 22.

602 Siehe VO-Entwurf, Begründung zu Art. 10, S. 22; VO 1/2003, Erwägungsgrund Nr. 14.

603 Vergleiche *Bartosch*, WuW 2000, 462 (464); *Mestmäcker*, EuZW 1999, 523 (527); *Geiger*, EuZW 2000, 165 (168).

verbänden[604] wurde nachdrücklich die Einführung eines Antragsrechts gefordert. Auch im Rat[605] und im Parlament[606] wurde diskutiert, ob bei Vorliegen besonderer Umstände ein Antragsrecht der Unternehmen bestehen solle. Die Befürworter stellen dabei vor allem auf den Zuwachs an Rechtssicherheit für die Unternehmen ab, den eine Positiventscheidung für den Antragsteller mit sich bringt. In der Tat besteht bei einer Selbstveranlagung das Risiko, dass diese zu einem anderen Ergebnis kommt als eine Prüfung der Kommission. Insbesondere in der „Startphase“ der VO 1/2003 wäre ein Antragsrecht der Unternehmen daher geeignet, die Rechtssicherheit zu erhöhen.

Die Vorteile einer solchen Regelung für die Unternehmen sind jedoch nicht in der Lage, deren Nachteile für das gesamte System der Gemeinschaftskartellrechts auszugleichen. Gegen die Einführung eines Antragsrechts auf eine Entscheidung nach Art. 10 VO 1/2003 sind erhebliche Einwände zu erheben.

Zunächst besteht die Gefahr, dass ein solches Antragsrecht missbraucht werden könnte, indem die Unternehmen auch für einfach gelagerte Fälle bei der Kommission eine Positiventscheidung beantragen. In diesem Falle würde das Reformvorhaben ad absurdum geführt, da die Anzahl der Anträge letztlich eine dem Anmeldesystem vergleichbare Situation schaffen und die Arbeitsbelastung der Kommission daher nicht verringert würde. Die Positiventscheidung würde demnach de facto die Anmeldung ersetzen. Der von der Kommission intendierte Zweck der Positiventscheidungen, die Steuerung des Wettbewerbs über besondere Einzelfälle, wäre damit in sein Gegenteil verkehrt. Um dies zu verhindern, wird von den Befürwortern eines Antragsrechts vorgeschlagen, den Begriff des öffentlichen Interesses näher zu definieren und auf diesem Weg eine höhere Zugangshürde für einen Antrag zu schaffen. Eine genauere Definition des Begriffs des öffentlichen Interesses ist zwar im Sinne einer besseren Berechenbarkeit des Art. 10 VO 1/2003 durchaus wünschenswert, jedoch würde auch eine solche Einschränkung zu keinem akzeptablen Ergebnis führen. Grund dafür ist, dass bei einer Definition des öffentlichen Interesses aller Wahrscheinlichkeit nach nur sehr große Unternehmen in den Genuss der Positiventscheidung kämen, weil es kleineren Unternehmen in der Regel nicht gelingen wird, ein besonderes öffentliches Interesse für sich zu reklamieren. Es würde also zu einer nicht zu rechtfertigenden Benachteiligung kleinerer Unternehmen gegenüber großen Konzernen kommen.

---

604 Vergleiche zum Beispiel *BDI*, Stellungnahme 2001, Rn. 9; *BGA*, *CDH*, HDE, *ZGV*, Gemeinsame Stellungnahme, Rn. 3.

605 Vergleiche hierzu *Rat*, Dokument 7949/01 vom 10.4.2001, abrufbar unter: http://register.consilium.eu.int/pdf/de/01/st07/07949d1.pdf (zuletzt aufgerufen am 20.07.2004).

606 Vergleiche *Evans*, Bericht, S. 9 f.; *Deringer*, EuZW 2001, 739 (740).

(2) Bewertung

Wie soeben gezeigt, fügt sich die Positiventscheidung in ein Legalausnahmesystem nicht ohne Probleme ein. Die Kommission nimmt mit ihr zu einem Fall Stellung, der mit dem Wettbewerbsrecht der Gemeinschaft vereinbar ist. In einem streng durchgeführten Legalausnahmesystem sollte die Kommission jedoch nur mit Abstellungsentscheidungen befasst sein, für Entscheidungen, die eine Vereinbarkeit mit den Wettbewerbsregeln feststellen, besteht eigentlich kein Bedarf mehr.

Dennoch sind Positiventscheidungen zu befürworten. Die Kommission ist als Wächterin über den Wettbewerb nach Art. 3 I lit. g EG in Verbindung mit Art. 211 EG dazu verpflichtet, diesen sicherzustellen und zu fördern. Zu diesem Zweck kann sie sich einer Reihe von Maßnahmen bedienen, die allgemeine und nicht fallspezifische Regeln enthalten, insbesondere sind hier Gruppenfreistellungsverordnungen sowie Richtlinien und Bekanntmachungen, die über die Politik der Kommission informieren, zu nennen. Das moderne Wirtschaftsleben ist jedoch so schnelllebig und facettenreich geworden, dass diese relativ schwerfälligen Regelungsmechanismen nicht ausreichen, um angemessen auf neue Fragestellungen reagieren zu können. Über gezielte Einzelfallentscheidungen ist es der Kommission möglich, das Wettbewerbsgeschehen schnell zu beeinflussen und ihre Auffassung über einen konkreten Sachverhalt zu äußern. Diese Möglichkeit sollte aber nicht nur im Rahmen eines Verbots einer wettbewerbswidrigen Absprache bestehen, sondern auch im umgekehrten Fall der Erklärung der Vereinbarkeit einer komplizierten Absprache mit dem Wettbewerbsrecht. Eine solche Positiventscheidung kann den Unternehmen wichtige Anhaltspunkte dafür geben, was rechtlich erlaubt ist. Positiventscheidungen ermöglichen der Kommission daher, ihrem zweiten Auftrag neben der Überwachung und Sicherstellung des Wettbewerbs, der Förderung der wirtschaftlichen Betätigung, gerecht zu werden.

Problematischer als die Frage der grundsätzlichen Notwendigkeit von Positiventscheidungen ist die Frage, ob Art. 10 VO 1/2003 zu weit gefasst ist und der Kommission einen zu großen Ermessensspielraum eröffnet. Derartige Bedenken begründen sich darauf, dass Art. 10 VO 1/2003 lediglich ein öffentliches Interesse erfordert, welches die Kommission trotz Forderungen fast aller beteiligter Kreise in Art. 10 VO 1/2003 nicht näher definiert hat. Die Befürworter einer solchen Definition wollen beim öffentlichen Interesse etwa auf das finanzielle Risiko bei Investitionen, neue Rechtslagen, die Wirkung in mehreren Mitgliedstaaten oder deren Anfechtung in einzelnen Mitgliedstaaten abstellen[607]. Die Be-

---

607 Vergleiche *Evans*, Bericht, S. 9 und 24; *Geiger*, EuZW 2000, 165 (168).

fürchtungen gehen dahin, dass die Kommission, sofern sie das berechtigte Interesse gänzlich selbst bestimmen darf, zu einer Superbehörde mutieren und sich dadurch das Behördensystem kopflastig zu Gunsten der Kommission entwickeln könnte[608]. Diese Bedenken mögen sicherlich in Teilaspekten berechtigt sein, eine Legaldefinition des öffentlichen Interesses begründet jedoch die Gefahr, dass ähnlich wie im Falle eines Antragsrechts[609] den Anwendungsbereich auf sehr große Unternehmen zu verengen, bei denen die finanziellen Risiken in der Regel höher sind als bei kleineren Unternehmen. Aus einer unternehmerischen Absprache, die ein großes finanzielles Risiko beinhaltet, folgen jedoch nicht zwangsläufig stärkere wettbewerbsrechtlicher Auswirkungen. Eine Definition des öffentlichen Interesses würde das Reaktionspotential der Kommission daher unnötig einschränken. Die Kommission sollte aber die Möglichkeit haben, jeden Fall, den sie als maßgeblich und von öffentlichem Interesse ansieht, per Positiventscheidung zu behandeln. Nur auf diesem Wege kann erstens eine Gleichbehandlung aller Unternehmen und zweitens die optimale Steuerung des Wettbewerbs sichergestellt werden.

d) Zusageentscheidung – Art. 9 VO 1/2003

(1) Regelung des Art. 9 VO 1/2003

Durch Art. 9 VO 1/2003 wird in Form der Zusageentscheidung ein neuer Entscheidungstyp in das System des Gemeinschaftswettbewerbsrechts eingeführt, der keine Entsprechung in der VO 17/62 hat[610].

Die Vorschrift kommt für den Fall zum Tragen, dass die Kommission im Rahmen eines Untersagungsverfahrens beabsichtigt, eine Vereinbarung, einen Beschluss oder eine abgestimmte Verhaltensweise zu verbieten, weil die in Frage stehende Vorgehensweise ihrer Meinung nach gegen Art. 81 I EG verstößt oder aber nicht nach Art. 81 III EG freistellungsfähig ist, gleichzeitig das betroffene Unternehmen jedoch anbietet, Verpflichtungen einzugehen, die dazu geeignet sind, die von der Kommission vorgetragenen Bedenken auszuräumen. Die Kommission kann dann durch eine Entscheidung diese Verpflichtungszusagen für die Unternehmen für verbindlich erklären und ihrerseits darauf verzichten, in der fraglichen Sache weiter tätig zu werden. Allerdings ist die Kommission nach Art. 9 II VO 1/2003 dazu befugt, jederzeit von Amts wegen das Verfahren wieder aufzunehmen, wenn einer der Tatbestände des Katalogs in Art. 9 II VO 1/2003 erfüllt ist. Dauerhaft verpflichtet die Zusagentscheidung also allein die Unternehmen. Die turnusmäßige Neueinschätzung der Vereinbarung soll

---

608 Siehe *Geiger*, EuZW 2000, 165 (168).

609 Siehe oben Kapitel 6 I.A.6.)c)(1)(b).

610 Siehe VO 1/2003, Erwägungsgrund Nr. 13.

zudem dadurch gewährleistet werden, dass Zusageentscheidungen nach Art. 9 I 3 VO 1/2003 befristet werden können. In diesem Fall ist die Absprache regelmäßig zu überprüfen und gegebenenfalls eine erneute Zusageentscheidung zu erlassen.

Wie bereits erwähnt, findet die Zusageentscheidung bislang keine Entsprechung im geschriebenen Recht. Sie stellt jedoch eine Umsetzung der bisherigen „Settlement-Praxis" der Kommission dar[611]. Bei einem „Settlement"[612] wird in einem Dialog zwischen Kommissionsvertretern und dem Unternehmen ein Kompromiss ausgehandelt, dessen Ziel es ist, eine für beide Seiten vertretbare Lösung zu finden. In der Vergangenheit wurde dabei die mangelnde Dokumentation dieser Gespräche und die dadurch fehlende Rechtssicherheit scharf kritisiert. Durch Schaffung der Zusageentscheidung scheint die Kommission diesem Problem entgegenwirken zu wollen.

Jedoch stößt auch die Zusageentscheidung nicht allein auf Zustimmung. Befürchtet wird eine laufende Kontrolle der Kommission über das Verhalten der Unternehmen in Folge der Zusageentscheidung[613]. Als Folge dieser dauerhaften Verhaltenskontrolle könnte es bei zu häufigem Einsatz der Zusageentscheidung zu einer Steuerung der Ordnung der Märkte durch die Kommission anstelle einer Selbstregulierung durch den freien Wettbewerb kommen[614].

(2) Bindungswirkung der Zusageentscheidung

Fraglich ist die Bindungswirkung von Zusageentscheidungen für nationale Behörden und Gerichte, wobei sich insbesondere die Frage stellt, ob kartellferne Unternehmen befugt sein sollen, vor nationalen Gerichten auf die Einhaltung der Verpflichtung des Unternehmens zu klagen. Diese Frage ist anhand der Entstehungsgeschichte der VO 1/2003 zu untersuchen. Der VO-Entwurf führte hierzu aus, dass Zusageentscheidungen erlassen werden:

> *„...damit sich Dritte vor einzelstaatlichen Gerichten darauf berufen können und die Nichteinhaltung der eingegangenen Verpflichtungen mit Geldbußen oder Zwangsgeldern geahndet werden kann..."*[615].

---

611 Siehe oben Kapitel 3 III.B.3.)b)(2).
612 Zum gesamten Komplex des „Settlements" im alten System siehe *van Bael*, CMLRev. 23 (1986), 61-90.
613 Vergleiche *Mestmäcker*, EuZW 1999, 523 (527).
614 So *Geiger*, EuZW 2000, 165 (168).
615 VO-Entwurf, Erwägungsgrund Nr. 12; siehe auch VO-Entwurf, Begründung zu Art. 9, S. 20.

Dieses Recht Dritter, sich auf den Inhalt der Zusageentscheidungen berufen zu können, weist im Umkehrschluss deutlich darauf hin, dass die nationalen Stellen nach der ursprünglichen Vorstellung der Kommission an den Inhalt der Zusageentscheidung gebunden sein sollten. Die Erwägungsgründe der VO 1/2003 scheinen dagegen von einer gänzlich anderen Reichweite der Zusageentscheidungen nach Art. 9 VO 1/2003 auszugehen. Danach sollten die nationalen Gerichte nicht an die Wertungen der Zusageentscheidung gebunden, sondern befugt sein, selbst eine Entscheidung über den Fall treffen zu können. Die VO 1/2003 führt dementsprechend aus:

> „...*Entscheidungen bezüglich Verpflichtungszusagen lassen die Befugnisse der Wettbewerbsbehörden und der Gerichte der Mitgliedstaaten, das Vorliegen einer Zuwiderhandlung festzustellen und über den Fall zu entscheiden, unberührt...*“[616].

Folglich können Dritte nach der VO 1/2003 vor den nationalen Gerichten auch nicht auf Einhaltung der in der Entscheidung niedergelegten Verhaltensweisen klagen.

Eine gewisse Bindung lässt sich jedoch auch dem Prinzip des gemeinschaftstreuen Verhaltens entnehmen, das in Art. 16 I VO 1/2003 nochmals betont wird. Den nationalen Gerichten ist es demnach untersagt, evident von Entscheidungen der Kommission abzuweichen, weshalb zumindest von einer faktischen Bindungswirkung der Zusageentscheidungen gesprochen werden kann. Diese faktische Bindungswirkung hat ihrerseits zur Folge, dass sich Dritte bei einem Verstoß gegen den Inhalt der Zusageentscheidung mit einer Klage an die nationalen Gerichte wenden können. Diese müssten dann in Analogie zu Art. 9 II VO 1/2003 entscheiden, dass die strittige Vereinbarung gegen Art. 81 EG verstößt und zu verbieten ist. Die Vorschrift des Art. 16 I VO 1/2003 scheint Dritten somit unter Umständen die Möglichkeit zu eröffnen, auf Einhaltung der Regelungen einer Zusagentscheidung zu klagen.

Der Effektivität der Zusageentscheidung wäre es zweifelsohne dienlich, wenn Dritte sich darauf berufen könnten. Dafür spricht auch die Pflicht zur Veröffentlichung von Zusageentscheidungen nach Art. 27 IV VO 1/2003, denn wird eine Entscheidung veröffentlicht, so ist es nahe liegend, dass diese Entscheidung auch Rechte Dritter begründet. Dagegen spricht allerdings der Gewaltenteilungsgrundsatz, nach dem die nationalen Gerichte in ihren Entscheidungen unabhängig von der Kommission sind.

---

[616] VO 1/2003, Erwägungsgrund Nr. 13; vergleich insofern auch VO 1/2003, Erwägungsgrund Nr. 22.

Die Frage der Bindungswirkung von Zusageentscheidungen bleibt also offen und somit einer Klärung durch die Rechtsprechung des EuGH anheim gestellt.

e) Einstweilige Maßnahmen – Art. 8 VO 1/2003

Art. 8 VO 1/2003 überträgt der Kommission die Befugnis, einstweilige Maßnahmen durchzuführen, um zu verhindern, dass durch eine prima facie festzustellende Zuwiderhandlung eine ernste, nicht wieder gutzumachende Schädigung des Wettbewerbs eintritt.

Die Einführung dieser Vorschrift stellt die gesetzgeberische Umsetzung der ständigen Rechtsprechung des EuGH[617] und des EuG[618] dar. Die bisherige Rechtsprechung des EuGH zur Zulässigkeit einstweiliger Maßnahmen im Gemeinschaftskartellrecht sah einen restriktiven Umgang mit diesem Instrument vor. Der Gerichtshof ließ einstweilige Maßnahmen nur von Amts wegen im öffentlichen Interesse und bei besonderen Gefahren für den Wettbewerb zu. Diese restriktive Anwendung ist in die VO 1/2003 übernommen worden, die nunmehr ausdrücklich bestimmt, dass einstweilige Maßnahmen nur von Amts wegen ergehen dürfen und es vor ihrem Erlass einer Prüfung der Erforderlichkeit und Angemessenheit der Maßnahme bedarf.

B. Kritische Würdigung des Legalausnahmesystems – unter besonderer Berücksichtigung der Vereinbarkeit mit dem EG

Das neue Legalausnahmesystem nach der VO 1/2003 begegnet nicht wenigen Bedenken. Kritik wurde sowohl an einzelnen Vorschriften, als auch am System im Ganzen vorgebracht. Verschiedene Kritikpunkte in Bezug auf die einzelnen verfahrensrechtlichen Neuregelungen wurden bereits bei deren Analyse erwähnt, im Folgenden soll die Reform insgesamt kritisch untersucht werden.

1.) Deckung der Reform durch Art. 83 EG

Art. 83 I EG bestimmt, dass der Rat auf Vorschlag der Kommission zweckdienliche Verordnungen oder Richtlinien zur Verwirklichung der in Art. 81 und 82 niedergelegten Grundsätze erlässt. Insbesondere erwähnt Art. 83 II lit. b EG ausdrücklich, dass davon auch die Einzelheiten in der Anwendung des Art. 81 III EG umfasst sein sollen. Die Kommission sieht in eben diesem Art. 83 EG die Rechtsgrundlage für die von ihr angestrebte Reform[619]. Nach

---

617 Siehe EuGH, Rs. 792/79, Slg. 1980, 119, Rn. 17 f. – „Camera Care“.

618 Siehe EuG, Rs. T-131/89, Slg. II-1990, 1, Rn. 11 ff. – „Cosimex“; EuG, Rs. T-23/90, Slg. II-1991, 653, Rn. 30 – „Peugeot“.

619 Siehe VO-Entwurf, Begründung, S. 4 ff.

Vorstellung der Kommission soll das Legalausnahmesystem allein durch eine sekundärrechtliche Verordnung eingeführt werden. Ob eine so weit reichende Reform allerdings allein durch eine Revision der VO 17/62 herbeigeführt werden kann, ist fraglich und wird zum Teil heftig bestritten.

Die Frage, ob eine Änderung des Kartellverfahrens auf dem Verordnungsweg mit dem EG-Vertrag in Übereinstimmung steht, ist anhand der Reichweite der Verordnungsermächtigung des Art. 83 EG zu untersuchen. Ausgangspunkt der Überlegung ist hierbei, dass sekundärrechtliche Vorschriften primärrechtliche Vorgaben nicht verändern dürfen[620]. Prüfungsmaßstab des Sekundärrechts ist immer das Primärrecht[621]. Jedoch darf nicht übersehen werden, dass auch das bestehende System nach der VO 17/62 durch eine Verordnung etabliert worden ist. Grundsätzlich muss daher auch die Möglichkeit bestehen, das System auf dem Verordnungswege wieder zu verändern. Allerdings dürfen Verordnungen das Primärrecht nur in seinem durch den EG vorgegebenen Rahmen ausfüllen.

Die grundsätzlich Frage ist also, ob die Art. 81 ff. EG die Wahl des Kartellverfahrens offengelassen haben und damit die Implementierung eines Legalausnahmesystems ermöglichen, oder ob der Vertrag von einer präventiven behördlichen Kontrolle ausgeht und somit ein Anmeldesystem zwingend vorgegeben ist.

2.) Sprachliche Regelung des Art. 81 III EG

Zur Beantwortung diese Frage ist zunächst der Wortlaut des Art. 81 III EG heranzuziehen. Art. 81 III EG lautet:

> *„Die Bestimmungen des Absatzes 1 können für nicht anwendbar erklärt werden...“.*

Diese Formulierung haben zahlreiche Autoren zum Anlass genommen, Art. 81 III EG dahingehend auszulegen, dass zur Freistellung zwingend eine fallbezogene Behördenentscheidung in der Form eines Verwaltungsaktes erforderlich ist[622]. In der Tat spricht die Wahl des Begriffs „erklären“ zunächst für das Erfordernis einer Behördenentscheidung, jedoch war dies im Verlaufe der Redigierung der Art. 81 ff. EG und insbesondere bei den Verhandlungen zur VO 17/62 strittig, weshalb hier eine genauere Untersuchung erforderlich ist.

---

620 Vergleiche *Mestmäcker*, EuZW 1999, 523 (525); *Oppermann*, EuR, Rn. 503.

621 Siehe *Streinz*, EuR, Rn. 346.

622 Dahingehend zum Beispiel *Deringer*, EuZW 2000, 5 (6); *Möschel*, Wirtschaftsdienst 1999, 505; *Mestmäcker*, EuZW 1999, 523 (525); *Stillfried/Stockenhuber*, WBL 2001, 145 (150); *Monopolkommission*, 28. Sondergutachten, Rn. 14 ff.

a) Entstehungsgeschichte des Art. 81 III EG und der VO 17/62

Der Entstehungsprozess des bisherigen europäischen Kartellverfahrensrechts wurde von erheblichen Diskussionen um die Frage begleitet, ob ein Genehmigungssystem oder ein Legalausnahmesystem eingeführt werden soll[623]. Bereits bei der Abfassung des Art. 81 III EG war diese Frage strittig[624].

Die Kommission geht davon aus, dass Art. 81 III EG im Ergebnis einen Formelkompromiss zwischen den beiden Lagern darstellt, der die Interessen beider Seiten vereint. Die endgültige Entscheidung über das zu wählende System wollte man offenbar dem Gemeinschaftsgesetzgeber überlassen[625]. Dieser Formelkompromiss soll seinen Ausdruck in der negativen Formulierung des Art. 81 III EG finden[626], der nicht wie Art. 65 II EGKS[627] von „genehmigen" spricht, sondern nur davon, dass die Bestimmungen des Art. 81 I EG für „nicht anwendbar" erklärt werden können.

b) Auslegung

(1) Parallelität zum EGKS

Die Gegner des Legalausnahmesystems messen dieser negativen Formulierung keine derartige Bedeutung zu. Sowohl die Formulierung des EGKS als auch die des EG verlange eine positive Handlung einer Behörde und begrenze somit die möglichen Verfahrensarten auf ein System des Verbots mit Erlaubnisvorbehalt[628]. Zumindest soll es aber einer Entscheidung des EuGH vorbehalten blei-

---

623 Zur Entstehung der VO 17/62 siehe den ausführlichen Bericht von *Deringer* für den Binnenmarktausschuss, darin insbesondere *Deringer*, Bericht, Rn. 59 ff.

624 Die Einführung eines Genehmigungssystems wurde vor allem von der Kommission gefordert. Unterstützt wurde dieser Ansatz auch von der Bundesrepublik Deutschland, in der bis dato ebenfalles ein Legalausnahmesystem bestand. Das Legalausnahmesystem wurde insbesondere von der französischen und italienischen Delegation gefordert.

625 Vergleiche Weißbuch, Rn. 11 ff.; *Schaub/Dohms*, WuW 1999, 1055 (1066); *v. Bogdandy/Buchhold*, GRUR 2001, 798 (802). *Deringer*, EuZW 2000, 5, vertritt die Ansicht, dass die Frage, welches System eingeführt werden soll, erst anlässlich der Verhandlungen zur VO 17/62 aufkam.

626 Siehe *Deringer*, Bericht, Rn. 60.

627 Vertrag über die Gründung der Europäischen Gemeinschaft für Kohle und Stahl vom 18.4.1951.

628 Vergleiche *Deringer*, EuZW 2000, 5 (6); *Möschel*, Wirtschaftsdienst 1999, 505; *ders.*, WuW 2000, 951; *Mestmäcker*, EuZW 1999, 523 (525); *ders.*, EBOR 1 (2000) 401 (411 ff.); *Stillfried/Stockenhuber*, WBL 2001, 145 (150); *Bundesregierung*, Stellungnahme, Rn. 1.1; *Ritter*, in: Immenga/Mestmäcker, Bd. 2 Art. 87, Rn. 5, 18; *Sauter*, in: Immenga/Mestmäcker, Bd. 1 Art. 85 III A, Rn. 2; *Paulweber/Kögel*, AG 1999, 500 (507)

ben, letztgültig über die Auslegung der Vorschrift des Art. 81 III EG zu entscheiden[629]. Der oben beschriebene Formelkompromiss sei lediglich darin zu sehen, dass, um die Befürworter des Legalausnahmesystems zu befriedigen, die Rückwirkung von Freistellungsentscheidungen durch die Kommission in Art. 4 II, 6 I 2 VO 17/62 a. E. festgelegt wurde[630].

Entgegengesetzt kann aber auch argumentiert werden, dass sich die Vertreter der einzelnen Staaten bei der Abfassung des Vertrages durchaus darüber im Klaren waren, ob durch das Primärrecht bereits eine Festlegung auf eine Verfahrensordnung erfolgen sollte[631]. Die Formulierung des Art. 65 II EGKS, die eindeutig von einem Verbot mit Erlaubnisvorbehalt ausgeht, wurde zeitlich vor Art. 81 III EG verfasst[632]. Die Vertragsparteien haben sich also bereits vor Abfassung des EG und der VO 17/62 bezüglich des Verfahrens in Kartellsachen im Rahmen der Europäischen Gemeinschaft für Kohle und Stahl (EGKS) auf eine Regelung der Verfahrensart im Primärrecht festgelegt und damit Problembewusstsein bewiesen. Dennoch wurde bei den Verhandlungen zum EG die weniger klare Formulierung gewählt[633]. Dies legt den Schluss nahe, dass Art. 81 III EG, die verfahrensmäßige Durchsetzung in die Hände des Gemeinschaftsgesetzgebers legen und eine sekundärrechtliche Änderung ermöglichen will. Eine Festlegung enthielte Art. 81 III EG nur dann, wenn die Pflicht zur vorherigen behördlichen Genehmigung positiv in Art. 81 III EG festgelegt wäre, dies ist aber aufgrund der negativ gewählten Formulierung des Art. 81 III EG gerade nicht der Fall.

Der Formulierung des Art. 81 III EG kann also keine abschließende Aussage entnommen werden. Wäre der Wortlaut wirklich so eindeutig, wie teilweise behauptet wird, hätte es im Vorfeld der VO 17/62 keiner ernsthaften Diskussion um das Für und Wider von Anmelde- und Legalausnahmesystem bedurft[634].

(2) Rechtsprechung des EuGH

Auch der Rechtsprechung des EuGH lässt sich entnehmen, dass der Wortlaut des Art. 81 III EG für die Frage, ob ein Legalausnahme- oder ein Genehmigungssystem eingeführt werden sollte, nicht ausschlaggebend ist. So führt der

---

mit zahlreichen weiteren Nachweisen aus dem älteren Schrifttum; *Emmerich*, WRP 2000, 858 (861 f.); *Jäger*, WuW 2000, 1062 (1066); *Rittner*, EuZW 2000, 129.

629 Siehe *Deringer*, EuZW 2000, 5 (6).

630 Vergleiche *Ritter*, in: Immenga/Mestmäcker, Bd. 2 VO 17/62 Art. 4, Rn. 8; *Monopolkommission*, 28. Sondergutachten, Rn. 4, 14. Siehe auch *Möschel*, JZ 2000, 61 (62).

631 Siehe *von Wogau*, in: Europäisches Wettbewerbsrecht im Wandel, S. 27 (33).

632 Vergleiche *Deringer*, Bericht, Rn. 60; *Weitbrecht*, EuZW 2003, 69 (70).

633 Siehe *Geiger*, EuZW 2000, 165 (166).

634 Dazu *Deringer*, Bericht, Rn. 59 ff.

EuGH im „Portelange“ – Urteil[635] aus, dass nach der VO 17/62 Vereinbarungen, Beschlüsse und aufeinander abgestimmte Verhaltensweisen bei der Kommission anzumelden sind[636]. Der EuGH geht in diesem Urteil wie selbstverständlich davon aus, dass das Anmeldesystem auf der VO 17/62 beruht, und nicht auf Art. 81 III EG. Es ist anzunehmen, dass der EuGH, sähe er hier Diskussionsbedarf, im Rahmen der Entstehung der VO 17/62 zu diesem Problem Stellung bezogen hätte. Da er aber zu einer möglichen Festlegung in Art. 81 III EG keine Ausführungen macht, ist davon auszugehen, dass der EuGH, in Parallelität zur Kommission[637], die Auffassung vertritt, dass eben gerade keine Festlegung durch den Vertrag selbst erfolgt, sondern die verfahrensrechtliche Umsetzung durch den Gemeinschaftsgesetzgeber über das sekundäre Gemeinschaftsrecht vorzunehmen ist.

(3) Übergangsvorschrift des Art. 84 EG

Das Wortlautargument des Art. 81 III EG wird zudem durch die Übergangsvorschrift des Art. 84 EG geschwächt. Art. 84 EG legt fest, dass im Zeitraum vor Erlass einer Verordnung nach Art. 83 EG – eine solche Verordnung ist unter anderen die VO 17/62 – die Behörden der Mitgliedstaaten über die Vereinbarkeit von Vereinbarungen, Beschlüssen und aufeinander abgestimmten Verhaltensweisen mit dem Gemeinschaftsrecht zu entscheiden haben. Aus der Vorschrift des Art. 84 EG ergibt sich jedoch lediglich, dass bis zur Einführung einer auf Art. 83 EG beruhenden Verfahrensregelung die nationalen Stellen entscheiden sollen. Diese Aussage lässt keine Rückschlüsse auf die Pflicht einer Verwaltungsentscheidung nach Erlass einer Verordnung nach Art. 83 EG zu[638]. Hätten die Vertragsparteien sich schon im EG auf ein Genehmigungssystem festlegen wollen, so hätte es der Regelung des Art. 84 EG in dieser Form überhaupt nicht bedurft. Ergäbe sich aus Art. 81 III EG dagegen zwingend das Anmeldesystem, hätte es ausgereicht, die nationalen, zwischenzeitlichen Behörden zum Vollzug der in Art. 81 III EG niedergelegten Grundsätze zu berechtigen.

---

635 Siehe EuGH, Rs. 10/69, Slg. 1969, 309, Rn. 11 – „Portelange“, unterstützt wird diese Ansicht auch durch EuGH, Rs. 13/61, Slg. 1962, 99 (112) – „Bosch“. In diesem Sinne auch *Sauter*, in: Immenga/Mestmäcker, Bd. 1 Art. 85 III A, Rn. 2.

636 Der EuGH sagt im Urteil EuGH, Rs. 10/69, Slg. 1969, 309, Rn. 11 – „Portelange“ wörtlich: „Um den Betroffenen die Berufung auf die Vorschrift des Art. 85 Absatz 3 zu ermöglichen, sieht die Verordnung Nr. 17 vor, dass die in Art. 81 Absatz 1 genannten Vereinbarungen oder Beschlüsse bei der Kommission angemeldet werden müssen“.

637 Siehe Weißbuch, Rn. 11 ff.; so auch *Geiger*, EuZW 2000, 165 (166 f.).

638 Anderer Ansicht aber die *Bundesregierung*, Stellungnahme Rn. 1.1; *Monopolkommission*, 28. Sondergutachten, Rn. 17; *Möschel*, JZ 2000, 61 (62); *Paulweber/Kögel*, AG 1999, 500 (507).

(4) Systematische Betrachtungsweise

Auch bei einer systematischen Betrachtungsweise erweist sich die Argumentation der Befürworter eines Genehmigungssystems als voreilig und zu oberflächlich. So wird bei der Forderung nach einer individuellen Verwaltungsentscheidung die Tatsache übergangen, dass bereits bislang der größte Teil aller förmlich freigestellten Vereinbarungen aufgrund einer Gruppenfreistellungsverordnung und somit ohne individuellen Verwaltungsakt vom Kartellverbot freigestellt wurde. Auch das gegenwärtige System erfüllt somit nicht die hären Anforderungen, die manche Stimmen aus der Literatur an das neue System stellen wollen.

Unterstützung findet die These, dass die Formulierung des Art. 81 III EG die Wahl des Systems offen lässt, auch in der limitierten Reichweite der Wortlautauslegung des EG. Bei dem EG handelt es sich, wie beim gesamten primären Gemeinschaftsrechts, um einen in erster Linie politisch redigierten Vertrag. Der Vertrag muss eine Vielzahl von Interessen und Traditionen vereinen und bleibt somit häufig wage und überlässt die konkreten Ausführungen dem Sekundärrecht und den Beratungen in den Fachkreisen. Erfahrungsgemäß sollte daher der Wortlaut eines derartigen Vertrages nicht überstrapaziert werden[639].

(5) Ergebnis

Letztlich kann also festgehalten werden, dass dem Wortlaut des Art. 81 III EG zwar eine Tendenz zu Gunsten eines Genehmigungssystems entnommen werden kann, ein abschließendes Argument aus dem Wortlaut jedoch nicht zu ziehen ist. Ein Legalausnahmesystem ist daher mit dem Wortlaut des Art. 81 III EG vereinbar.

Eine andere Beurteilung ergäbe sich nur dann, wenn die Verordnung Vereinbarungen für legal erklären würde, die zwar unter Art. 81 I EG fallen, nicht aber die Freistellungsvoraussetzungen des Art. 81 III EG erfüllen[640]. Dies würde eine Umstellung auf das Missbrauchsprinzip bedeuten, die mit dem Gemeinschaftskartellrecht nicht vereinbar ist[641]. Nur in diesem Falle läge somit eine Primärrechtsverletzung vor.

3.) Legalausnahme als globale Gruppenfreistellung

Im Verlaufe der Beratungen zur VO 1/2003 wurde immer wieder angeführt, dass das Legalausnahmesystem im Grunde wie eine global wirkende Gruppenfreistel-

---

639 Siehe *Ullrich*, S. 173.
640 So *Deselaers/Obst*, EWS 2000, 41 (42).
641 Siehe oben Kapitel 6 I.A.2.).

lungsverordnung zu betrachten sei und daher den Rahmen der zulässigen Gruppenbildung nach Art. 81 III EG sprenge[642].

Der hinter dieser Auffassung stehende Gedanke ist, dass in einem Legalausnahmesystem Vereinbarungen, die die Voraussetzungen des Art. 81 III EG erfüllen, ohne Zutun der Kommission freigestellt sind. Daher kommt dem Legalausnahmesystem eine ähnliche Wirkung zu wie den Gruppenfreistellungsverordnungen unter der VO 17/62, nach denen jegliche Maßnahme ohne Behördenentscheidung freigestellt ist, sofern sie die Freistellungsvoraussetzungen der Gruppenfreistellungsverordnung erfüllt. Aufgrund dieser ähnlichen Wirkung soll die VO 1/2003 danach eine Gruppenfreistellungsverordnung sein, die den Rahmen der zulässigen Gruppenbildung sprengt, da nur noch eine „Super-Gruppe" gebildet wird, eine Begrenzung auf bestimmte Teilmengen also nicht stattfindet[643]. Die VO 1/2003 wird daher zum Teil auch als „Super-Gruppenfreistellungsverordnung" angesehen[644]. Der einzige Unterschied zwischen einer Gruppenfreistellungsverordnung nach dem alten System und der VO 1/2003 sei danach, dass die Freistellungsfähigkeit nicht vom Erfüllen der Freistellungsvoraussetzungen einer Gruppenfreistellungsverordnung abhängt, sondern an den Voraussetzungen des Art. 81 III EG zu messen ist. Der Terminus „Gruppe" in Art. 81 III EG legt jedoch eine Begrenzung auf bestimmte Teilmengen von Vereinbarungen nahe, die gemeinsame Tatbestandsmerkmale aufweisen und wegen dieser Vergleichbarkeit pauschal behandelt werden können. Eine solche Begrenzung kann es aber in einem Legalausnahmesystem nicht geben, da konstitutive Freistellungen nicht mehr möglich sind. Da es in einem System der Legalausnahme somit an der oben beschriebenen Vergleichbarkeit der Tatbestände fehle, sei ein Legalausnahmesystem unzulässig.

Diese systemkritische Auffassung übersieht jedoch, dass die VO 1/2003 sich keinesfalls als „Gruppenfreistellungsverordnung" versteht. Vielmehr verweist die VO 1/2003 lediglich bezüglich der Freistellungsvoraussetzungen auf die Vorschrift des Art. 81 III EG, während die konstitutiven Gruppenfreistellungsverordnungen unter dem Regime der VO 17/62 die Voraussetzungen des Art. 81 III EG für die in der jeweiligen Gruppenfreistellungsverordnung geregelten Teilmengen genauer definierten und daraufhin freistellten. Auch die Aufnahme deklaratorischer Gruppenfreistellungsverordnungen in die VO 1/2003 steht dem nicht grundsätzlich entgegen. Zur Präzisierung des Rechtsrahmens und zur Vergrößerung der Rechtssicherheit macht es durchaus Sinn, auch weiterhin Gruppen von Vereinbarungen, Beschlüssen oder abgestimmten Verhal-

---

642 Vergleiche *Mestmäcker*, EuZW 1999, 523 (525); *Paulweber/Kögel*, AG 1999, 500 (508).
643 Siehe *Paulweber/Kögel*, AG 1999, 500 (508).
644 Vergleiche *Möschel*, JZ 2000, 61 (62); *Deringer*, EuZW 1999, 5 (10).

tensweisen zu definieren, die nicht unter die Freistellungsvoraussetzungen des Art. 81 III EG subsumiert werden können[645]. Vereinbarungen, die freistellungsfähig sind, werden von den Gruppenfreistellungsverordnungen neuen Typs zur Vermeidung des Zwangsjackeneffekts nicht mehr aufgelistet.

Das Argument, wonach Art. 81 III EG durch die Verwendung des Begriffs „Gruppe" von einer Begrenzung der Freistellbarkeit ausgeht und die vermeintlich zu pauschale VO 1/2003 somit diesen Anforderungen der Begrenzung nicht gerecht werde und daher gegen Art. 81 III EG verstoße, geht ebenfalls ins Leere. Art. 81 III EG besagt, dass „Vereinbarungen oder Gruppen von Vereinbarungen" vom Kartellverbot freigestellt werden können. Es hätte somit nach dem alten System die Möglichkeit bestanden, allein mit Einzelfreistellungen nach den Vorgaben des Art. 81 III EG vorzugehen[646]. Dementsprechend muss es aber auch möglich sein, mit einem Legalausnahmesystem, das lediglich auf die Freistellungsvoraussetzungen des Art. 81 III EG verweist, die Freistellung vom Kartellverbot zu bewirken.

Weiterhin wird die Formulierung „Beschränkung auf Gruppen von Vereinbarungen" in Art. 81 III EG von manchen Autoren auch dahingehend verstanden, dass Art. 81 III EG eine Begrenzung der Freistellungsfähigkeit durch Gruppenfreistellungsverordnungen vorschreibe[647]. Ein Legalausnahmesystem wird demgegenüber als eine generelle Freistellung vom Kartellverbot erachtet. Daraus wird gefolgert, dass das Legalausnahmesystem die von Art. 81 III EG auferlegte Begrenzung sprenge und somit mit diesem unvereinbar sei. Dabei wird jedoch verkannt, dass selbst die Gruppenfreistellungsverordnungen alter Prägung an Art. 81 III EG zu messen sind und letztlich daher allein Art. 81 III EG für die Freistellungsfähigkeit entscheidend ist. Die Gruppenfreistellungsverordnungen konkretisieren lediglich den Rechtsrahmen des Art. 81 III EG und schränken diesen ein. Sieht man aber die Freistellungsvoraussetzungen des Art. 81 III EG als die Grundlage sämtlicher Freistellungen an, so kann eine Regelung, die sich lediglich auf diese Voraussetzungen bezieht, nicht gleichzeitig den Rahmen dieser Vorschrift sprengen und damit gegen sie verstoßen.

Das Legalausnahmesystem ist folglich nicht als „Super-Gruppenfreistellungsverordnung" zu qualifizieren, sondern als ein völlig neuer Ansatz der Freistellung, der nicht gegen die Vorgaben des Art. 81 III EG verstößt.

---

645 Zur Zulässigkeit deklaratorische Gruppenfreistellungsverordnungen unter der VO 1/2003 siehe oben Kapitel 6 I.A.5.).

646 Diese ist freilich blanke Theorie, da ein solches System zur Bewältigung aller Fälle gänzlich ungeeignet wäre.

647 So etwa *Paulweber/Kögel*, AG 1999, 500 (508); *Möschel*, JZ 2000, 61 (62); *Deringer*, EuZW 1999, 5 (10).

4.) Rechtssicherheit

Im Zentrum der Kritik des neuen Systems steht ein angeblich nicht akzeptabeler Schwund an Rechtssicherheit für die Unternehmen. Zu bedenken ist hierbei indes stets, dass das neue Verfahrensrecht keine wesentlichen materiellrechtlichen Änderungen mit sich bringt[648]. Für die Unternehmen ändert sich im Rahmen der Selbsteinschätzung ihrer Vereinbarungen nichts, Änderungen ergeben sich nur bezüglich der Zusammenarbeit mit der Kommission beziehungsweise den nationalen Stellen.

a) Selbstveranlagung

Im Zusammenhang mit der Rechtssicherheit ist insbesondere die so genannte Selbstveranlagung der Unternehmen von Bedeutung. Selbstveranlagung bedeutet, dass die Unternehmen in einer internen Prüfung selbst feststellen müssen, ob die von Ihnen getroffenen Vereinbarungen unter die Freistellungsvoraussetzungen des Gemeinschaftskartellrechts fallen oder nicht.

Bislang hing das Maß der den Unternehmen gewährten Rechtssicherheit von der Art der Entscheidung der Kommission ab. Die Einzelfreistellungen gewähren den Unternehmen ein sehr hohes Maß an Rechtssicherheit, da sich die Kommission hier explizit mit der von ihnen vorgelegten Vereinbarung befasst und allein über diese entscheidet. Schon im Rahmen einer Freistellung durch eine Gruppenfreistellungsverordnung sinkt das Maß an Rechtssicherheit aber erheblich ab, da in diesem Fall keine individuelle Entscheidung der Kommission mehr ergeht, sondern die Unternehmen die Entscheidung, ob ihre Vereinbarung freistellungsfähig ist, selbst treffen müssen. Freilich ist die Wirkung einer Einzel- und einer Gruppenfreistellung im Ergebnis dieselbe. Völlig anders stellt sich die Situation dagegen im Rahmen eines „comfort letters" dar. Da diesem nur eine sehr limitierte Bindungswirkung zukommt[649], ist auch die Rechtssicherheit für die Unternehmen, die sich auf einen „comfort letter" berufen, sehr begrenzt.

Im neuen System fällt diese unterschiedliche Behandlung von Vereinbarungen weg, und es gilt künftig für alle Vereinbarungen das gleiche. Die Unternehmen müssen im Rahmen einer Selbstveranlagung zunächst überprüfen, ob ihre getroffenen Vereinbarungen unter Art. 81 I EG fallen. Im Falle eines positiven Ergebnisses haben sie weiterhin, gegebenenfalls unter Zuhilfenahme der nunmehr deklaratorischen Gruppenfreistellungsverordnungen, zu entscheiden, ob die Vereinbarungen durch Art. 81 III EG vom Kartellverbot freigestellt sind.

---

[648] Siehe *Kamann/Bergmann*, BB 2003, 1743 (1744).
[649] Siehe oben Kapitel 3 III.B.3.)a)(3).

Befürchtungen werden dahingehend artikuliert, dass sich die Unternehmen nach dem Wegfall der präventiven Kontrolle durch die Kommission oder eine andere Stelle zur Durchführung wünschenswerter, aber kritischer Vereinbarungen außerstande sehen könnten[650], da ihnen der Rückhalt durch die Kommission fehlt[651].

Betrachtet man den Verlust an Rechtssicherheit isoliert in Bezug auf den Wegfall der Einzelfreistellungsentscheidungen, so sind diese Befürchtungen durchaus begründet. Diese Sichtweise des neuen Systems ist jedoch zu einseitig. Das alleinige Abstellen auf die Rechtssicherheit, die eine Einzelfreistellungsentscheidung einem Unternehmen gewährt, missachtet die Rechtswirklichkeit des Gemeinschaftskartellrechts unter der VO 17/62. In Betracht gezogen werden muss, dass heute 90 % aller Verfahren durch einen „comfort letter" oder über eine Gruppenfreistellungsverordnung abgeschlossen werden[652], die den Unternehmen wenig oder kaum Rechtssicherheit geben[653], so dass jedenfalls ein qualitativ großer Unterschied zur Rechtssicherheit einer Freistellung aufgrund einer Legalausnahme nicht feststellbar ist.

Um die Rechsicherheit und die Vorhersehbarkeit für die Unternehmen auf einem adäquaten Maß zu halten, hat die VO 1/2003 zudem zahlreiche neue Maßnahmen wie deklaratorische Gruppenfreistellungsverordnungen[654], Leitlinien und Bekanntmachungen[655] sowie Positiventscheidungen[656] und Zusageentscheidungen[657] eingeführt[658]. Diese neuen Entscheidungstypen sollten den Unternehmen, unter Hinzuziehung der bisherigen Entscheidungspraxis der Kommission und des EuGH, ausreichend Hilfsmittel an die Hand geben, um ihre geplanten Vereinbarungen richtig einschätzen zu können.

Zum Teil wird angenommen, dass die Unternehmen nach dem neuen System dazu tendieren werden, sich selbst als rechtstreu einzuschätzen und somit ihre Vereinbarungen in der Regel als freigestellt ansehen werden[659]. Diese Sichtweise verkennt jedoch, dass sich durch die gesteigerte Bedeutung der internen Über-

---

650 Vergleiche *BGA, CDH, HDE, ZGV*, Gemeinsame Stellungnahme, S. 3.
651 Siehe *Monopolkommission*, 28. Sondergutachten, Rn. 33 ff.
652 So Weißbuch, Rn. 34; siehe auch *Paulweber/Kögel*, AG 1999, 500 (502); siehe auch oben Kapitel 4 II.B.3.).
653 Siehe oben Kapitel 3 III.B.3.)a)(4).
654 Siehe oben Kapitel 6 I.A.5.).
655 Siehe oben Kapitel 6 I.A.5.)b).
656 Siehe oben Kapitel 6 I.A.6.)c).
657 Siehe oben Kapitel 6 I.A.6.)d).
658 Zusammenfassend siehe auch *Schaub*, in: Europäisches Wettbewerbsrecht im Wandel, S. 15 (23).
659 So *Fikentscher*, WuW 2001, 446 (450).

prüfung durch die Unternehmen keine grundsätzlichen Änderungen zur vorherigen Situation ergeben werden. Auch unter dem Anmeldesystem wurde eine Vereinbarung zunächst sorgfältig intern geprüft, bevor das Unternehmen damit im Wege einer Anmeldung an die Öffentlichkeit trat. Kam man bei dieser Prüfung zur Freistellungsfähigkeit, wurde die Vereinbarung angemeldet beziehungsweise, sofern sie sich unter eine Gruppenfreistellungsverordnung fassen ließ, direkt in Vollzug gesetzt. Kam man dagegen zum Ergebnis der fehlenden Freistellungsfähigkeit wurde entweder deren Inhalt so modifiziert, dass sie nunmehr mit Art. 81 III EG zu vereinen war, oder es wurde von der Umsetzung der Vereinbarung abgesehen. Nichtfreistellungsfähige Absprachen wurden zudem häufig rechtswidrig vollzogen, dies gilt insbesondere für so genannte „Hardcore-Kartelle", bei denen eine Freistellung undenkbar ist.

An dieser Vorgehensweise der Unternehmen wird sich durch eine neue Verfahrensordnung nichts ändern. Die interne Prüfung der Vereinbarungen durch die Unternehmen und ihre Rechtsanwälte wird im Vergleich zur bisherigen Rechtslage weder intensiver noch oberflächlicher werden. Der Unterschied besteht allein darin, dass die große Anzahl der pro forma Anmeldungen wegfallen wird und sich Unternehmen, die wettbewerbswidrige Vereinbarungen angemeldet haben, während der Prüfungszeit nicht mehr auf die Bußgeldfreiheit[660] berufen können.

Ebenso verfehlt ist es, anzunehmen, dass durch die Selbstveranlagung der Anreiz, wettbewerbswidrige Absprachen einzugehen, verstärkt werden könnte, da durch den Wegfall der präventiven Kontrolle durch die Kommission eine Kenntnisnahme von der Vereinbarung ausbleiben und sich eine bedenkliche Vereinbarung daher möglicherweise unentdeckt praktizieren lassen wird[661]. Die Gefahr der Durchführung wettbewerbswidriger Absprachen bleibt unabhängig vom gewählten Verfahren gleich hoch. Auch bislang wurden wettbewerbswidrige Verhaltensweisen geheim gehalten. Erfüllt das neue System die Erwartungen der Kommission, durch die Entlastung aufgrund des Wegfalls der Anmeldungen mehr Zeit zum Aufdecken von „Hardcore-Kartellen" zu gewinnen, so könnte sogar der gegenteilige Effekt einer effizienteren Aufspürung von Kartellrechtsverstößen eintreten.

Die Selbstveranlagung bietet den Unternehmen ferner Vorteile in zeitlicher und finanzieller Hinsicht, da der sowohl zeitaufwendige als auch kostspielige An-

---

660 Siehe oben Kapitel 3 III.B.3.)a)(3).

661 So jedoch *Möschel*, Wirtschaftsdienst 1999, 504 (507).

meldevorgang ersatzlos wegfällt und die Unternehmen nur die Kosten für eine interne Rechtsberatung zu tragen haben[662].

b) Berufung auf Irrtum und Gutgläubigkeit in der Selbstveranlagung

Die Unbestimmtheit des Art. 81 III EG lässt Unternehmen einen weiten Spielraum, sich gegebenenfalls auf Irrtümer im Rahmen ihrer Selbstveranlagung zu berufen[663]. Die Unternehmen werden daher im Falle der „fehlerhaften" Selbstveranlagung vermehrt versuchen, sich hinter dem Argument der Gutgläubigkeit zu verstecken. Fraglich ist allerdings, inwieweit dieses Vorgehen zum Erfolg führen kann.

Soweit daraus der Schluss gezogen wird, dass die Unternehmen ihre Verträge zukünftig oberflächlicher prüfen werden, so ist dem entgegenzuhalten, dass bei einer oberflächlichen Überprüfung im Falle des Entdecktwerdens die Gefahr einer empfindlichen Geldbuße besteht, da eine Bußgeldimmunität in der Anmeldephase nicht mehr gewährt wird. Diese drohende Konsequenz wird die Unternehmen auch künftig zu einer sorgfältigen Prüfung anhalten.

Eine erfolgreiche Berufung auf einen Irrtum ist zudem auch erheblichen Beweisschwierigkeiten ausgesetzt. So werden die umfangreichen so genannten „schwarzen Listen" in den Gruppenfreistellungsverordnungen sowie die Leitlinien und Bekanntmachungen der Kommission in der Regel hinreichend Anhaltspunkte liefern, um den Unternehmen Bösgläubigkeit nachzuweisen. Zudem legt Art. 2 VO 1/2003 die Beweislast für das Vorliegen der Voraussetzungen des Art. 81 III EG den Unternehmen auf, die sich hierauf berufen. Berufen sich die Unternehmen auf Fehler in ihrer Prüfung, können das Vorliegen der Freistellungsvoraussetzungen jedoch nicht beweisen, so ist das Berufen auf diesen Einschätzungsfehler somit wertlos.

Eine erfolgreiche Berufung der Unternehmen auf Irrtümer im Rahmen der Selbstveranlagung erscheint daher im Rahmen der Anwendung der VO 1/2003 unwahrscheinlich.

---

662 So der *Wirtschafts- und Sozialausschuss* in seiner Stellungnahme zum Weißbuch, ABl. Nr. C 51/55 vom 23.2.2000 (S. 60).

663 So *Bechtold*, WuW 2003, 343 (344).

5.) Mangelhafte Information der Behörden über das Wettbewerbsgeschehen

Ob die Kommission in einem Legalausnahmesystem wettbewerbswidrige Kartelle in dem Umfang verfolgen kann, wie sie es anstrebt, erscheint unter dem Aspekt des Informationsflusses zur Kommission zweifelhaft[664].

Durch den Wegfall der Anmeldungen wird es bei der Kommission zunächst zu einem Informationsvakuum kommen, da diese bislang eine der Hauptinformationsquellen der Kommission über das Marktgeschehen darstellten[665]. Die Märkte verlieren dadurch für die Kommission deutlich an Transparenz[666]. So bezeichnete die Kommission die Anmeldungen wie bereits erwähnt[667] noch im Grünbuch des Jahres 1996 als eine

„unerschöpfliche Quelle der Information über Geschäftsvorhaben"[668].

Die Aufgabe dieses Standpunktes innerhalb von nur drei Jahren zeigt, wie unsicher selbst die Kommission bei der Bewertung des status quo zu sein scheint.

Ungeachtet dessen ist jedoch nach dem tatsächlichen Nutzen der Informationen zu fragen, die der Kommission durch die Anmeldungen zugänglich werden.

Zweifelsohne erhält die Kommission über die Anmeldungen Kenntnis über das aktuelle Marktgeschehen. Die Bedeutung dieser Informationen hängt jedoch von der Art der angemeldeten Vereinbarungen ab. In der Praxis gingen bei der Kommission Anmeldungen nur für solche Absprachen ein, bei denen die beteiligten Unternehmen in einer internen Vorprüfung davon ausgingen, dass die Kommission die Vereinbarung freistellen beziehungsweise einen „comfort letter" erteilen wäre, es wurden also die vergleichsweise einfach gelagerten Sachverhalte an die Kommission herangetragen. Vereinbarungen, die gravierende Verstöße beinhalteten, wurden dagegen „schwarz" vollzogen[669]. Die Kommission erhielt somit bereits bislang von den für sie wichtigen Verstößen auf direktem Wege keine Kenntnis, so dass sich durch einen Systemwechsel diesbezüglich für die Kommission keine maßgeblichen Änderungen ergeben werden.

---

664 Eine ähnliche Diskussion findet im Rahmen der Gruppenfreistellungsverordnungen statt, siehe oben Kapitel 4 II.C.1.).

665 Siehe *Paulweber/Kögel*, AG 1999, 500 (511).

666 Siehe *Monopolkommission*, 28. Sondergutachten, Rn. 28.

667 Siehe oben Kapitel 4 II.C.1.).

668 *Kommission,* Grünbuch zur EG-Wettbewerbspolitik gegenüber vertikalen Wettbewerbsbeschränkungen, KOM (1996) 721 endg. vom 22.1.1997, Rn. 188.

669 So *Feldkamp*, in: Perspektiven des Europäischen Kartellrechts, S. 52 (54).

II. Neue Kompetenzverteilung – Abschaffung des Freistellungsmonopols und unmittelbare Anwendbarkeit von Art. 81 III EG

Das neue System ändert das Kompetenzgefüge zwischen der Kommission auf der einen und den nationalen Kartellbehörden und Gerichten auf der anderen Seite erheblich. Die praktische Umsetzung des neuen Kompetenzkatalogs wird eine Schlüsselrolle für den Erfolg der Reform des europäischen Kartellverfahrensrechts spielen[670]. Sollte sich die neue Kompetenzverteilung als unpraktikabel erweisen, so ist das Durchsetzungsvermögen des gesamten Wettbewerbsrechts bedroht.

A. Überblick über die Kompetenzregelungen im VO-Entwurf – allgemeine Prinzipien

Die Einführung des Legalausnahmesystems[671] durch die VO 1/2003 zieht eine Reihe von Änderungen der Kompetenzen der Kommission beziehungsweise der nationalen Stellen nach sich. Diese Änderungen sind teils durch das Legalausnahmesystem impliziert, teils davon unabhängig.

Das Legalausnahmesystem und die damit verknüpfte unmittelbare Anwendbarkeit von Art. 81 III EG[672] bedingen, dass das Freistellungsmonopol der Kommission[673], das bisher in Art. 9 I VO 17/62 normiert war, wegfällt, da es in einem Legalausnahmesystem keine Freistellungsentscheidungen mehr geben kann[674]. Der Wegfall des Freistellungsmonopols und die unmittelbare Anwendbarkeit des Art. 81 III EG eröffnen eine Reihe von Optionen, durch die das Kartellverfahrensrecht optimiert werden kann[675].

In erster Linie erfolgt im Rahmen einer Dezentralisierung die Einbeziehung der nationalen Kartellbehörden und Gerichte in die Wettbewerbskontrolle. Ziel dieser Dezentralisierung ist eine Entlastung der Kommission, die gegenwärtig an ihre Kapazitätsgrenzen gestoßen ist. Die Entlastung der Kommission soll ihr wiederum die erforderlichen Freiräume verschaffen, um sich um gravierende Verstöße gegen das Kartellrecht kümmern und ihrem Führungsanspruch im Wettbewerbssystem durch den Erlass von Leitentscheidungen gerecht werden zu

---

670 Siehe *Gerber*, E.C.L.R., 2001, 122 (127),

671 Siehe dazu oben Kapitel 6 I.

672 Siehe dazu oben Kapitel 6 I.A.4.).

673 Vergleiche dazu oben Kapitel 4 II.B.1.)b).

674 Siehe dazu oben Kapitel 6 I.A.1.).

675 Siehe dazu auch die Ausführungen im Weißbuch, Rn. 91 und im VO-Entwurf, Erwägungsgründe Nr. 14-16.

können. Die Übertragung einer umfassenden Anwendung des Art. 81 EG auf die nationalen Stellen bedarf jedoch zur Sicherstellung einer kohärenten Anwendung des Gemeinschaftskartellrechts daneben einer Reihe begleitender Maßnahmen.

In diesem Zusammenhang stellen sich Fragen der Kompetenzverteilung, einerseits betreffend das Verhältnis zwischen Gemeinschaftsorganen und nationalen Behörden, andererseits betreffend das Verhältnis der verschiedenen innerstaatlichen Behörden untereinander.

Für die Anwendung des gesamten Art. 81 EG sind nach Art. 1 VO 1/2003 in Verbindung mit Art. 4 ff. VO 1/2003 die Kommission und die Behörden, beziehungsweise die Gerichte der Mitgliedstaaten, parallel zuständig[676].

Trotz der Erweiterung der Zuständigkeit zur Anwendung des Art. 81 III EG auch auf nationale Stellen kommt der Kommission auch im neuen System eine Führungsposition zu. Diese Führungsposition gegenüber den nationalen Kartellbehörden schlägt sich insbesondere in Art. 11 VI VO 1/2003 nieder[677], der der Kommission das Recht einräumt, jedes Verfahren, das bei einer Kartellbehörde eines Mitgliedsstaates anhängig ist, mit der Wirkung an sich zu ziehen, dass die Zuständigkeit der nationalen Kartellbehörde endet. Dieses Entzugsrecht hatte die Kommission bereits unter dem alten Kartellverfahrensrecht, Art. 11 VI VO 1/2003 entspricht der Vorschrift des Art. 9 III VO 17/62. Die Machtposition der Kommission wird weiter durch eine umfassende Pflicht zur Berichterstattung durch die nationalen Behörden nach Art. 11 I-V VO 1/2003, beziehungsweise durch die nationalen Gerichte nach Art. 15 I-II VO 1/2003, gefestigt.

Mit viel Skepsis wurde das Fehlen einer ausdrücklichen Regelung in der VO 1/2003 betreffend die örtliche und sachliche Zuständigkeit der verschiedenen Stellen aufgenommen[678]. Die Entscheidung, welche Stelle in welchem Fall zuständig ist, soll Bekanntmachungen und Entscheidungen der Kommission so-

---

676 In Deutschland beispielsweise ermächtigt § 50 GWB das Bundeskartellamt, die gemeinschaftsrechtlichen Vorschriften anzuwenden. Ähnliche Regelungen bestehen in fast allen Ländern der EU, keine Ermächtigung zur Anwendung des Europarechts besteht in Finnland, Luxemburg und Irland, deren Rechtsordnungen aber mit dem europäischen Kartellrecht de facto identisch sind, so dass dies kein erhebliches Hindernis darstellt. Die Mitgliedstaaten sind nach Art. 35 I VO 1/2003 angehalten, eine nationale Behörde zu benennen, die zur Anwendung der Art. 81 ff. EG berufen ist.

677 Siehe VO 1/2003, Erwägungsgrund Nr. 17.

678 So zum Beispiel *Zinsmeister*, in: Europäisches Wettbewerbsrecht im Zeichen der Globalisierung, S. 163 (165); *Gröning*, WRP 2001, 83 (88); *Schwenn*, RIW 2000, 179 (180); *Waelbroeck*, EUI, S. 3 (Fn. 8); *Montag/Rosenfeld*, ZWeR 2003, 107 (127).

wie den nationalen Rechtsordnungen überlassen werden[679]. Die Kommission hat jedoch verlautbaren lassen[680], dass sie sich jedenfalls dann für zuständig erachtet, wenn eine Vereinbarung in wenigstens drei Mitgliedstaaten als missbräuchlich angesehen werden kann[681]. Ferner sieht die Kommission ihre Zuständigkeit in Fällen von „öffentlichem Interesse" beziehungsweise in Fällen von „Gemeinschaftsinteresse" als gegeben an[682]. Dabei handelt es sich in erster Linie um Fälle mit „überregionalem" Charakter oder solche, die von grundsätzlicher Bedeutung für die Ausrichtung des Wettbewerbsrechts auf dem gemeinsamen Markt sind. Die Mitgliedstaaten sollen dementsprechend nur dann zuständig sein, wenn sich die in Rede stehende Vereinbarung auch auf ihrem Territorium auswirkt[683]. Welche Behörde dies im Einzelfall ist, haben die Mitgliedstaaten nach dem Willen der Kommission untereinander zu regeln. Zudem hat die Kommission eine Bekanntmachung über das Zusammenwirken im Netzwerk der Wettbewerbsbehörden angekündigt[684]. Die Zuständigkeit soll also streng nach Subsidiaritätsgesichtspunkten festgelegt werden[685].

Für das Verhältnis der Behörden der Mitgliedstaaten untereinander gilt in Zukunft, dass eine Behörde, die erfährt, dass bereits eine andere Behörde mit dem

---

679 Siehe dazu bereits die *Generaldirektion Wettbewerb*, DG COMP DOCUMENT Reform of Regulation 17 Staff paper on Cooperation within the Network of Competition Authorities, Rn. 23 ff. (soweit ersichtlich unveröffentlicht; das Dokument liegt dem Verfasser vor).

680 So zuletzt *Rat/Kommission*, Draft Statement of the Council and the Commission on the Funktion of the Network of Competition Authorities MD No. 74/02 vom 25.11.2002, abrufbar unter: http://www.bmwi.de/Redaktion/Inhalte/Downloads/Homepage_2Fdownload_2Fenglish_2FDurchfuehrungsVO__EE.pdf,property=pdf.pdf (zuletzt abgerufen am 12.10.2003).

681 So auch schon die *Kommission,* 2. Bekanntmachung, ABl. Nr. C 313/3 vom 15.10.1997, Rn. 6; *Generaldirektion Wettbewerb*, DG COMP DOCUMENT Reform of Regulation 17 Staff paper on Cooperation within the Network of Competition Authorities, Rn. 30 (soweit ersichtlich unveröffentlicht; das Dokument liegt dem Verfasser vor).

682 In diesem Sinne auch *Böge/Scheidgen*, EWS 2002, 201 (203).

683 Siehe *Kommission,* Pressemitteilung IP/02/1739 vom 26.11.2002, abrufbar unter: http://www.europa.eu.int/rapid/start/cgi/guesten.ksh?p_action.getfile=gf&doc=IP/02/1739|0|AGED&lg=DE&type=PDF (zuletzt aufgerufen am 20.07.2004) und die Hintergrundinformation der *Kommission,* MEMO/02/268 vom 26.11.2002, Rn. 5, abrufbar unter: http://www.europa.eu.int/rapid/start/cgi/guesten.ksh?p_action.getfile=gf&doc=MEMO/02/268|0|AGED&lg=EN&type=PDF (zuletzt aufgerufen am 20.07.2004).

684 Siehe hierzu *Rat*, Dokument 15435/02 ADD 1 vom 10.12.2002, das nach der Abstimmung über die VO 1/2003 erschien, abrufbar unter: http://register.consilium.eu.int/pdf/de/02/st15/15435-a1d2.pdf (zuletzt aufgerufen am 20.07.2004).

685 Siehe *Fingleton*, EUI, S. 3. Zum Subsidiaritätsprinzip im alten System siehe *Mestmäcker*, in: Europa zwischen Ordnungswettbewerb und Harmonisierung, S. 191 (192 ff.).

Fall befasst ist, ihr Verfahren aussetzen oder die Beschwerde abweisen kann[686]. Nach dem Willen der Kommission soll die nationale Behörde zuständig sein, die die nachfolgenden Kriterien am besten erfüllen kann[687]:

- Sicherstellung eines effizienten Wettbewerbsschutzes,
- Wahrung der Interessen der Gemeinschaft,
- bestmögliche Verwirklichung des „one-stop-shop" – Prinzips.

B. Rolle der Kommission

Die Rolle der Kommission im neuen Gefüge der verschiedenen Wettbewerbsbehörden ist geprägt durch die ihr vom EuGH zugeschriebene Verantwortung zur Durchführung und Ausrichtung der gemeinschaftlichen Wettbewerbspolitik nach Art. 211 EG[688].

Die Hauptaufgabe der Kommission liegt daher in der Verfolgung von Zuwiderhandlungen sowie dem Erlass allgemeiner Maßnahmen, wie zum Beispiel Gruppenfreistellungsverordnungen und Leitlinien, die eine einheitliche Anwendung des Wettbewerbsrechts absichern sollen. Ziel der Dezentralisierung muss es sein, eine möglichst sinnvolle Fallverteilung sicherzustellen, in deren Rahmen sich die Kommission verstärkt um gravierende Verstöße kümmert, während die nationalen Kartellbehörden die „tägliche" Arbeit übernehmen.

Die verschiedenen Entscheidungsarten, die der Kommission nach der VO 1/2003 offen stehen, wurden bereits ausführlich erläutert, weshalb an dieser Stelle auf die obigen Ausführungen verwiesen werden kann[689]. Hier sind deshalb nur die Kompetenzen der Kommission von Interesse, die das Verhältnis zu den nationalen Kartellbehörden und Gerichten betreffen. Die Situation gestaltet sich für die Kommission insoweit schwierig, als sie die Kluft zwischen der Dezentralisierung zur eigenen Entlastung und der Verpflichtung zur Sicherstellung einer einheitlichen Anwendung des Gemeinschaftskartellrechts überwinden muss.

---

686 Siehe VO 1/2003, Erwägungsgrund Nr. 18.

687 Siehe *Generaldirektion Wettbewerb*, DG COMP DOCUMENT Reform of Regulation 17 Staff paper on Cooperation within the Network of Competition Authorities, Rn. 24 (soweit ersichtlich unveröffentlicht; das Dokument liegt dem Verfasser vor).

688 Siehe Weißbuch, Rn. 83; zuletzt bekräftigt durch EuGH, Rs. C-344/88, EuZW 2001, 113 (115) – „Masterfoods", davor schon EuGH, Rs. C-234/89, Slg. I-1991, 935, Rn. 44 – „Delimitis". Siehe hierzu auch *Schaub*, EUI, S. 4.

689 Siehe oben Kapitel 6 I.A ff.

1.) Verhältnis zu den nationalen Kartellbehörden

Um zu einer möglichst kohärenten Anwendung des Gemeinschaftsrechts zu kommen, hat die Kommission auch im dezentralisierten System in Art. 11 VI VO 1/2003 an der Befugnis festgehalten[690], jedes Verfahren in jedem Stadium von einer nationalen Behörde an sich ziehen zu können und somit die Zuständigkeit der nationalen Kartellbehörden zu beenden[691].

Korrespondierend zur Abgabe von Kompetenzen an die nationalen Behörden im Rahmen der Dezentralisierung müssen zudem Regeln geschaffen werden, die gewährleisten, dass die Kommission in der Lage ist, sich einen Überblick über die Entscheidungen der nationalen Behörden und Gerichte sowie das aktuelle Marktgeschehen zu verschaffen. In Art. 11 III f. VO 1/2003 werden zu diesem Zweck den nationalen Behörden eine Reihe von Informationspflichten auferlegt. Diese Informationspflichten sind so weit reichend, dass die Kommission über den gesamten Fortgang des Verfahrens vor der nationalen Behörde informiert ist. Die Kartellbehörden der Mitgliedstaaten haben der Kommission nach Art. 11 III EG zunächst mitzuteilen, dass sie ein Verfahren einleiten wollen, im weiteren Verlauf nach Art. 11 IV EG sind sie weiterhin verpflichtet, 30 Tage vor Abschluss eines Verfahrens den Fall der Kommission zusammengefasst zu präsentieren und die geplante Maßnahme bekannt zu geben[692].

2.) Verhältnis zu den nationalen Gerichten – die Kommission als amicus curiae

Das Verhältnis zu den nationalen Gerichten gestaltet sich aus dem Blickwinkel der Kommission schwieriger als das soeben beschriebene Verhältnis zu den nationalen Kartellbehörden.

Grund dafür ist die Unabhängigkeit der Gerichte, die eine Regelung parallel zu Art. 11 VI VO 1/2003 nicht ermöglicht. Es widerspricht dem Grundsatz der Gewaltenteilung, wenn eine Behörde durch Übernahme des Verfahrens ein Gericht für unzuständig erklären kann[693]. Um diese Schwäche in der Kontrolle der

---

690 Im alten System war diese Befugnis in Art. 9 III VO 17/62 geregelt.

691 Art. 11 VI VO 1/2003 passt die alte Regelung des Art. 9 III VO 17/62 an das Legalausnahmesystem an, siehe auch VO-Entwurf, Begründung zu Art. 11, S. 22.

692 Diese Pflicht bezieht sich auf die Abstellung von Zuwiderhandlungen, Verpflichtungszusagen und den Entzug des Rechtsvorteils einer Gruppenfreistellungsverordnung.

693 Vergleiche *Berneke*, in: Die dezentrale Anwendung des EG-Kartellrechts, S. 69 (74); *Kamann/Horstkotte*, WuW 2001, 458 (460). Über Art. 35 III VO 1/2003 gilt Art. 11 VI VO 1/2003 auch für solche nationalen Gerichte, die auf Antrag der Kartellbehörden die Aufgaben des Art. 5 VO 1/2003 wahrnehmen. Art. 11 VI VO 1/2003 greift nicht ein,

nationalen Gerichte auszugleichen und somit eine kohärente Anwendung auch in diesem Bereich sicherzustellen, sieht Art. 15 III VO 1/2003 vor, dass die Kommission vor den nationalen Gerichten bei Verfahren, die Art. 81 und 82 EG betreffen, schriftlich oder mündlich Stellung nehmen kann[694]. Die Kommission wird daher auch als „amicus curiae“[695] bezeichnet[696]. Um diese Funktion sinnvoll wahrnehmen zu können, muss die Kommission von den nationalen Gerichten ausreichend über die anhängigen Verfahren informiert werden. In Art. 15 III 5 VO 1/2003 ist daher festgeschrieben, dass die Kommission zur Wahrnehmung und Vorbereitung ihres Stellungnahmerechts die Gerichte ebenso wie die nationalen Kartellbehörden ersuchen kann, ihr die maßgeblichen Schriftstücke zu übermitteln.

Das „amicus curiae“-Recht der Kommission wirft die Frage auf, inwieweit die nationalen Gerichte die von der Kommission vorgetragenen Rechtsansichten in ihre Entscheidungen einzubeziehen haben. Eine formelle Bindung an die Stellungnahmen der Kommission ist aufgrund der Unabhängigkeit der Gerichte nicht möglich. Die Kommission geht ihrerseits auch nicht von einer formellen Bindung aus, sondern spricht lediglich davon, dass die Gerichte gehalten sind, den Stellungnahmen zu folgen[697].

Fraglich ist aber, welche tatsächlichen Wirkungen diesen Stellungnahmen zukommen werden. Dies ist anhand des Art. 16 I VO 1/2003 und der Rechtsprechung des EuGH, insbesondere der Entscheidungen „Delimitis“[698] und „Masterfoods“[699], zu beurteilen.

Art. 16 I VO 1/2003, der die „Masterfoods“ – Entscheidung unmittelbar in Gesetzesform kleidet[700] und festlegt, dass bevorstehenden Kommissionsentschei-

---

wenn das Gericht als Rechtsmittel- oder Beschwerdeinstanz tätig wird, was der Regelfall sein dürfte.

694 Im VO 1/2003 ist das Recht zur mündlichen Teilnahme an der Verhandlung an eine Genehmigung des Gerichts gebunden. Diese dürfte aber nach dem Prinzip des gemeinschaftstreuen Verhaltens aus Art. 10 II EG eine bloße Formsache sein.

695 Vergleiche ausführlich zum Begriff des „amicus curiae“, *Zuber, FIW*-Schriftenreihe Heft 185, S. 39; ferner *Baudenbacher*, WuW 2000, 117; *Hirsch*, ZWeR 2003, 233 (240 f.).

696 In Bezug auf das Auftreten der Kommission vor den deutschen Gerichten beruft die Kommission sich auf die Regelung des § 90 GWB, der dem Bundeskartellamt als Verwaltungsbehörde im Zivilprozess eine besondere Stellung einräumt.

697 Siehe VO-Entwurf, Begründung zu Art. 15 III, S. 25, VO-Entwurf, Erwägungsgrund Nr. 18 und VO 1/2003, Erwägungsgrund Nr. 21.

698 Siehe EuGH, Rs. C-234/89, Slg. I-1991, 935 – „Delimitis“.

699 Siehe EuGH, Rs. C-344/98 EuZW 2001, 113 – „Masterfoods“.

700 Vergleiche *Jaeger*, FIW, S. 3; *Montag/Rosenfeld*, ZWeR 2003, 107 (131); *Bornkamm*, ZWeR 2003, 73 (83 f.); *Hamer*, EWS 2003, 415 (418).

dungen widersprechende Entscheidungen nicht zu erlassen sind, stellt eine Ausprägung des Grundsatzes der Pflicht zum gemeinschaftstreuen Verhalten dar, der seinen Ursprung in Art. 10 II EG findet[701]. Ziel dieser Verpflichtung ist es, Parallelverfahren zu vermeiden und eine kohärente Anwendung des Gemeinschaftsrecht auf allen Ebenen zu gewährleisten. Die Loyalität untersagt es nationalen Gerichten, Entscheidungen zu erlassen, die zu Entscheidungen der Kommission in Widerspruch stehen. Seit der „Masterfoods“ – Entscheidung werden hierunter nun ausdrücklich auch zukünftige Entscheidungen der Kommission verstanden[702]. Hat ein nationales Gericht vor, von den Einschätzungen der Kommission abzuweichen, so hat es den Fall nach Art. 234 EG dem Gerichtshof zur Vorabentscheidung vorzulegen.

Das „amicus curiae“-Recht berechtigt die Kommission also, vor dem nationalen Gericht ihre Meinung zum Ausdruck zu bringen und bietet ihr somit in Verknüpfung mit der Pflicht zum gemeinschaftstreuen Verhalten eine Möglichkeit, steuernd in das laufende Gerichtsverfahren einzugreifen, ohne dass damit eine formelle Bindung der Gerichte einherginge. Bringt die Kommission in ihrer Stellungnahme jedoch zum Ausdruck, dass sie im Falle einer ihr missliebigen Entscheidung durch das nationale Gericht eine andere Entscheidung treffen wird, so ist das Gericht nach Art. 16 I VO 1/2003 gehalten, das Verfahren auszusetzen und die Kommissionsentscheidung abzuwarten oder den Fall nach Art. 234 EG dem Gerichtshof vorzulegen. Die Unabhängigkeit der Gerichte wird dadurch formell nicht tangiert.

Im Ergebnis ist das „amicus curiae“-Recht der Kommission zu begrüßen, da es geeignet ist, die Kohärenz der Entscheidungen der nationalen Gerichte zu gewährleisten. Zudem können Stellungnahmen der Kommission den Gerichten, die häufig in Wettbewerbsfragen weit weniger bewandert sind als etwa die Kommission oder eine nationale Kartellbehörde, eine wichtige Hilfestellung bei ihrer Einschätzung der zu behandelnden Fälle sein. Das Rechtsschutzinteresse der Unternehmen wird durch das „amicus curiae“-Recht der Kommission nicht unterlaufen. Sollte die Kommission eine anders lautende Entscheidung anstreben als das Gericht sie ursprünglich erlassen wollte, so steht den Unternehmen immer noch die Möglichkeit einer Kontrolle dieser Entscheidung durch das EuG und gegebenenfalls eines Rechtsmittelverfahrens vor dem EuGH offen.

---

701 Vergleiche *von Bogdandy*, in: Grabitz/Hilf, Bd. 1 Art. 10 EGV, Rn. 6.

702 Siehe EuGH, Rs. C-344/98 EuZW 2001, 113, Rn. 48 – „Masterfoods“; hierzu auch *Geiger*, EuZW 2001, 116 und *Kamann/Horstkotte*, WuW 2001, 458.

C. Rolle der nationalen Kartellbehörden

1.) Zuständigkeiten

Die Grundnorm für die Regelung der Zuständigkeit der nationalen Kartellbehörden ist Art. 5 VO 1/2003, der die unmittelbare Anwendbarkeit des Art. 81 III EG konkretisiert. Art. 35 I VO 1/2003 verpflichtet die Mitgliedstaaten bis zum Inkrafttreten der Verordnung am 1. Mai 2004, eine oder mehrere Behörden zu benennen, die zur Anwendung des EG-Kartellrechts ermächtigt sein sollen[703]. Ferner verpflichtet Art. 35 I VO 1/2003 die Mitgliedstaaten, bis dahin die gesetzgeberischen Voraussetzungen dafür zu schaffen, dass diese Behörden das Gemeinschaftsrecht auch tatsächlich anwenden können.

a) Art. 5 VO 1/2003 – Maßnahmen nationaler Behörden

Art. 5 VO 1/2003 ermächtigt die nationalen Behörden nach Maßgabe des nationalen Verfahrensrechts, Zuwiderhandlungen abzustellen[704], einstweilige Maßnahmen anzuordnen[705], Verpflichtungszusagen[706] anzunehmen und Geldbußen, Zwangsgelder oder sonstige Sanktionen zu verhängen. Diese Auflistung zeigt, dass die nationalen Behörden mit Ausnahme der Positiventscheidungen nach Art. 10 VO 1/2003 alle die Befugnisse wahrnehmen können, die auch der Kommission zustehen[707]. Ist die nationale Behörde der Ansicht, eine Vereinbarung, ein Beschluss oder eine abgestimmte Verhaltensweise sei mit dem Gemeinschaftskartellrecht vereinbar, so stellt sie das Verfahren ein oder weist die Beschwerde mit der Begründung zurück, es bestehe keine Notwendigkeit des Tätigwerdens für sie.

Der Verzicht, Positiventscheidungen durch die nationalen Kartellbehörden zu gestatten, liegt in der Funktion der Positiventscheidungen begründet und ist zu begrüßen[708]. Positiventscheidungen gemäß Art. 10 VO 1/2003 werden von der Kommission in besonderen Fällen von Amts wegen erlassen, um ihre Rechtsauffassung zu veranschaulichen. Daneben sollen die Positiventscheidungen Leitcharakter in Bezug auf zukünftige Entscheidung haben. Sie können daher allein durch die Kommission erlassen werden, da nur sie als „Hüterin der Verträge" diese Steuerung sinnvoll ausüben kann.

---

703 In der Bundesrepublik Deutschland ist nach § 50 II GWB das Bundeskartellamt die zuständige Behörde für die Anwendung des Gemeinschaftskartellrechts.
704 Siehe Art. 7 VO 1/2003; siehe oben Kapitel 6 I.A.6.)b).
705 Siehe Art. 8 VO 1/2003; siehe dazu oben Kapitel 6 I.A.6.)e).
706 Siehe Art. 9 VO 1/2003; siehe oben Kapitel 6 I.A.6.)d).
707 Siehe hierzu VO 1/2003, Erwägungsgrund Nr. 14.
708 Vergleiche *Weitbrecht*, EuZW 2003, 69 (70).

b) Art. 29 II VO 1/2003 – Entzug des Rechtsvorteils von Gruppenfreistellungsverordnungen

Art. 29 II VO 1/2003 ermächtigt die nationalen Kartellbehörden auf dem Gebiet ihrer Zuständigkeit, den Rechtsvorteil einer Gruppenfreistellungsverordnung zu widerrufen, wenn dieser mit Art. 81 III EG unvereinbar ist. Diese Regelung soll verhindern, dass Vereinbarungen freigestellt bleiben, die zwar formell unter die Gruppenfreistellungsverordnung fallen, aus bestimmten Gründen aber dennoch nicht mit Art. 81 III EG vereinbar sind. Die generelle Abfassung der Gruppenfreistellungsverordnungen macht solche Konstellationen unausweichlich, und der individuelle Entzug der Freistellung stellt hier ein geeignetes Korrektiv dar.

Fraglich ist allerdings, welche praktische Bedeutung diese Regelung erlangen wird, da die Gruppenfreistellungserklärungen zukünftig lediglich deklaratorischen Charakter[709] haben und ihr Rechtsvorteil also auch durch eine Verbotsentscheidung entzogen werden könnte.

c) Art. 13 VO 1/2003 – Parallelverfahren, Vermeidung von „forum shopping"

Die nationalen Kartellbehörden können das Verfahren nach Art. 13 VO 1/2003 aussetzen oder eine Beschwerde abweisen, wenn bereits eine Behörde eines anderen Mitgliedstaates tätig geworden ist und ein neuerliches Vorgehen nicht erforderlich erscheint[710].

Sinn dieser Regelung ist die optimale Verteilung der Fälle im Behördennetzwerk und die Vermeidung von „forum shopping". Unter „forum shopping" versteht man die Suche der Unternehmen nach derjenigen Kartellbehörde, die im konkreten Fall vermutlich die für das Unternehmen günstigste Entscheidung erlassen wird[711]. Dies kann zur Folge haben, dass ein Unternehmen dieselbe Vereinbarung solange verschiedenen Behörden vorlegt, bis schließlich eine in seinem Sinne entscheidet[712]. Diese Vorgehensweise ist negativ zu bewerten, da sie einer kohärenten Anwendung des Gemeinschaftsrechts entgegenläuft. Kann nunmehr die Behörde frei entscheiden, ob sie ein Verfahren im Falle der Doppelbearbeitung suspendiert oder nicht, so ist die Möglichkeit gewährleistet, auf regionale oder nationale Besonderheiten zu reagieren und zugleich dem „forum shopping" Einhalt geboten.

---

709 Vergleiche oben Kapitel 6 I.A.5.).

710 Dieses Recht steht im Übrigen auch der Kommission zu, siehe Art. 29 I VO 1/2003.

711 Siehe auch oben Kapitel 1

712 Vergleiche *Schaub/Dohms*, WuW 1999, 1055 (1068); *Ehlermann*, CMLRev. 37 (2000), 537 (570 f.); *Grauer*, S. 9; *Monopolkommission*, 32. Sondergutachten, Rn. 3.

d) Reichweite der Entscheidungen nationaler Kartellbehörden

Die Reichweite der Entscheidungen nationaler Kartellbehörden lässt sich nicht problemlos beurteilen. Es stellt sich die Frage, ob die Entscheidungen einer nationalen Kartellbehörde auch Wirkung in einem anderen Mitgliedstaat der Europäischen Union entfalten[713]. Diese Frage ist für jeden Fall von Bedeutung, in dem die nationalen Kartellbehörden nach Art. 81 ff. EG vorgehen, da das Gemeinschaftskartellrecht aufgrund der Zwischenstaatlichkeitsklausel erst dann anwendbar ist, wenn die Vereinbarung in mehr als einem Mitgliedstaat Wirkung zeigt und den Handel zwischen den Mitgliedstaaten beeinträchtigt[714].

Die VO 1/2003 bezieht zu dieser Frage keine Stellung, die Kommission hat sich jedoch in den Erwägungen zum VO-Entwurf[715] und im Weißbuch[716] dahingehend geäußert, dass nationale Entscheidungen nur im jeweiligen Mitgliedstaat gelten sollen[717].

In diesem Bereich lässt sich eine Regelung, die allen Belangen gerecht wird, nicht finden. Würde die VO 1/2003 den nationalen Entscheidungen gemeinschaftsweite Geltung zusprechen, wären erhebliche Konflikte der Mitgliedstaaten untereinander um die Bewahrung ihrer nationalen Souveränität zu befürchten. Dies wiederum würde eine Art umgekehrtes „forum shopping" begünstigen, da die Gefahr bestünde, dass sich die nationalen Behörden bei den Unternehmen, insbesondere den Beschwerdeführern, andienen, um durch ihre Entscheidungen ihrer Rechtsauffassung zu einer möglichst breiten Geltung zu verhelfen. Misst man den Entscheidungen dagegen nur nationale Bedeutung zu, so besteht die Gefahr mangelnder Kohärenz in den Entscheidungen und einer Regionalisierung des Kartellrechts.

Die von der Kommission gewählte Vorgehensweise ist zu bevorzugen. Zwar ist das Kohärenzproblem nicht von der Hand zu weisen, jedoch enthält die VO 1/2003 Regulative, die dieses Problem auf Dauer zurücktreten werden lassen. Hier sind an erster Stelle die Entscheidungen, Leitlinien und Bekanntmachungen der Kommission zu nennen, die den nationalen Behörden wichtige Hinweise für die zu fällenden Entscheidungen an die Hand geben. Zudem trägt das bereits in Art. 13 VO 1/2003 beschriebene Recht, Fälle abzuweisen, mit de-

---

713 Siehe zu dieser Frage im alten System *Lässig*, FIW-Schriftenreihe Heft 170, S. 73 ff.

714 Siehe *Emmerich*, KartR, § 36, S. 400.

715 Vergleiche VO-Entwurf, Begründung zu Art. 5, S. 5.

716 Siehe Weißbuch, Rn. 95.

717 Siehe auch *Monopolkommission*, 32. Sondergutachten, Rn. 31; *Monopolkommission*, 28. Sondergutachten, Rn. 68; *Ehlermann*, WuW 1993, 997 (998).

nen sich bereits eine andere nationale Behörde beschäftigt ist, maßgeblich zur Kohärenz bei.

Als sinnvolle Unterstützung der Regelung des Art. 13 VO 1/2003 wäre eine gegenseitige Anerkennung der Entscheidungen wünschenswert, wie sie bereits im Rahmen der Grundfreiheiten möglich ist[718]. Eine Anerkennung würde nationale Entscheidungen auf eine breitere Ebene stellen und somit die Durchsetzung des Gemeinschaftsrechts fördern. Ebenfalls denkbar wäre es, der Kommission die Kompetenz einzuräumen, eine nationale Entscheidung, die gemeinschaftsweite Bedeutung aufweist, für allgemeinverbindlich zu erklären. Die Kommission würde sich somit den Inhalt der mitgliedstaatlichen Entscheidung zu eigen machen. Diese Vorgehensweise hätte den Vorteil Synergien zwischen den nationalen Kartellbehörden und der Kommission zu bilden. Der Synergieeffekt ergäbe sich aus der Motivation der nationalen Behörden, das Gemeinschaftskartellrecht anzuwenden, um die Bedeutung ihrer Entscheidungen zu steigern. Damit ginge zugleich eine Zeitersparnis für die Kommission einher, der umfangreiche und langwierige Untersuchungen ersparen blieben, da sie von den nationalen Stellen einen aufbereiteten Sachverhalt präsentiert bekäme, den sie vergleichsweise schnell durch eine Allgemeinverbindlichkeitserklärung entscheiden könnte.

2.) Bewertung der Rolle der nationalen Kartellbehörden

Die Stärkung der Rolle der nationalen Kartellbehörden ist zweifelsohne ein geeignetes Mittel, die Dezentralisierung in der Anwendung der Art. 81 ff. EG voranzutreiben.

Auf einige Schwachstellen im Rahmen der geplanten Anwendung des Gemeinschaftsrecht wurde bereits im Rahmen der Zuständigkeiten der nationalen Kartellbehörden hingewiesen[719]. Jedoch bestehen weitere Gesichtspunkte, die die Anwendung des Gemeinschaftskartellrechts durch die nationalen Behörden zu Teil als problematisch erscheinen lassen.

Zunächst ist hier die fehlende Vereinheitlichung des Verfahrensrechts zu nennen[720]. Die nationalen Behörden wenden zwar das Gemeinschaftskartellrecht an, sie tun dies jedoch nach Maßgabe ihres nationalen Verwaltungsverfahrens-

---

718 Siehe zum Beispiel zur gegenseitigen Annerkennung von Diplomen, Prüfungszeugnissen und sonstigen Befähigungsnachweisen Art. 47 I EG. Siehe hierzu *Troberg*, in: v. d. Groeben/Thiesing/Ehlermann, Bd. 1 Artikel 57, Rn. 1 ff; *Randelzhofer/Forsthoff*, in: Grabitz/Hilf, Bd. 1 Art. 47 EGV, Rn. 3 ff.

719 Siehe oben Kapitel 6 II.C.1.).

720 Siehe VO-Entwurf, Begründung zu Art. 5, S. 18.

rechts[721]. Die nationalen Verwaltungsrechtsordnungen weisen indessen noch beträchtliche Unterschiede auf, die sich in unterschiedlichen Entscheidungen bei ähnlich gelagerten Fällen niederschlagen können.

Gravierend ist weiterhin, dass Art. 5 VO 1/2003 die Verhängung von Sanktionen auf Grundlage des nationalen Rechts vorsieht. In diesem Bereich sind jedoch die Unterschiede innerhalb der Rechtsordnungen der Mitgliedstaaten noch erheblicher als bei den Verfahrensordnungen. Unterschiede bestehen sowohl hinsichtlich Art und Höhe der Sanktionen als auch in Bezug auf die Frage der zuständigen Behörde. So haben die Sanktionen in einigen Mitgliedstaaten, wie auch auf der Gemeinschaftsseite, den Charakter von Ordnungswidrigkeiten[722], in anderen Staaten sind sie dagegen strafrechtlicher Natur[723]. Auch bei der Höhe der zu verhängenden Sanktionen bestehen erhebliche Unterschiede. Derselbe Verstoß gegen das Gemeinschaftskartellrecht kann in den Mitgliedstaaten daher sehr unterschiedliche Konsequenzen nach sich ziehen. Diese Folge der Dezentralisierung läuft dem von der Kommission angestrebten Ziel einer kohärenten Anwendung des Gemeinschaftsrecht entgegen. Aus diesem Grunde sollte in der VO 1/2003 für die nationalen Kartellbehörden die Verpflichtung aufgestellt werden, im Rahmen der Anwendung des Gemeinschaftskartellrechts auch das Sanktionssystem des Gemeinschaftskartellrecht anzuwenden.

D. Rolle der nationalen Gerichte

Auch die nationalen Gerichte sollen in Zukunft über die Voraussetzungen des Art. 81 III EG entscheiden dürfen. Die Befugnisnorm für die nationalen Gerichte befindet sich in Art. 6 VO 1/2003, wonach die nationalen Gerichte zur Anwendung der Art. 81 und 82 EG zuständig sind. Diese Regelung soll eine verstärkte Einbindung der Gerichte in das System der europäischen Wettbewerbsaufsicht bewirken.

---

721 Vergleiche *Zinsmeister/Lienemeyer*, WuW 2002, 331 (332); *Temple-Lang*, in: Modernisation and Decentralisation of EC Competition Law, S. 13 (15).

722 Hierzu gehört zum Beispiel Deutschland, so regelt § 81 GWB die zu verhängenden Bußgelder, eine Ausnahme stellt lediglich das so genannte Submissionskartell nach § 298 StGB dar. Submissionskartelle werden jedoch nicht vom Bundeskartellamt verfolgt, sondern von der Staatsanwaltschaft vor den Strafgerichten angeklagt, *Böge*, in: Internationales Kartellrechtsforum, S. 149 (151). In Österreich hatten die Strafen früher strafrechtlichen Charakter (Art. 129-141 KartG 1988), diese Vorschriften wurden jedoch gestrichen, nunmehr sehen die §§ 142 ff. KartG 1988 lediglich Bußgelder bei Verstößen gegen das Kartellrecht vor, die interessanterweise vom Kartellgericht zu verhängen sind.

723 Hierzu gehören zum Beispiel Frankreich und Irland. In Frankreich sieht Art. L 420-6 Nouveau Code de Commerce, in J. O. Nr. 219 vom 21. September 2000, sogar Haftstrafen bis zu vier Jahren vor. Ähnliches gilt in Irland nach Art. 3 I Competition (Amendment) Act 1996.

1.) Zuständigkeiten

Die Gerichte werden sich im wesentlichen mit zwei Arten von Klagen zu beschäftigen haben: Zu unterscheiden ist dabei zwischen Kartellverwaltungsverfahren und Kartellzivilverfahren.

Im Rahmen der Kartellzivilverfahren werden regelmäßig zwei Konstellationen auftreten. Zum einen sind hier Zivilklagen von Kartellmitgliedern auf Einhaltung der Vereinbarung zu nennen[724], bei denen das Gericht im Falle der Vereinbarkeit mit Art. 81 III EG auf Gültigkeit der Vereinbarung erkennt und anordnet, dass die Vereinbarung eingehalten werden muss. Den weitaus wichtigeren Fall stellt jedoch die Drittbetroffenenklage dar, bei der ein Kartellaußenseiter gegen das Kartell auf Schadensersatz und Unterlassung klagt[725]. Erkennt das Gericht, dass die Vereinbarung nicht durch Art. 81 III EG freigestellt ist, so spricht sie dem Kläger Schadensersatz zu und erklärt die Vereinbarung nach Art. 81 II EG rückwirkend für von Beginn an nichtig. Die nationalen Gerichte werden hier also auf Antrag hin im privaten Interesse tätig.

Im Rahmen des Kartellverwaltungsverfahrens haben die Gerichte über Entscheidungen der nationalen Kartellbehörden zu entscheiden, die von den betroffenen Parteien angefochten werden.

2.) Bewertung der Rolle der nationalen Gerichte

Die Öffnung des Art. 81 EG für die nationalen Zivilgerichte wird teilweise als problematisch bewertet[726]. Die beschriebenen Probleme knüpfen sich im Wesentlichen an die Frage, ob die nationalen Gerichte in der Lage sein werden, die komplexen wirtschaftlichen Zusammenhänge im Rahmen der Frage der Freistellungsfähigkeit nach Art. 81 III EG zu beurteilen. Diese Frage stellte sich bereits im Rahmen der Frage der unmittelbaren Anwendbarkeit von Art. 81 III EG, die positiv beantwortet wurde[727]; an dieser Stelle ist jedoch nochmals auf die spezifischen Probleme bei der Anwendung des Art. 81 III EG durch die nationalen Gerichte einzugehen.

---

724 Vergleiche *Gröning*, WRP 2000, 882 (883); *Monopolkommission*, 32. Sondergutachten, Rn. 65.

725 In Deutschland stellt Art. 81 I EG ein Schutzgesetz im Sinne des § 823 II BGB dar. Siehe dazu *Palandt/Sprau*, BGB, § 823, Rn. 61; *Zeuner*, in: Soergel, BGB, Bd. 5/2, § 823, Rn. 301. Siehe außerdem BGH JZ 1980, 147 (148) und *Schmidt*, BB 2003, 1237 (1238).

726 Siehe zum Beispiel *Perez van Kappel*, EWS 2001, 228 (230 f.); *Rittner*, DB 1999, 1485; *Mestmäcker*, EuZW 1999, 523 (526); *Möschel*, WuW 2001, 147.

727 Siehe oben Kapitel 6 I.A.4.).

Anlass der Diskussion sind die unterschiedlichen Arbeitsweisen von Behörden und Gerichten. Während Behörden von Amts wegen den Sachverhalt zu ermitteln haben, gilt bei den Zivilgerichten der Beibringungsgrundsatz[728], der besagt, dass die Parteien des Rechtsstreits die entscheidungserheblichen Tatsachen selbst vorbringen und beweisen müssen[729]. Das nationale Zivilgericht muss künftig über einen Sachverhalt entscheiden, der nicht bereits durch eine Kartellbehörde bearbeitet wurde, auf deren Aussagen es sich stützen könnte, es ist mithin auf das Vorbringen der Parteien angewiesen und muss aufgrund dieses Sachvortrags das Vorliegen der Voraussetzungen des Art. 81 III EG beurteilen. Diese Voraussetzungen sind im einzelnen:

- ein Beitrag der Vereinbarung der Parteien zur Verbesserung der Warenerzeugung oder Verteilung oder Förderung des technischen oder wirtschaftlichen Fortschritts,
- die Verbraucherbeteiligung am Gewinn,
- die Unerlässlichkeit der Wettbewerbsbeschränkung zur Verwirklichung der positiven Ziele der Vereinbarung,
- keine Ausschaltung eines wesentlichen Teils des Wettbewerbs durch die Vereinbarung.

Allein diese Aufzählung macht deutlich, dass es sich bei den Voraussetzungen des Art. 81 III EG um schwierige wirtschaftliche Zusammenhänge handelt, deren Prüfung allgemeinen Zivilgerichten Probleme bereiten könnte[730]. Entscheidend ist daher, ob diesen Einschätzungsschwierigkeiten mit den Mitteln des Zivilprozesses und den Informationspflichten aus der VO 1/2003 begegnet werden kann[731].

Den Kritikern der Anwendbarkeit von Art. 81 III EG durch die Gerichte ist zuzugeben, dass eine Kartellbehörde aufgrund ihrer ausschließlichen Beschäftigung mit dem Kartellrecht eine größere Sachnähe aufweist als ein beliebiges Gericht von

---

728 Siehe zum Beibringungsgrundsatz im deutschen Zivilprozess allgemein *Zöller/Greger*, ZPO, vor § 128, Rn. 10 ff., vor § 284, Rn. 1 und *Leipold*, in: Stein/Jonas, ZPO, Bd. 2, vor § 128, Rn. 75 ff.

729 Siehe *Monopolkommission*, 32. Sondergutachten, Rn. 66.

730 Siehe *Hamer*, EWS 2003, 415 (417).

731 Siehe oben Kapitel 6 I.A.4.)b)(1), vor allem Fn. 517.

„...Palermo bis Helsinki und von Lissabon bis demnächst Warschau...“[732].

Bekräftigt wird dies durch die Tatsache, dass sogar der EuGH sich bei der Prüfung des Art. 81 III EG hinsichtlich des Sachverhalts auf die Vorarbeit der Kommission verlässt und die Vorschrift nur in sehr begrenztem Rahmen selbst prüft. Eine ähnliche Einschätzung soll danach erst recht für die nationalen Gerichte gelten müssen[733].

Dem ist jedoch entgegenzuhalten, dass die Gerichte unbestritten seit jeher befugt waren, Art. 81 I und 82 EG anzuwenden. Auch diese Vorschriften beinhalten indes komplexe wirtschaftliche Probleme, die die Gerichte offenbar zufrieden stellend beurteilen konnten[734]. Zudem bestehen für die Gerichte vielfältige Möglichkeiten, sich die notwendigen Informationen zu beschaffen. So sieht Art. 15 VO 1/2003 vor, dass die Gerichte bei der Kommission und den nationalen Kartellbehörden die Übermittlung von Informationen und Stellungnahmen ersuchen können. Darüber hinaus sieht das Zivilprozessrecht den Sachverständigenbeweis vor[735], der dem Gericht – auf einen entsprechenden Beweisantrag hin[736] oder durch Anordnung von Amts wegen[737] – ebenfalls Zugang zu entscheidungserheblichen Informationen verschafft.

Auch wenn die Gerichte zumindest zu Beginn der Geltung der VO 1/2003 voraussichtlich Schwierigkeiten mit der Beurteilung der kartellrechtlichen Fälle haben werden, ist es für sie somit durchaus möglich, interessen- und sachgerechte Urteile auf Basis des Art. 81 III EG zu fällen[738].

---

[732] *Monopolkommission*, Pressemitteilung zum 28. Sondergutachten vom 16.9.1999, Rn. 5, abrufbar unter: http://www.monopolkommission.de/sg_28/presse.htm (zuletzt aufgerufen am 20.07.2004). In diese Richtung auch der *Wirtschafts- und Sozialausschuss* in seiner Stellungnahme zum Weißbuch, ABl. Nr. C 51/55 vom 23.2.2000 (S.61).

[733] Siehe *Möschel*, WuW 2001, 147.

[734] So *Temple-Lang*, in: Modernisation and Decentralisation of EC Competition Law, S. 13 (24); *Monti*, ERA-Forum 2001/1, 3 f.

[735] In Deutschland ist der Sachverständigenbeweis in den §§ 402 ff. ZPO geregelt.

[736] Ein entsprechender Antrag eines Unternehmens, das sich auf Art. 81 III EG beruft, ist sehr wahrscheinlich, da es nach Art. 2 VO 1/2003 die Freistellungsfähigkeit seiner Vereinbarung zu beweisen hat. Siehe zu Art. 2 VO 1/2003 oben Kapitel 6 I.A.3.).

[737] In Deutschland ist die Anordnung von Amtswegen in § 144 I 1 ZPO vorgesehen.

[738] Eine interessante Frage ist dabei auch, welche Bedeutung die nationalen Entscheidungen erlangen werden. So wird aus Frankreich berichtet, das seit der Einführung des Legalausnahmesystems im Jahr 1986 keine Freistellung durch ein nationales Gericht erfolgte, *Perez van Kappel*, EWS 2001, 228 (230). Diese Befürchtung hat auch die *Monopolkommission*, 32. Sondergutachten, Rn. 68, geäußert.

Die Probleme der nationalen Gerichte bei der Anwendung des Art. 81 III EG könnten jedoch behoben und gleichzeitig eine Verbesserung der Entscheidungskohärenz bewirkt werden, indem spezielle Gerichte eingerichtet werden, die sich mit der Anwendung des Gemeinschaftskartellrechts beschäftigen[739]. Diese Möglichkeit sieht auch Art. 35 I, II VO 1/2003 vor. Sie könnte zum Beispiel in Deutschland durch Schaffung einer speziellen Zuständigkeit nach der ZPO umgesetzt werden. Durch eine solche Regelung seitens der Mitgliedstaaten wäre vielen Interessen gleichzeitig Rechnung getragen[740]. Ein Zentralisierung auf nationaler Ebene würde die Entscheidungspraxis wesentlich überschaubarer gestalten und ausländischen Unternehmen damit die Prozessführung erheblich erleichtern. Gleichzeitig wäre dem Ziel der Entscheidungskohärenz gedient, da weniger Gerichte Entscheidungen auf dem Gebiet des Gemeinschaftskartellrechts erlassen würden. Zudem würde eine solche Regelung der Kommission zu einem erleichterten Überblick über das Geschehen in den Mitgliedstaaten verhelfen. Ferner erführe der EuGH eine Entlastung, da die Anzahl der Vorabentscheidungsverfahren nach Art. 234 EG bei einer Anwendung des Art. 81 III EG durch Spezialgerichte sinken würde.

E. Rolle des Europäischen Gerichtshofs

Entscheidend für den Erfolg der neuen Verordnung ist auch die Rolle des EuGH im neuen System[741]. Die Bedeutung des Gerichtshofs wird durch die Einbeziehung der nationalen Gerichte in die Anwendung des Gemeinschaftskartellrechts aufgewertet[742]. Grund dafür ist, dass die nationalen Gerichte bei der Einführung des neuen Systems Schwierigkeiten bei der Auslegung des Vertrags haben werden und somit die Zahl der Vorabentscheidungsverfahren nach Art. 234 EG steigen wird[743]. Bedenklich stimmt in diesem Zusammenhang die Tatsache, dass der EuGH, ebenso wie die Kommission, bereits heute überlastet ist und durch die Aufwertung des Vorabentscheidungsverfahren eine Verlagerung der Überlastung von der Kommission auf den EuGH stattfindet.

---

739 Vergleiche *Monopolkommission*, 32. Sondergutachten, Rn. 75; *Temple-Lang*, in: Modernisation and Decentralisation of EC Competition Law, S. 13 (24); *BDI*, Stellungnahme 2001, Rn. 6. Solange das Bundeskartellamt seinen Sitz in Berlin hatte, war beim Kammergericht eine Spezialkammer eingerichtet, die sich ausschließlich mit Einsprüchen gegen Entscheidungen des Bundeskartellamtes beschäftigte. Diese Kammer ist jetzt beim LG Bonn eingerichtet.

740 Vergleiche *Geiger*, EuZW 2000, 165 (169); *von Wogau*, Bericht, S. 13.

741 Siehe *Thorup*, ERA Forum 2001/1, 6.

742 Dazu *Topel*, in: Europäisches Wettbewerbsrecht im Zeichen der Globalisierung, S. 155 (156).

743 Zur Vorlagepflicht deutscher Gerichte an den EuGH siehe *App*, DZWIR 2002, 232 und *Topel*, S. 8.

Auch die Kommission hat ihrem Willen, den Gerichtshof künftig stärker in die Entscheidungspraxis einzubeziehen, Ausdruck verliehen. In Art. 31 VO 1/2003 hat sie von der in Art. 229 EG vorgesehenen Möglichkeit, den Gerichtshof zur uneingeschränkten Nachprüfung von Ermessensentscheidungen in Bezug auf Geldbußen und Zwangsgelder zu ermächtigen, Gebrauch gemacht.

III. Gewährleistung kohärenter Entscheidungen

Die Gefahren, die eine Dezentralisierung in der Anwendung des europäischen Kartellrechts nach sich ziehen kann, wurden bereits an verschiedenen Stellen angesprochen[744]. Die wohl größte Gefahr geht dabei von einer inkohärenten Anwendung des Gemeinschaftsrechts infolge der Zuständigkeit zahlreicher verschiedener Behörden im Rahmen der Anwendung der Art. 81 ff. EG aus, infolge dessen eine generelle Schwächung des Gemeinschaftsrechts zu befürchten ist. Auch die Kommission ist sich der Probleme bewusst, die mit einer Dezentralisierung für die kohärente Rechtsanwendung entstehen können[745].

Im Folgenden werden weitere Vorkehrungen der VO 1/2003 und des EG zur Gewährleistung von Kohärenz in den Entscheidungen dargestellt, die noch nicht ausdrücklich angesprochen wurden. Ein gewisses Maß an Inkohärenz wird sich zwar auch trotz dieser Maßnahmen nicht vermeiden lassen, wenn verschiedene Behörden mit unterschiedlicher Entscheidungstradition dieselben Normen anwenden, solange aber Einigkeit in den grundlegenden Entscheidungen und Ansichten herrscht, erscheint dies hinnehmbar.

A. Kommunikations- und Informationspflichten zwischen den verschiedenen Behörden – European Competition Network

Der wichtigste Faktor, welcher der Wahrung kohärenter Entscheidungen dienen soll, ist das Netzwerk der Behörden innerhalb der Gemeinschaft („European Competition Network“)[746]. Der regelmäßige und umfassende Informationsaustausch[747] zwischen den diversen Stellen soll die Basis für die administrative Zusammenarbeit bilden[748].

---

[744] Siehe oben Kapitel 6 II.

[745] Siehe Weißbuch, Rn. 62.

[746] Siehe VO 1/2003, Erwägungsgrund Nr. 15. Zum Netzwerk zwischen dem Bundeskartellamt und den Wettbewerbsbehörden der Länder, vergleiche *Böge*, EUI, S. 1 ff.; *ders.*, EWS 2003, 441 (442); *Kist*, EUI, S. 4 ff.

[747] Vergleiche hierzu nur die Stellungnahme *Rat/Kommission*, Draft Statement of the Council and the Commission on the Funktion of the Network of Competition Authorities MD No. 74/02 vom 25.11.2002, abrufbar unter: http://www.bmwi.de/Redaktion/Inhalte /Downloads/Homepage_2Fdownload_2Fenglish_2FDurchfuehrungsVO__EE.pdf,propert

Durch das Netzwerk soll sowohl auf vertikaler Ebene (Kommission – nationale Behörden), als auch auf horizontaler Ebenen (zwischen den mitgliedstaatlichen Behörden), ein reger Informationsaustausch über ergangene und geplante Entscheidungen sowie das aktuelle Marktgeschehen ermöglicht werden[749]. Die Rechtsgrundlage für diesen Informationsaustausch findet sich in Art. 12 VO 1/2003. Für die nationalen Gerichte werden diese Regelungen durch Art. 15 VO 1/2003 konkretisiert, während Art. 11 VO 1/2003 die Details für die Zusammenarbeit mit den nationalen Behörden regelt. Diese Vorschriften legen fest, dass die befassten Stellen sich gegenseitig entscheidungserhebliche Schriftstücke und Informationen zu übermitteln haben (Art. 11 II-VI und Art. 15 VO 1/2003). Insbesondere haben die nationalen Behörden die Pflicht, die Kommission sowohl über die Einleitung eines Verfahrens nach den Art. 81 und 82 EG, als auch 30 Tage vor einer geplanten Entscheidung über den Inhalt der Entscheidung zu informieren. Ähnliches gilt für die Gerichte, die eine Kopie des ergangenen Urteils zu übermitteln haben. Einzelfragen hinsichtlich der Informationsübermittlung will die Kommission in enger Zusammenarbeit mit den Mitgliedstaaten durch Durchführungsverordnungen und Bekanntmachungen festlegen[750].

Eine wichtige Aufgabe der Kommission wird in Zukunft somit in der Überwachung des Netzwerkes liegen. Die Kommission kann damit ihrer Funktion als „Hüterin der Verträge“ gerecht werden und eine einheitliche Anwendung des Gemeinschaftsrechts gewährleisten[751].

Eine sinnvolle Unterstützung und Erweiterung dieses Netzwerks über die Grenzen der EU hinaus können informelle Diskussionsforen darstellen[752]. Zu nennen sind hier zum Beispiel das „European Competition Authorities“[753], ein informelles Diskussionsforum, das sich aus Wettbewerbsbehörden der Länder des Europäischen Wirtschaftsraums (EWR), der Europäischen Kommission und der EFTA-Überwachungsbehörde zusammensetzt, sowie das „International Compe-

---

y=pdf.pdf (zuletzt abgerufen am 12.10.2003); *Böge*, EWS 2003, 441 (442); *Bourgeois*, EUI, S. 3 f.

748 Die Zusammenarbeit zwischen den Behörden war ähnlich bereits in Art. 10 VO 17/62 geregelt.

749 Siehe VO-Entwurf, Begründung zu Art. 12, S. 23; *Schaub*, in: Internationales Kartellrechtsforum, S. 1 (11).

750 Siehe VO 1/2003, Erwägungsgrund Nr. 15.

751 Siehe *Kommission*, MEMO/02/268 vom 26.11.2002, Rn. 4, abrufbar unter: http://www.europa.eu.int/rapid/start/cgi/guesten.ksh?p_action.getfile=gf&doc=MEMO/02/268|0|AGED&lg=EN&type=PDF (zuletzt aufgerufen am 20.07.2004).

752 Vergleiche *Böge*, WuW 2001, 922 (925 f.); *Schaub*, WuW 2001, 929.

753 Weitere Informationen unter: http://www.bundeskartellamt.de/wDeutsch/publikationen/eca.shtml (zuletzt aufgerufen am 20.07.2004).

tition Network“[754], in dem weltweit Kartellbehörden lose zusammengeschlossen sind, um sich über kartellrechtliche Fälle auszutauschen.

Kommt die Kommission im Rahmen dieses Informationsaustausches zu dem Schluss, dass durch die Vorgehensweise eines Mitgliedstaates die kohärente Anwendung des Gemeinschaftsrechts gefährdet ist, so kann sie nach Art. 226 EG den Mitgliedstaat zunächst um Stellungnahme bitten und gegebenenfalls, den EuGH anrufen. Die verletzte Pflicht des Mitgliedstaates im Sinne des Art. 226 EG wird regelmäßig die Pflicht zum gemeinschaftstreuen Verhalten aus Art. 10 II EG in Verbindung mit der VO 1/2003 sein[755]. Art. 226 EG gibt der Kommission ein effektives, wenn auch sehr langwieriges Mittel an die Hand, die Mitgliedstaaten nachhaltig zur gemeinschaftstreuen Anwendung der Art. 81 ff. EG anzuhalten.

B. Amtshilfe

Von großer Bedeutung für die Zusammenarbeit zwischen den verschiedenen Behörden ist weiterhin die Vorschrift des Art. 22 VO 1/2003, die die Amtshilfe innerhalb des Netzwerkes regelt[756]. Art. 22 VO 1/2003 räumt den nationalen Behörden die Befugnis ein, sowohl auf Ersuchen eines anderen Mitgliedstaates, als auch auf Nachfrage der Kommission im eigenen Land, Nachprüfungen und Maßnahmen zur Sachverhaltsaufklärung vorzunehmen.

Die Regelungen über die Amtshilfe sind zu begrüßen, sie gehen jedoch nicht weit genug[757]. Dem Institut der Amtshilfe nach der VO 1/2003 fehlt es an einer Bestimmung über die Hilfe bei Vollstreckungs- und Zustellungsmaßnahmen, da allein die Hilfe bei Aufklärungsmaßnahmen geeignet ist, einen wirksamen Schutz gegen Wettbewerbsbeschränkungen zu schaffen. Ein wirksamer Schutz ist vielmehr erst möglich, wenn die Entscheidungen der nationalen Kartellbehörden auch in anderen Mitgliedstaaten vollstreckt werden können. Eine Erweiterung der Amtshilferegelung in diesem Sinne erscheint daher erforderlich.

Eine weitere sinnvolle Maßnahme im Rahmen der Amtshilfe könnte die Entsendung eines Mitarbeiters der Kommission an jede nationale Kartellbehörde sein, der sich der Verbesserung der Zusammenarbeit mit der Kommission widmet und die Mitgliedstaaten in Fragen der Anwendung des Gemeinschaftskartellrechts

---

754 Weiterführende Informationen unter: http://www.internationalcompetitionnetwork.org/index.html (zuletzt aufgerufen am 20.07.2004).

755 Entgegen seinem Wortlaut ist auch das Sekundärrecht Prüfungsmaßstab des Art. 226 EG, vergleiche *Karpenstein/Karpenstein*, in: Grabitz/Hilf, Bd. 2 Art. 226 EGV, Rn. 14.

756 Siehe VO-Entwurf, Begründung zu Art. 21, S. 28.

757 Siehe *Monopolkommission*, 32. Sondergutachten, Rn. 54.

berät[758]. Eine derartige Regelung wäre geeignet, die Anzahl der Entscheidungen, die dem Gerichtshof nach Art. 234 EG vorgelegt werden, zu reduzieren, da eine Klärung von Auslegungsproblemen schon im Vorfeld, sozusagen auf dem kleinen Dienstweg, erfolgen könnte.

C. Beratender Ausschuss für Kartell- und Monopolfragen

Nach Art. 14 VO 1/2003 ist auch im neuen System die Einrichtung eines Beratenden Ausschusses für Kartell- und Monopolfragen vorgesehen[759], der obligatorisch vor jeder Entscheidung der Kommission nach den Art. 7, 8, 9, 10, 23, 24 II, 29 I VO 1/2003 anzuhören ist.

1.) Die gesetzliche Regelung des Ausschusses

Der Ausschuss wird nach Art. 14 II VO 1/2003 aus Vertretern der Wettbewerbsbehörden der Mitgliedstaaten gebildet und soll zu den geplanten Entscheidungen der Kommission aus Sicht der Mitgliedstaaten Stellung beziehen. Die Kommission hat sich mit der bisherigen Arbeit des Ausschusses sehr zufrieden gezeigt und betrachtet ihn als ein wichtiges Mittel zur Erzielung kohärenter Entscheidungen[760]. Sie ist der Ansicht, dass der Ausschuss sich auch in das neue Gefüge sehr gut einpassen wird. Aus diesem Grund möchte die Kommission die Position des Ausschusses stärken[761]. Diese Stärkung soll über die Einführung eines schriftlichen Verfahrens (Art. 14 IV VO 1/2003) und einer Veröffentlichung der Stellungnahmen erreicht werden, die auf Wunsch des Ausschusses (Art. 14 V-VI VO 1/2003) hin erfolgt. Allerdings findet sich hier bereits eine Einschränkung der Aufwertung des Ausschusses: Danach ist die Kommission lediglich gehalten, dem berechtigten Interesse des Ausschusses an einer Veröffentlichung Rechung zu tragen, gebunden ist sie an den Wunsch des Ausschusses hingegen nicht.

Eine weitere Neuerung im Aufgabenbereich des Ausschusses stellt die Möglichkeit der Mitgliedstaaten dar, die Fälle, mit denen sie sich beschäftigen, vor den Ausschuss zu bringen (Art. 14 VII VO 1/2003)[762]. Die VO 1/2003 erläutert, dass diese Möglichkeit vor allem bei den Fällen, die den nationalen Wettbewerbsbe-

---

758 Siehe *Temple-Lang*, in: Modernisation and Decentralisation of EC Competition Law, S. 13 (26).

759 Im alten System war der Beratende Ausschuss für Kartell- und Monopolfragen in Art. 10 III-VI VO 17/62 geregelt. Siehe auch oben Kapitel 3 V.B.1.)c).

760 Siehe VO 1/2003, Erwägungsgründe Nr. 19 f.

761 Siehe Weißbuch, Rn. 106.

762 So äußerte sich die *Generaldirektion Wettbewerb*, DG COMP DOCUMENT Reform of Regulation 17 Staff paper on Cooperation within the Network of Competition Authorities, Rn. 78 (soweit ersichtlich unveröffentlicht; das Dokument liegt dem Verfasser vor).

hörden nach Art. 11 VI VO 1/2003 entzogen werden sollen, von Bedeutung ist. Bei Fällen, die aus den Mitgliedstaaten an den Ausschuss herangetragen werden, bleibt es nach Art. 14 VII a. E. VO 1/2003 jedoch bei einer Beratung im Ausschuss, eine Stellungnahme gibt der Ausschuss hierzu nicht ab.

2.) Bewertung der Regelung

Der Beratende Ausschuss für Kartell- und Monopolfragen bildet eine gute Verständigungsplattform für die Mitgliedstaaten und ist somit geeignet, zur kohärenten Anwendung des Gemeinschaftsrechts beizutragen. Seine Position im dezentralisierten System ist wesentlich bedeutender als zu früheren Zeiten, in denen der Ausschuss wegen der zwingenden Anhörung in erster Linie ein Hemmschuh bei der schnellen Verfahrensabwicklung war. Negativ zu bewerten ist jedoch der Umstand, dass die Voten des Ausschusses für die Kommission nicht bindend sind. Art.14 V VO 1/2003 legt dementsprechend lediglich fest, dass die Kommission bei ihren Entscheidungen die Ansichten des Ausschusses „soweit wie möglich" berücksichtigen soll. Dies schwächt die Rolle des Ausschusses erheblich, so dass von einer wirklichen Beteiligung der Mitgliedstaaten hier nicht gesprochen werden kann. Eine stärkere Einbindung des Ausschusses, etwa über eine Art Vetorecht, könnte die Akzeptanz des Gemeinschaftskartellrechts in den Mitgliedstaaten stärken und allgemein zu mehr Kohärenz in den Entscheidungen führen.

D. Fazit

Die Bedeutung einer kohärenten Anwendung des Gemeinschaftsrechts für einen effektiven Schutz vor Wettbewerbsverletzungen kann nicht deutlich genug herausgestellt werden. Die Kommission hat richtig erkannt, dass eine Dezentralisierung der Entscheidungsbefugnisse immer auch die Gefahr von nationalen Unterschieden in der Rechtsanwendung mit sich bringt. Die VO 1/2003 enthält eine Vielzahl von Regelungen, die dieser Problematik entgegenwirken. Es muss jedoch festgestellt werden, dass manche dieser Konzepte nur halbherzig verfolgt werden. So ist es beispielsweise unverständlich, dass die nationalen Stellen zwar Gemeinschaftsrecht anwenden sollen, die möglichen Sanktionen aber nach dem Recht des jeweiligen Mitgliedstaates zu beurteilen sind. Gerade in Anbetracht der großen Unterschiede im Bereich der Sanktionen droht das Gemeinschaftskartellrecht durch eine Regionalisierung erheblich an Schlagkraft zu verlieren, was in unmittelbarer Folge zu einem verstärkten „forum shopping" führen wird.

Sämtliche Regelungen betreffend der kohärenten Anwendung des Gemeinschaftsrechts zeigen deutlich auf, dass die Kommission zwar gewillt ist, Kompetenzen an die Mitgliedstaaten abzugeben, jedoch in keiner Weise von ihrem Führungsanspruch abgerückt ist. Vom Bundeskartellamt wurde dies sogar dahingehend gewertet, dass die nationalen Behörden lediglich als „Handlanger der Kommission" anzusehen sind[763]. Zwar erscheint diese Ansicht etwas überzogen, zumal eine klare Führungsposition der Kommission grundsätzlich sinnvoll erscheint. Es wäre jedoch, auch im Sinne einer größeren Kohärenz, wünschenswert, die Kompetenzen im einzelnen klarer zu verteilen.

IV. Verhältnis des Gemeinschaftsrechts zu den nationalen Rechtsordnungen

Art. 83 II e) EG gestattet dem Rat, das Verhältnis der Rechtsvorschriften zueinander durch Verordnung festzulegen. Von dieser Kompetenz hat der Rat in der VO 1/2003 erstmals Gebrauch gemacht. Während bislang das Verhältnis von Gemeinschaftsrecht und nationalem Recht im Bereich des Kartellrechts durch die in den EuGH-Entscheidungen „Walt Wilhelm"[764] und „Delimitis"[765] entwickelten Grundsätze bestimmt wurde[766], wird das Verhältnis nunmehr durch Art. 3 VO 1/2003 erstmals in einer Verordnung festgeschrieben.

Art. 3 VO 1/2003 stellt eine zentrale Vorschrift der neuen Durchführungsverordnung dar. Durch die Klarstellung des Verhältnisses von Gemeinschaftsrecht zu den nationalen Rechtsordnungen soll erreicht werden, dass im ganzen Binnenmarkt die gleichen Regelungen angewendet werden. In diesem Zusammenhang wird auch vom „level playing field" gesprochen[767].

A. Darstellung der Regelung des Art. 3 VO 1/2003

Art. 3 I VO 1/2003 legt fest, dass das Gemeinschaftsrecht neben nationalem Recht angewendet werden muss, wenn auf die Vereinbarung auch Art. 81 f. EG anwendbar ist und die Vereinbarung den Handel zwischen den Mitgliedstaaten beeinträchtigt. Art. 3 I VO 1/2003 stellt somit klar, dass das Gemeinschaftsrecht und das Recht der Mitgliedstaaten auch weiterhin parallel anwendbar sind.

Die Regelung des Art. 3 VO 1/2003 enthält dabei einen gravierenden Unterschied im Vergleich zur Regelung des VO-Entwurfs. Nach Art. 3 VO-Entwurf

---

763 Siehe *Böge/Scheidgen*, EWS 2002, 201 (2029).

764 Siehe EuGH, Rs. 14/68, Slg. 1969, 1 – „Walt Wilhelm".

765 Siehe EuGH, Rs. C-234/89, Slg. I-1991, 935 – „Delimitis".

766 Siehe dazu bereits oben Kapitel 3 V.A und Kapitel 3 V.B.3.).

767 Siehe zum Beispiel *Gauer*, EUI, S. 14; *Gauer/Dalheimer/Kjolbye/de Smijter*, Competition Policy Newsletter Nr. 1 Spring 2003, 3 (5).

war im Falle der Anwendbarkeit des Gemeinschaftskartellrechts für eine parallele Anwendung der nationalen Vorschriften kein Raum mehr[768].

In der endgültigen Fassung der Verordnung sieht Art. 3 II VO 1/2003 nun vor, dass die Anwendbarkeit mitgliedstaatlicher Vorschriften im Rahmen der parallelen Anwendung nicht zum Verbot einer Vereinbarung führen darf, die geeignet ist, den zwischenstaatlichen Handel zu beeinträchtigen, wenn der Wettbewerb im Sinne des Art. 81 I EG nicht eingeschränkt ist oder die Voraussetzungen des Art. 81 III EG vorliegen[769]. Diese gesetzgeberische Regelung wurde erforderlich, weil der bisherige Anknüpfungspunk für den Vorrang des Gemeinschaftsrecht, das Vorliegen eines positiven Eingriffs[770] seitens der Kommission in Form einer Freistellung[771], weggefallen ist, da künftig keine Freistellungsentscheidung mehr ausgesprochen werden[772]. Diese Gelegenheit hat die Kommission zugleich dazu genutzt, die bisherige Differenzierung zwischen Tatbestands- und Rechtsfolgenseite aufzuheben und den Vorrang des Gemeinschaftsrecht neben dem Vorliegen der Freistellungsvoraussetzungen auch auf das Fehlen der Tatbestandsvoraussetzungen des Art. 81 I EG zu erstrecken. Es spielt folglich künftig keine Rolle mehr, ob der Tatbestand des Art. 81 I EG nicht erfüllt ist oder ob die Freistellungsvoraussetzungen nach Art. 81 III EG vorliegen. Jede Vereinbarung, die geeignet ist, den Handel zwischen den Mitgliedstaaten zu beeinträchtigen[773], muss nunmehr auch nach Art. 81 EG beurteilt werden.

Für den Bereich einseitiger Wettbewerbsbeschränkungen (Missbrauchsrecht) lässt Art. 3 II 2 VO 1/2003 die Anwendung von strengerem nationalen Recht zu[774]. Darunter fällt zum Beispiel § 20 II 1 GWB, der das Diskriminierungsverbot über marktbeherrschende Unternehmen hinaus auch auf marktstarke Unter-

---

768 Siehe auch VO-Entwurf, Begründung zu Art. 3, S. 16. Vergleiche hierzu *Topel*, in: Europäisches Wettbewerbsrecht im Zeichen der Globalisierung, S. 155; *Bien*, DB 2000, 2309 (2311); *Ehlermann*, WuW 2002, 231.

769 Vergleiche *Montag/Rosenfeld*, ZWeR 2003, 107 (125 f.); *Gauer/Dalheimer/Kjolbye/de Smijter*, Competition Policy Newsletter Nr. 1 Spring 2003, 3 (6).

770 Siehe EuGH, Rs. 14/68, Slg. 1969, 1, Rn. 4 – „Walt Wilhelm".

771 Siehe oben Kapitel 3 III.B; *Eilmansberger*, JZ 2001, 365 (370); *Bechtold*, Lieberknecht-FS, S. 252 (257); *Wagemann/Pape*, Rn. 1128.

772 Vergleiche *Monopolkommission*, 28. Sondergutachten, Rn. 43. Siehe oben Kapitel 6 I.A.1.).

773 Siehe VO 1/2003, Erwägungsgrund Nr. 8.

774 Siehe VO 1/2003, Erwägungsgrund Nr. 8; erläuternd *Klocker*, WuW 2002, 1153; *Möschel*, WuW 2003, 571.

nehmen ausdehnt[775]. Im Bereich des Art. 82 EG ist also eine strengere nationale Regelung parallel anwendbar.

Nicht ausdrücklich geregelt ist die Konstellation, dass das Gemeinschaftsrecht eine strengere Rechtsfolge als das Recht eines Mitgliedstaates anordnet. Hier setzt sich, wie nach bisherigem Verständnis auch, das Gemeinschaftsrecht durch[776]. Jede andere Auffassung würde die Anwendbarkeit des Gemeinschaftsrechts in den Mitgliedstaaten allein in die Hände des jeweiligen nationalen Gesetzgebers legen, der das Gemeinschaftsrecht durch den Erlass von milden Kartellgesetzen somit aushebeln könnte.

Art. 3 III VO 1/2003 legt ferner fest, dass die Vorrangregelung des Art. 3 II VO 1/2003 nicht für die nationale Fusionskontrolle sowie für nationale Regelungen gilt, die eine überwiegend nicht kartellrechtliche Zielsetzung verfolgen.

B. Kritische Würdigung

Im Verlauf der Diskussion um die Reform des Kartellverfahrens gehörte die Vorschrift des Art. 3 VO-Entwurf zu den am intensivsten diskutierten Regelungen. Dies mag am wesentlich strengeren Wortlaut des Art. 3 VO-Entwurf gelegen haben, der entgegen Art. 3 II VO 1/2003 einen generellen Ausschluss des nationalen Rechts bei Fällen, die den Handel zwischen den Mitgliedstaaten beeinträchtigen, vorsah.

Anknüpfungspunkt der Diskussion war die Frage, ob der völlige Ausschluss einer Rechtsordnung noch als Regelung eines Verhältnisses im Sinne von Art. 83 II lit. e EG angesehen werden kann, oder ob ein Verhältnis voraussetzt, dass die verglichenen Rechtsordnungen grundsätzlich nebeneinander anwendbar sind[777]. Die getroffene Regelung sieht einen derartigen Totalausschluss nicht mehr vor. Die Rechtsordnungen sind im Gegenteil grundsätzlich nebeneinander anwendbar, das nationale Recht wird nur in einem Konfliktfall verdrängt.

Gegen einen totalen Vorrang des Europarechts wurde angeführt, dass die lange entwickelten und etablierten Mechanismen des nationalen Rechts, die den loka-

---

[775] Zum Begriff des marktstarken Unternehmens vergleiche *Emmerich*, KartR, § 20/4, S. 227.

[776] Siehe *Bechtold*, Lieberknecht-FS, S. 252 (254).

[777] Siehe nur *Monopolkommission*, 32. Sondergutachten, Rn. 19; *Bechtold*, BB 2000, 2425 (2429).

len Gegebenheiten Rechnung tragen, durch einen Anwendungsvorrang des Europarechts zunichte gemacht würden[778].

Dieser Nebeneffekt ist jedoch im Interesse eines funktionierenden Gemeinschaftskartellrechts hinzunehmen. Die Art. 81 ff. EG können nur dann ihre volle Wirkung entfalten, wenn sie im ganzen Geltungsbereich möglichst einheitlich angewendet und nicht durch nationales Recht konterkariert werden. Die nun von der VO 1/2003 eingeführte Regelung kommt diesem Anliegen zugute. In Bezug auf die Einheitlichkeit in der Rechtsanwendung bewirkt sie dasselbe wie der zunächst vorgeschlagene Totalausschluss der nationalen Rechtsordnungen: In den Fällen, in denen beide Systeme zum gleichen Ergebnis kommen, spielt die Frage nach dem Vorrang ohnehin keine entscheidende Rolle, und in Konfliktfällen setzt sich das Gemeinschaftsrecht durch. Zudem ist festzustellen, dass ein Großteil der Rechtsordnungen der Mitgliedstaaten mit dem Gemeinschaftskartellrecht soweit deckungsgleich ist, dass in der Praxis keine gravierenden Konfliktfälle zu erwarten sind[779]. Zudem ist der Vorrang erforderlich, um die Zielsetzungen des EG zu erreichen und dem Wesen der Wettbewerbsregeln des EG gerecht zu werden. Das Verbot des Art. 81 f. EG soll Hindernisse im zwischenstaatlichen Handel beseitigen und somit die Einheit des europäischen Binnenmarktes (Art. 2, 3 I lit. c EG) gewährleisten. Die Geltungskraft dieser Vorschriften und der zu ihrer Anwendung ergehenden Maßnahmen darf nicht durch zwischenstaatliche Rechtsakte relativiert werden. Andernfalls würde die Wirkung der gemeinschaftlichen Rechtsordnung beeinträchtigt und die Verwirklichung der Vertragsziele gefährdet[780].

Zu wünschen wäre daher sogar eine noch über die in Art. 3 VO 1/2003 hinausgehende Ausschlusswirkung des Gemeinschaftskartellrechts. So ist die Öffnungsklausel in Art. 3 II a. E. VO 1/2003 für strengere nationale Regelungen in Bezug auf einseitige Handlungen von Unternehmen unverständlich und der ei-

---

778 Vergleiche *Bechtold*, BB 2000, 2425 (2428). Daneben wurde betont, dass auch zwischen den Systemen eine Art Wettbewerb herrschen solle, bei dem sich das effizienteste System durchsetzt, so *Kantzenbach*, in: Europa zwischen Ordnungswettbewerb und Harmonisierung, S. 213 (215).

779 Vergleiche *Topel*, in: Europäisches Wettbewerbsrecht im Zeichen der Globalisierung, S. 155 (158). In den Staaten, in denen derzeit noch größere Unterschiede bestehen, laufen Bestrebungen zur Rechtsvereinheitlichung. Vergleiche hierzu nur die Diskussion um die 7. GWB-Novelle in Deutschland, über deren Entwicklungsstand das Bundesministerium für Wirtschaft- und Arbeit aktuell informiert unter: http://www.bmwa.bund.de/bmwa/Navigation/wirtschaft,did=6732.html (zuletzt aufgerufen am 20.07.2004). Siehe auch zur 7. GWB-Novelle auch *Mussler*, FAZ vom 13.10.2003, S. 11; *Pohlmann*, WuW 2003, 1007.

780 Siehe EuGH, Rs. 14/68, Slg. 1969, 1, Rn. 4 – „Walt Wilhelm".

gentlichen Linie der Kommission gegenläufig[781]. Diese Öffnung mag als Tribut an die Mitgliedstaaten zu verstehen sein, deren Rechtsordnungen zweifelsohne an Einfluss verlieren, eine Rechtfertigung der Regelung bietet dies jedoch nicht. So werden europaweit tätige Unternehmen, deren Verhalten nicht unter Art. 82 EG fällt, möglicherweise in einigen Mitgliedstaaten für ein Verhalten zur Rechenschaft gezogen, gegen das in der übrigen Gemeinschaft keine Bedenken bestehen[782]. Soweit diese Regelung mit dem Schutz kleinerer und mittlerer Unternehmen auf ihren Heimatmärkten begründet wird, vermag auch dies nur teilweise zu überzeugen[783]. Zwar genießen diese Unternehmen im Heimatland gegebenenfalls einen höheren Schutz, etwa vor großen, aber nur marktstarken Unternehmen, dieselben Unternehmen müssen sich jedoch im Ausland mit einem geringerem Schutzstandard abfinden. Dieses geringe Mehr an Schutz im Inland vermag die Differenzierung zwischen einzelnen Mitgliedstaaten nicht zu rechtfertigen, insbesondere im Hinblick auf die erheblichen Auswirkungen, die dies auf die Entwicklung des Binnenmarktes haben kann[784].

V. Stärkung der Ermittlungsbefugnisse und neues Sanktionssystem

A. Ermittlungsbefugnisse

Um den Wegfall der Anmeldungen und das dadurch entstehende Informationsvakuum zu kompensieren, sieht die VO 1/2003 eine Stärkung der Ermittlungsbefugnisse der Kommission und der nationalen Kartellbehörden vor. Diese Verstärkung trägt auch dem neuen Rollenverständnis der Kommission Rechung, das den Schwerpunkt der Kommissionstätigkeit mehr in der Aufdeckung von Wettbewerbsverstößen, als in der Rolle der Verwaltung von Freistellungsanträgen sieht. Die hierfür zusätzlich benötigten Ermittlungsbefugnisse werden in den Art. 17-21 VO 1/2003 geregelt.

1.) Untersuchung von Wirtschaftszweigen

Art. 17 VO 1/2003 ermächtigt die Kommission, bestimmte Wirtschaftszweige allgemein dahingehend zu überprüfen, ob in diesem Wirtschaftszweig Wettbe-

---

781 Vergleiche *Bechtold*, in: Europäisches Wettbewerbsrecht im Zeichen der Globalisierung, S. 143 (146); *Böge/Scheidgen*, EWS 2002, 201.

782 Als Beispiel hierfür ist Deutschland zu nennen, wo ein lediglich marktstarkes Unternehmen nach Art. 20 II GWB vom Diskriminierungsverbot umfasst wird.

783 Siehe *Monopolkommission*, 32. Sondergutachten, Rn. 21.

784 Der *Wirtschafts- und Sozialausschuss*, ABl. Nr. C 155/74 vom 29.5.2001 (S. 74) bezeichnet den Vorrang des Gemeinschaftsrecht dementsprechend auch als die „beste Antwort auf die Renationalisierung".

werbsbeschränkungen anzutreffen sind. Insoweit greift die VO 1/2003 die Regelung des Art. 12 VO 17/62 auf. Dieses allgemeine Untersuchungsrecht wurde jedoch dahingehend erweitert, dass nunmehr auch sektorübergreifend bestimmte Arten von Vereinbarungen untersucht werden können. Diese Erweiterung eröffnet der Kommission die Möglichkeit, Wettbewerbsbeschränkungen von zwei Seiten her aufzudecken. Zum einen kann sie eine Branche überprüfen, von der sie Grund zur Annahme hat, dass dort Vereinbarungen getroffen wurden, die gegen Art. 81 f. EG verstoßen, zum anderen kann sie die konkrete Auswirkung von bekannten Typen von Vereinbarungen in den verschiedenen Branchen untersuchen und gegebenenfalls Maßnahmen einleiten.

Darüber hinaus wurde in Art. 17 VO 1/2003 die Eingriffsschwelle herabgesetzt, so dass die Kommission nun bereits dann tätig werden kann, wenn der Wettbewerb „möglicherweise" eingeschränkt oder verfälscht ist.

2.) Auskunftsverlangen

Nach Art. 18 VO 1/2003 kann die Kommission von den Unternehmen und Unternehmenszusammenschlüssen Herausgabe sämtlicher Informationen verlangen, die sie im Zusammenhang mit den ihr zugeschriebenen Aufgaben nach der VO 1/2003 benötigt.

Die Neuregelung des Auskunftsverlangens erlaubt der Kommission nunmehr ein Wahlrecht zwischen einem einfachem Auskunftsverlangen und einer Entscheidung bezüglich einer Auskunft. Der Unterschied zwischen den beiden Vorgehensweisen liegt darin, dass die Kommission in einer Entscheidung ein Zwangsgeld nach Art. 24 VO 1/2003 unmittelbar festsetzen kann, wohingegen bei einem einfachen Auskunftsverlangen lediglich auf die Möglichkeit eines Zwangsgeldes verwiesen wird[785]. Diese Abkehr von der bisherigen zweistufigen Auskunftserteilung, nach der die Kommission vor einer Entscheidung zunächst ein einfaches Auskunftsverlangen stellen musste (Art. 11 V VO 17/62), gibt der Kommission ein stärkeres Instrument an die Hand, um an Informationen zu gelangen und ist darüber hinaus geeignet, Verfahren zu beschleunigen, in denen von Beginn an klar ist, dass ein Unternehmen oder eine Gruppe von Unternehmen einer schlichten Aufforderung keine Folge leisten wird.

3.) Nachprüfungsbefugnisse – Betreten privater Wohnungen

Erheblich erweitert und verschärft wurde auch das Recht der Kommission, Nachforschungen bei Unternehmen vorzunehmen.

---

[785] Vergleiche für das einfache Auskunftsverlangen Art. 18 II VO 1/2003 und für die Entscheidung Art. 18 III VO 1/2003.

Im alten System waren gemäß Art. 14 I, II VO 17/62 Nachprüfungen nur innerhalb der Unternehmen erlaubt. Hier war es der Kommission gestattet, Bücher und sonstige Geschäftsunterlagen einzusehen und gegebenenfalls Kopien anzufertigen sowie mündliche Erklärungen der Mitarbeiter anzufordern. Durch Art. 21 VO 1/2003 wurde die Eingriffsbefugnis der Kommission nun auch auf die Privatwohnungen[786] von Aufsichts- und Leitungsorganen sowie sonstigen Mitarbeitern erweitert, sofern ein begründeter Verdacht dahingehend besteht, dass wichtige Unterlagen, auf die sich die Untersuchung bezieht, dort gelagert werden. Weitere Voraussetzung ist, dass diese Unterlagen geeignet sind, einen schweren Verstoß gegen das Gemeinschaftskartellrecht nachzuweisen. Bei der Anordnung der Untersuchung innerhalb eines Unternehmens wird demgegenüber auf das Erfordernis des begründeten Verdachts und des schweren Verstoßes verzichtet. Die Öffnung der Nachprüfung auch auf Privatwohnungen ist grundsätzlich positiv zu bewerten, da wichtige Unterlagen üblicherweise nicht im Untenehmen deponiert werden, dies gilt insbesondere für „heikle“ Unterlagen. Das System der Wettbewerbskontrolle würde daher eine nicht zu akzeptierende Schwächung erleiden, würde an der Begrenzung der Untersuchungsbefugnisse auf den räumlichen Bereich des Unternehmens festgehalten werden.

Erstmals festgeschrieben wurde auch die Prüfungskompetenz des nationalen Richters in Bezug auf eine Nachprüfungsentscheidung der Kommission, die durch Zwangsmaßnahmen vollstreckt werden soll. Der nunmehr in der VO 1/2003 umgesetzte Prüfungsmaßstab wurde durch die „Hoechst“ – Entscheidung des EuGH entwickelt[787]. Art. 20 VIII VO 1/2003 und Art. 21 III VO 1/2003 legen fest, dass die nationalen Gerichte bei ihrer Entscheidung bezüglich der Zwangsmaßnahmen weder die Notwendigkeit der Maßnahme in Frage stellen, noch die Rechtmäßigkeit der Entscheidung überprüfen dürfen, dies bleibt dem Gerichtshof vorbehalten. Die nationalen Gerichte dürfen lediglich prüfen, ob die Kommissionsentscheidung echt ist, ob die beantragten Zwangsmaßnahmen nicht willkürlich und, gemessen am Gegenstand der Nachprüfungen, nicht unverhältnismäßig sind[788]. Grund für dieses eingeschränkte Überprüfungsrecht ist Art. 230 EG, der die Überprüfung der Handlungen der Kommission auf ihre Rechtmäßigkeit in die Hände des Gerichtshofs legt. Diese Entscheidung ist im Sinne einer kohärenten Anwendung des Gemeinschafts-

---

[786] Siehe *Kommission*, Memo/02/268 vom 26.11.2002, Rn. 11, abrufbar unter: http://www.europa.eu.int/rapid/start/cgi/guesten.ksh?p_action.getfile=gf&doc=MEMO/02/268|0|AGED&lg=EN&type=PDF (zuletzt aufgerufen am 20.07.2004).

[787] Siehe EuGH, Rs. 46/87 und 227/88, Slg. 1989, 2859, Rn. 34 ff. – „Hoechst“.

[788] Siehe Art. 20 VIII VO 1/2003 und Art. 21 III VO 1/2003.

rechts zu begrüßen, zumal dem Rechtsschutzinteresse der beteiligten Unternehmen durch eine Verhältnismäßigkeitsprüfung Genüge getan werden kann[789].

B. Sanktionen

Bei den Regelungen in Bezug auf Geldbußen und Zwangsgelder gab es vergleichsweise wenig Änderungen. Die Bestimmungen wurden lediglich an die veränderten Rahmenbedingungen im Legalausnahmesystem angepasst, ferner wurde die Höhe der Sanktionen verändert.

1.) Geldbußen

Geldbußen sind nunmehr in Art. 23 VO 1/2003 geregelt. Die aus dem alten System[790] bekannte Zweiteilung von Geldbußen je nachdem, ob es sich um Verstöße gegen Verfahrensrecht (Art. 23 I VO 1/2003) oder um Verstöße gegen materielles Recht (Art. 23 II VO 1/2003) handelt, wird auch im neuen System beibehalten. Verstöße gegen Verfahrensrecht betreffen im wesentlichen Zuwiderhandlungen gegen die Mitwirkungs- und Beibringungspflicht im Rahmen von Untersuchungen der Kommission nach den Art. 17 ff. VO 1/2003, während unter Verstößen gegen das materielle Recht vorsätzliche oder fahrlässige Verstöße gegen Art. 81 f. EG verstanden werden. Die Geldbußen erfüllen sowohl eine repressive Funktion, in Form der Abschöpfung des erzielten Mehrgewinns, als auch eine präventive Funktion, indem sie vor zukünftigen Verstößen gegen das Kartellrecht abschrecken sollen[791].

Im Rahmen der Verfahrensverstöße rückt die VO 1/2003 von den bisherigen festen Geldbeträgen ab und knüpft die Höhe der Geldbuße an den Gesamtumsatz des Unternehmens in dem der Verletzung vorhergehenden Jahr an, wobei die Strafe höchstens 1 % des Umsatzes des Vorjahres betragen darf. Die Koppelung der Bußen an den Umsatz wurde deshalb gewählt, weil die geringen Beträge von maximal € 5000 für große Unternehmen kaum beziehungsweise gar keine Abschreckungswirkung erzielten.

Für Verstöße gegen materielles Kartellrecht haben sich am Strafrahmen keine Veränderungen ergeben, hier beträgt die Höchststrafe nach wie vor 10 % des im Vorjahr erwirtschafteten Umsatzes.

---

789 Anderer Ansicht *BDI*, Stellungnahme 2001, Rn. 15.

790 Siehe Art. 15 VO 17/62.

791 So die Rechtssprechung des EuGH, Rs. 41/69, Slg. 1970, 661, Rn. 170 ff. – „Chemiefarma"; EuGH, Rs. 45/69, Slg. 1970, 769, Rn. 27 f. – „Boehringer". Siehe auch *Scholz/Haus*, EuZW 2002, 682 (688); *Weitbrecht*, in: Europäisches Wettbewerbsrecht im Wandel, S. 151 (152).

Gegen die Koppelung der Geldbußen an den erwirtschafteten Umsatz wird vorgetragen, dass darin ein Verstoß gegen das rechtsstaatliche Bestimmtheitsgebot liege, da die Bußgelder in keiner Weise vorhersehbar seien[792]. Es wird daher die Festlegung einer absoluten Höchstgrenze, losgelöst vom Umsatz, verlangt. Die Kommission habe andernfalls vor allem bei größeren Unternehmen quasi einen unbegrenzten Freiraum, innerhalb dessen sie die Höhe der Geldbuße nach ihrem Ermessen festlegen kann[793].

Dieser Argumentation kann nicht gefolgt werden. Zum einen ist die maximale Höhe der Geldbuße für die Unternehmen sehr wohl vorhersehbar, da ihnen der Vorjahresumsatz bekannt und somit auch der Höchststrafrahmen berechenbar ist. Die Berechenbarkeit des Strafrahmens genügt dem rechtsstaatlichen Bestimmtheitsgebot. Zur Gewährleistung der Rechtssicherheit ist die Kommission nach Art. 23 III VO 1/2003 zudem explizit angehalten, bei der Bemessung der Geldbußen die Schwere und die Dauer der Zuwiderhandlung zu berücksichtigen. Des Weiteren wird der Gerichtshof durch Art. 31 VO 1/2003 ermächtigt, Bußgeld- und Zwangsgeldentscheidungen vollumfänglich zu überprüfen. Zudem gebietet auch der Gleichbehandlungsgrundsatz eine Anknüpfung an den Umsatz. Eine Deckelung der maximalen Geldbuße würde eine Benachteiligung umsatzschwächerer Unternehmen gegenüber den großen Konzernen bedeuten, die möglicherweise eine im Verhältnis geringere Buße zu bezahlen hätten, wenn der Höchstbetrag festgesetzt wäre. Darüber hinaus könnte eine starre Obergrenze die Gewinnabschöpfungsfunktion der Geldbußen[794] beeinträchtigen, sofern der abzuschöpfende Gewinn über der Obergrenze liegt. Um dies zu vermeiden, müsste die Höchstgrenze so hoch festgesetzt werden, das im Prinzip die gleiche Situation wie bei einer Umsatzkoppelung vorläge. Einer Koppelung der Geldstrafen an den Umsatz der Unternehmen stehen also keine grundlegenden Probleme entgegen.

2.) Zwangsgelder

Durch Zwangsgelder soll den Kommissionsentscheidungen Nachdruck verliehen werden. Solche Entscheidungen können sowohl das materielle Recht betreffen, wie zum Beispiel Abstellungsentscheidungen, als auch die Mitwirkung bei Untersuchungshandlungen.

Auch im Bereich der Zwangsgelder ist die Kommission von einer starren Obergrenze der zu verhängenden Summe zu einem System übergegangen, das an den

---

[792] So der *BDI*, Stellungnahme 2001, Rn. 16; *Jones*, E.C.L.R. 2001, 405.
[793] Vergleiche *Bechtold*, BB 2000, 2425 (2430).
[794] Siehe *Scholz/Haus*, EuZW 2002, 682 (688).

durchschnittlichen Tagesumsatz des Vorjahres anknüpft[795]. Die maximale Höhe eines Zwangsgeldes beträgt nun 5 % des im vorausgehenden Geschäftsjahr erzielten durchschnittlichen Tagesumsatzes für jeden Tag des Verzugs mit der von der Kommission vorgeschriebenen Handlung.

C. Einführung von Haftstrafen oder „punitive damages"

Art. 23 V VO 1/2003 schließt einen strafrechtlichen Charakter der Geldbußen aus Art. 23 I, II VO 1/2003 aus. Dessen ungeachtet werden jedoch immer wieder Stimmen laut, die die Einführung von Haftstrafen gegen die persönlich Verantwortlichen fordern, um die Abschreckungswirkung zu vergrößern[796]. Für die Einführung von Kriminal- oder Haftstrafen sowie auch von „punitive damages" nach amerikanischem Vorbild wird angeführt, dass sich Kartelle andernfalls finanziell immer lohnen werden, weil die Strafen zu gering ausfallen und somit keine ausreichende Abschreckungswirkung entfalten.

Die Frage ist jedoch, ob zur Erzielung einer hinreichenden Abschreckungswirkung der Weg über das Strafrecht oder die Einführung von „punitive damages" erforderlich ist. Letztere würden in vielen Rechtsordnungen der Mitgliedstaaten einen Fremdkörper darstellen und die Änderung zahlreicher mitgliedstaatlicher Rechtsordnungen erforderlich machen[797]. So lässt beispielsweise das deutsche Schadensersatzrecht keinen Anspruch zu, der den Wert des entstandenen Schadens übersteigt, auch ist eine Haftstrafe bei Verstößen gegen den Wettbewerb nur bei so genannten Submissionskartellen nach § 298 StGB vorgesehen. Eine derartige Änderung ist gegenwärtig nicht konsensfähig. Erachtet die Kommission die Abschreckungswirkung als zu gering, so ist sie besser beraten, Bußgelder nahe der Höchstgrenze zu verhängen, denn der drohende finanzielle Ruin eines Unternehmens sollte Abschreckung genug sein[798].

D. Fazit

Das neue System der Ermittlungsbefugnisse und Sanktionen wird den Bedürfnissen des Legalausnahmesystems gerecht und passt es sinnvoll den geänderten wirtschaftlichen Rahmenbedingungen an.

---

795 Hinsichtlich der Anknüpfung an den Umsatz gilt das in Kapitel 6 V.B.1.) in Bezug auf die Geldbußen Gesagte entsprechend.

796 Siehe *Baudenbacher*, WuW 2000, 117; *Wils*, S. 108. Insbesondere lesenswert *Möschel*, JZ 2000, 61 (66).

797 Siehe *Mestmäcker*, WuW 2000, 682.

798 Dies jedenfalls dann, wenn die Handelnden gleichzeitig Gesellschafter der Unternehmens sind und somit ihre wirtschaftliche Existenz eng mit der Existenz des Unternehmens verknüpft haben.

Die Kommission ist auf eine Erweiterung ihrer Eingriffsbefugnisse angewiesen, will sie ihre Aufgaben bei der Aufdeckung gravierender Verstöße gegen das Gemeinschaftskartellrecht effizient wahrnehmen. Ebenso geboten war eine Anpassung der Höhe von Buß- und Zwangsgeldern an die im modernen Wirtschaftsleben erzielten Umsätze.

Wünschenswert wäre indes, das gemeinschaftliche Sanktionssystem auch auf die Fälle anzuwenden, in denen eine Behörde eines Mitgliedstaates handelt[799].

VI. Alternativen für eine zukunftsgerichtete Verfahrensordnung

Im Folgenden werden einige Alternativen zum neuen System aufgezeigt.

A. Diskussion um ein Weltkartellrecht

In jüngster Zeit wurde die Diskussion um die Vor- und Nachteile der Einführung eines Weltkartellrechts wieder verstärkt aufgegriffen[800]. Auslöser für dieses neuerliche Auflodern der schon bekannten Diskussion war die Untersagung der Fusion der US-Unternehmen General Electric und Honeywell[801] durch die Europäische Kommission, nachdem die US-amerikanische Kartellbehörde der Fusion bereits zugestimmt hatte[802]. Weitere Gründe für die Diskussion sind in der zunehmenden Globalisierung und der Neueinführung von Kartellvorschriften in vielen Ländern zu sehen[803]. Auch die europäische Kommission hat sich kürzlich für die Schaffung und Einhaltung weltweit einheitlicher Standards stark gemacht[804].

Die Probleme und Diskussionen, die der Versuch der Einführung eines Weltkartellrechts hervorrufen würde, sind jedoch erheblich. So müsste man sich zu-

---

799 Siehe oben Kapitel 6 II.C.2.).

800 Siehe *von Meibom/Geiger*, EuZW 2002, 261; *Kerber*, German Working Papers in Law and Economics, S. 8.; *Fikentscher/Heinemann*, WuW 1994, 97 ff. Allgemein zum Draft International Antitrust Code *Fikentscher/Immenga*.

801 Die Fusion der US-Konzerne General Electric und Honeywell wäre der bis dato größte Industriezusammenschluss gewesen. Vertiefend zum Fall General Electric/Honeywell *Giotakos/Petit/Garnier/De Luyck*, Competition Policy Newsletter Nr. 3 October 2001, S. 5ff. Siehe hierzu *Kommission*, Pressemitteilung IP/01/939 vom 3. Juli 2001, abrufbar unter: http://www.europa.eu.int/rapid/start/cgi/guesten.ksh?p_action.getfile=gf&doc=IP/01/939|0|AGED&lg=DE&type=PDF (zuletzt aufgerufen am 20.07.2004).

802 Siehe FTD vom 29.6.2001.

803 Vergleiche *Wiedemann*, in: Wiedemann, § 5, Rn. 1.

804 Siehe *Kommission,* Grünbuch über die Revision der VO 4064/89 des Rates vom 11.12.2001, KOM (2001) 745 endg., Zusammenfassung, S. 4 und Rn. 160.

nächst auf die Grundkonzeption des zu etablierenden Systems einigen, wobei harte Auseinandersetzungen zwischen den Europäern und den US-Amerikanern vorprogrammiert wären[805]. Weiterhin wären Zuständigkeitsfragen zu klären, die wiederum mit Diskussionen um die Abgabe staatlicher Kompetenzen und Souveränität an eine supranationale Behörde verbunden wären.

Als Alternative zur Einführung eines einheitlichen Systems wurde auch über die Bildung gemeinsamer Grundsätze im Rahmen einer Rechtsvereinheitlichung nachgedacht[806]. Ziel dieser Rechtsvereinheitlichung soll eine Mindestharmonisierung der diversen Rechtsordnungen sein. Die Probleme, die sich im Zuge einer solchen Mindestharmonisierung ergeben, sind jedoch vergleichbar mit denen bei der Schaffung eines gemeinsamen Systems, da auch hier hohe Kompromissbereitschaft verlangt wird.

Allein diese knappen Ausführungen zeigen, dass es noch ein sehr weiter Weg zu einem Weltkartellrecht ist. So wird es wohl mittelfristig bei einem Informationsaustausch im Rahmen von internationalen Organisationen[807] oder Foren[808] bleiben. Darüber hinaus wird man auf den „good will" bei der Zusammenarbeit zwischen den einzelnen Ländern bauen müssen.

B. Alternativvorschläge

Die möglichen Alternativen zum neuen System können in zwei Hauptgruppen aufgeteilt werden. Zum einen ist ein verbessertes System denkbar, das am Anmeldesystem festhält, zum anderen ein System, das auf das Legalausnahmesystem setzt.

---

[805] Zu bedenken ist hierbei zum Beispiel, dass in den USA ein Kartellstrafrecht etabliert ist, wohingegen das Europarecht ein solches (noch) nicht kennt. Strafrechtlich Normen im Rahmen des Kartellrechts kennen hingegen bereits die Rechtsordnungen Frankreichs, Dänemarks und Irlands, vergleiche *Zinsmeister/Lienemeyer*, WuW 2002, 331 (334); vergleiche auch *von Meibom/Geiger*, EuZW 2002, 261 (262).

[806] Vergleiche hierzu *von Meibom/Geiger*, EuZW 2002, 261.

[807] Hierbei ist vor allem an die WTO und die OECD zu denken; siehe dazu *Schaub*, WuW 2001, 928 (932).

[808] Ein wichtiger Schritt ist hier in der Gründung des „International Competition Network" zu sehen. In diesem Netzwerk werden Fragen der Fusionskontrolle bei grenzüberschreitenden Fusionen und Kartellprobleme im Allgemeinen diskutiert, siehe hierzu: http://www.internationalcompetitionnetwork.org (zuletzt aufgerufen am 20.07.2004).

1.) Alternativen unter Beibehaltung des Anmeldesystems

Im Rahmen der Diskussion um die Reform des europäischen Kartellverfahrensrechts wurden zum einen Alternativregelungen vorgeschlagen, die am Anmeldesystem festhalten.

a) Übertragung der Freistellungskompetenz auf Mitgliedstaaten

Immer wieder ins Gespräch gebracht wurden Modelle, die die Anmeldeverpflichtung beibehalten, jedoch die Befugnis zur Erteilung formeller Freistellungen im Rahmen der Dezentralisierung in die Hände der nationalen Kartellbehörden legen wollen[809]. Die Befürworter dieses Modells gehen davon aus, dass auf diese Weise das Überlastungsproblem gelöst werden könne und weitere Schritte nicht erforderlich seien.

Für die Übertragung der Freistellungskompetenz auf die Mitgliedstaaten im Rahmen dieses Modells bedürfte es jedoch einer Reihe zwingender Folgemaßnahmen. Freistellungen nach Art. 81 III EG erfordern europaweite Geltung, sollen nun aber die Wettbewerbsbehörden der Mitgliedstaaten Freistellungen erteilen, so müsste folglich auch ihren Entscheidungen gemeinschaftsweite Geltung zukommen. Dies ist gegenwärtig nicht der Fall, und eine Realisierung erscheint äußerst problematisch[810]. In einem Legalausnahmesystem hingegen gelten die Vereinbarungen als freigestellt, sobald die Anforderungen des Art. 81 III EG erfüllt sind. Eine gemeinschaftsweite Geltung nationaler Entscheidungen ist daher nicht zwingend erforderlich[811].

b) Verschärfung der Zwischenstaatlichkeitsklausel

Eine weitere Möglichkeit zur Bewältigung der gegenwärtigen Probleme könnte in der Verschärfung der Zwischenstaatlichkeitsklausel aus Art. 81 I EG zu sehen sein, die gegenwärtig sehr weit ausgelegt wird. Durch eine konsequentere und restriktivere Anwendung der Zwischenstaatlichkeitsklausel könnte eine nicht unerhebliche Anzahl von Fällen von der Kommission ferngehalten werden. Dies könnte einen nicht zu unterschätzenden Beitrag zum Abbau der angestauten Verfahren leisten. Folge einer Verschärfung der Zwischenstaatlichkeitsklausel wäre aber auch eine seltenere Anwendung des Gemeinschaftsrechts, die sich auf die Entwicklung des Binnenmarktes, die Akzeptanz des Europarechts und die

---

809 So zum Beispiel der *DIHT*, Stellungnahme, S. 5; *Fikentscher, WuW* 2001, 446 (447); *BDI* Sondergutachten 2001; *Immenga*, EuZW 1999, 609; *Miram*, in: Die dezentrale Anwendung des EG-Kartellrechts, S. 17 (22).

810 Siehe oben Kapitel 6 II.C.1.)d).

811 Siehe *Rittner*, in: Neuere Entwicklungen auf dem Gebiet des europäischen Wettbewerbsrechts, S. 43 (45).

europäische Integration nach Art. 2 EG negativ auswirken würde. Diese Konsequenzen können jedoch nicht Resultat einer Reform sein, deren erklärtes Ziel es ist, das Gemeinschaftsrecht zu stärken.

c) Analogie zu Gruppenfreistellungsverordnungen mit Widerspruchsvorbehalt

Ebenfalls denkbar wäre ein System, das sich an die Gruppenfreistellungsverordnungen mit Widerspruchsvorbehalt anlehnt, wonach zwar Anmeldungen vorgeschrieben sind, die Kommission aber innerhalb einer zu bestimmenden Frist reagieren muss und die Vereinbarungen ansonsten als freigestellt gelten[812]. Der Vorteil einer solchen Lösung läge in einer erhöhten Transparenz für die Kommission und mehr Rechtssicherheit für die Unternehmen, der gravierende Nachteil wäre jedoch eine gesteigerte Anzahl von Anmeldeanträgen, da die Unternehmen nach der Rechtssicherheit einer nach Fristablauf eintretenden Freistellung streben würden. Die Kommission müsste also eine größere Zahl von Anträgen wesentlich oberflächlicher bearbeiten, infolge dessen sowohl die Qualität der Entscheidungen leiden würde, als auch der Wunsch der Kommission, mehr Kapazitäten zum Aufspüren von „Hardcore-Kartellen" zu erlangen, unerfüllt bleiben würde.

2.) Verbesserungsvorschläge bei einem Wechsel zum Legalausnahmesystem

Auch bei einem Systemwechsel zu einem Legalausnahmesystem gibt es Möglichkeiten, das System praxisgerechter und effektiver auszugestalten.

Zunächst sind die dürftigen Ausführungen der Kommission in Bezug auf die vertikale Zuständigkeitsverteilung zu nennen. Die VO 1/2003 macht keine Angaben zur Zuständigkeit, dies soll Durchführungsverordnungen und vor allem Bekanntmachungen vorbehalten bleiben. Vorstellbar wären hier sowohl Modelle, die an starre Werte, wie zum Beispiel den Umsatz, anknüpfen, als auch flexiblere Modelle, die sich an der Bedeutung der Vereinbarung für den gemeinsamen Markt orientieren. Ein flexibleres System erscheint vorzugswürdig, da allein der Umsatz eines Unternehmens wenig über dessen Bedeutung auf dem gemeinsamen Markt aussagt. So kann ein kleines, aber hochspezialisiertes Unternehmen auf einem eng begrenzten Markt eine enorme Bedeutung erlangen.

Schwachstellen in der Zusammenarbeit zwischen der Kommission und den Mitgliedstaaten können ebenfalls eine optimale Entfaltung der Wirkungen des neuen Systems behindern. Erforderlich ist insbesondere ein besserer Informations-

---

812 Vergleiche *Monopolkommission*, 28. Sondergutachten, Rn. 64.

austausch zwischen den verschiedenen Stellen. Die Kohärenz der Entscheidungen könnte, zumindest in der Anfangsphase, durch eine wechselseitige Entsendung von Beamten wesentlich verbessert werden.

Bedeutung erlangt weiterhin die Koordination zwischen den Mitgliedstaaten auf horizontaler Ebene. Hierfür bietet sich der Beratende Ausschuss in Kartell- und Monopolfragen an, der eine ideale Plattform für den Informationsaustausch darstellt. Art. 14 VII VO 1/2003 erlaubt es den Mitgliedstaaten, dem Ausschuss ihre zu entscheidenden Fälle zukommen zu lassen. Jedoch ist es dem Ausschuss nicht gestattet, in diesen Fällen eine Stellungnahme abzugeben[813]. Eine solche Stellungnahme könnte indes sehr sinnvoll sein, da an ihr alle Mitgliedstaaten mitwirken und so die Kohärenz nachdrücklich gefördert würde. Des Weiteren wäre es begrüßenswert, den Ausschuss gezielt einzusetzen, um Zuständigkeitsstreitigkeiten zwischen den Mitgliedstaaten zu überwinden.

---

[813] Siehe oben Kapitel 6 III.C.

Kapitel 7
Zusammenfassende Beurteilung der Reformvorschläge und Ausblick

I. Vereinbarkeit mit dem EG

Abschließend kann festgestellt werden, dass die Verordnung (EG) Nr. 1/2003[814], trotz der angesprochenen Bedenken, mit dem EG vereinbar ist. Die Untersuchung hat ergeben, dass die Regelungen des Primärrechts keine Festlegung auf ein Anmeldesystem beinhalten und somit die Umstellung auf ein Legalausnahmesystem ohne Änderung des Primärrechts, allein über eine sekundärrechtliche Verordnung, möglich ist.

Ferner ist die Vorschrift des Art. 81 III EG hinreichend klar und durch Rechtsprechung, Entscheidungen, Leitlinien und Bekanntmachungen ausreichend konkretisiert, so dass einer unmittelbaren Anwendung des gesamten Art. 81 EG durch die nationalen Gerichte keine erheblichen Bedenken entgegenstehen.

Die Untersuchung hat weiterhin ergeben, dass das neue System am Verbotsprinzip aus Art. 81 I EG festhält und nicht, wie teilweise behauptet wird, die Einführung eines Missbrausprinzips oder eines Quasi-missbrauchsprinzips darstellt. Im Gegenteil kann im Rahmen des Legalausnahmesystems sogar von einem stringenteren Verbotsprinzip gesprochen werden, da Grauzonen wegfallen und Vereinbarungen, Beschlüsse oder abgestimmte Verhaltensweisen nun eindeutig entweder erlaubt oder verboten sind.

II. Stärken und Schwächen des neuen Systems

Das neue Legalausnahmesystem weist, ebenso wie das alte Genehmigungssystem nach der Verordnung (EWG) Nr. 17/62[815], sowohl Schwächen als auch Stärken auf.

A. Schwächen

Zu den Schwächen des neuen Systems gehört in erster Linie die Gefahr inkohärenter Entscheidungen, die sich in einem dezentralisierten Legalausnahmesystem, indem viele Akteure eine Rolle spielen, indes nie gänzlich vermeiden lassen wird. Die Gefahr inkohärenter Entscheidungen und des „forum shoppings" lässt sich aber mit den in der VO 1/2003 vorgesehenen Mitteln wie Gruppenfrei-

---

814 Siehe oben Fn. 3.
815 Siehe oben Fn. 6.

stellungsverordnungen, Leitlinien, Bekanntmachungen und den Positiventscheidungen sowie den verschiedenen Informations- und Konsultationspflichten auf ein akzeptables Minimum reduzieren.

Eine weitere Schwäche des neuen Systems ergibt sich aus den fehlenden klaren Zuständigkeitskriterien. Die Fallverteilung möchte die Kommission weitestgehend der Praxis sowie Leitlinien und Bekanntmachungen überlassen. Die in den Leitlinien ausgearbeiteten Kriterien, wonach die Zuständigkeit von der Zahl der betroffenen Länder abhängig gemacht werden soll, sind durchaus sinnvoll, es wäre jedoch wünschenswert, diese zur Verbesserung der Rechtssicherheit auch im Sekundärrecht zu regeln.

Für die Unternehmen bedeutet der Wegfall der formellen Freistellungsentscheidungen einen Verlust an Rechtssicherheit. Dieser fällt jedoch zum einen bei weitem nicht so gravierend aus wie teilweise behauptet wird, da auch die bisherige „comfort letter“ – Praxis in der Realität kaum mehr Rechtssicherheit bot. Zum anderen wird dieses Manko durch Vorteile des neuen Systems, wie zum Beispiel den Wegfall der Anmeldegebühren und der langen Bearbeitungszeiten, zumindest teilweise wieder kompensiert. Ein aus unternehmerischer Sicht hingegen nicht zu unterschätzender Vorteil ist, dass die Vereinbarungen künftig nicht mehr offen gelegt werden müssen und dadurch Konkurrenzunternehmen der Einblick in die Geschäftsvorgänge versagt bleibt.

B. Stärken

Die Stärken des neuen Systems liegen in der zu erwartenden Entlastung der Kommission infolge des Wegfalls der zahlreichen Anmeldungen, die bei ihr Kapazitäten binden, zur Entwicklung des Wettbewerbsrecht aber nichts beitragen. Korrespondierend ist die Kommission nunmehr in der Lage, effektiver gegen „Hardcore-Kartelle“ vorzugehen. Eine sinnvolle Unterstützung findet dieses Anliegen in der Stärkung der Ermittlungsbefugnisse der Kommission. Der Kommission wird hier, in Verbindung mit den möglichen Sanktionen, ein wichtiges Mittel zur Durchsetzung ihrer Politik an die Hand gegeben.

Das neue System wird die Einheitlichkeit und die Bedeutung des Binnenmarktes fördern. Aufgrund des Vorrangs des Gemeinschaftsrechts werden nunmehr alle Vereinbarungen von gemeinschaftsweiter Bedeutung nach dem gemeinsamen Wettbewerbsrecht behandelt. Dies erhöht die Akzeptanz des Europarechts in den Mitgliedstaaten. Für die Unternehmen wird die Einschätzung der Verhältnisse auf dem gemeinsamen Mark transparenter, da alle europaweit agierenden Unternehmen, bezüglich ihres Wettbewerbsgebarens grundsätzlich gleich behandelt werden. Diese Vereinheitlichung auf Gemeinschaftsebene wird auf Dauer, wie gegenwärtig am Reformprojekt der 7. GWB-Novelle in Deutschland zu sehen ist[816], zu einer Vereinheitlichung auch der nationalen Rechtsordnungen auf dem Gebiet des Kartellrechts führen[817].

Die Öffnungsklausel in der VO 1/2003, wonach besondere Regelungen für spezielle Verhältnisse auf abgegrenzten nationalen Märkten zugelassen werden, mag in einer Übergangsphase sinnvoll sein, auf lange Sicht sollte aber auch hier im Interesse eines transparenten Marktes und gleicher Wettbewerbsbedingungen Einheitlichkeit vorherrschen.

Die vielbeschworene Gefahr der Renationalisierung des Kartellrechts durch die Dezentralisierung ist also nicht virulent, vielmehr wird durch die Einführung des neuen Systems die Durchsetzungskraft des Gemeinschaftsrechts gesteigert.

III. Ausblick

Während der Einführungsphase des neuen Legalausnahmesystems sind Anwendungschwierigkeiten seitens der Mitgliedstaaten zu erwarten, die mit dem Umgang des Gemeinschaftsrecht nicht vertraut sind. Dies gilt insbesondere für die Mitgliedstaaten, in denen bislang das Anmeldesystem praktiziert wurde und für die zehn Beitrittsstaaten[818], die, parallel zum Inkrafttreten der neuen Verordnung, am 1. Mai 2004 der Gemeinschaft beitreten werden. Diese Schwierigkeiten dürften jedoch mit den beschriebenen Mitteln kurzfristig abzustellen sein.

Das neue, dezentralisierte Verfahrensmodell sollte auch für andere Rechtsbereiche als Vorbild dienen, in denen die Mitgliedstaaten stärker in die Anwendung des Gemeinschaftsrechts eingebunden werden können und somit dem Europarecht zu einer breiteren Geltung und Akzeptanz verholfen werden kann.

---

816 Die 7. GWB-Novelle, die derzeit im Diskussionsprozess befindlich ist, passt das deutsche Kartellrecht über weite Strecken dem Gemeinschaftsrecht an. So soll das Legalausnahmeprinzip eingeführt und die Trennung zwischen vertikalen und horizontalen Absprachen aufgegeben werden, indem auch für horizontale Absprachen das Verbotsprinzip eingeführt werden soll. Über den aktuellen Stand der Diskussion des Reformprojektes informiert das Bundesministerium für Wirtschaft und Arbeit auf seinen Internetseiten unter: http://www.bmwa.bund.de/bmwa/Navigation/wirtschaft,did=6732.html (zuletzt aufgerufen am 20.07.2004).

817 Zu den Auswirkungen der VO 1/2003 auf die Reform des deutschen Kartellrechts siehe *Glöckner*, WRP 2003, 1327 (1333 ff.); *Koenigs*, DB 2003, 755 (757); *Schmidt*, BB 2003, 1237 (1243 f.); *Böge*, EWS 2003, 441 (444 ff.).

818 Estland, Lettland, Litauen, Polen, die Tschechische Republik, die Slowakei, Ungarn, Slowenien, Malta und Zypern werden am 1.5.2004 der Europäischen Union beitreten.

Abkürzungsverzeichnis

a. A.	andere Ansicht
a. E.	am Ende
a. F.	alte Fassung
ABl.	Amtsblatt der Europäischen Gemeinschaften
Abs.	Absatz
AG	Die Aktiengesellschaft
Art.	Artikel
BB	Betriebs Berater
Bd.	Band
BDA	Bundesvereinigung Deutscher Arbeitgeberverbände e.V.
BDI	Bundesverband der Deutschen Industrie e.V.
BGA	Bundesverband des Deutschen Groß- und Außenhandels e.V.
BGB	Bürgerliches Gesetzbuch
BGH	Bundesgerichtshof
BGHZ	Entscheidungen des Bundesgerichtshofs in Zivilsachen
BKartA	Bundeskartellamt
BT	Deutscher Bundestag
CDH	Centralvereinigung Deutscher Wirtschaftsverbände für Handelsvermittlung und Vertrieb e.V.
CMLRep	Common Market Law Reports
CMLRev.	Common Market Law Review
DB	Der Betrieb
ders.	derselbe
DIHT	Deutscher Industrie- und Handelstag
DStR	Deutsches Steuerrecht
DZWIR	Deutsche Zeitschrift für Wirtschafts- und Insolvenzrecht
E.C.L.R.	European Competition Law Review
EBLRev.	European Business Law Review
EBOR	European Business Organization Law Review
EC	European Community
EFTA	Europäische Freihandelszone
EG	Vertrag zur Gründung der Europäischen Gemeinschaft oder Europäische Gemeinschaft
EGKS	Vertrag über die Gründung der Europäischen Gemeinschaft für Kohle und Stahl
EGV	Vertrag zur Gründung der Europäischen Gemeinschaft vor Inkrafttreten des Vertrags von Amsterdam am 1.5.1999
ELRev.	European Law Review

endg.	endgültig
ERA	Europäische Rechtsakademie/Trier
EU	Europäische Union
EuG	Europäisches Gericht erster Instanz
EuGH	Europäischer Gerichtshof
EUI	European University Institute/Florenz
EuR	Europarecht
EUV	Vertrag über die Europäische Union
EuZW	Europäische Zeitung für Wirtschaftsrecht
EWR	Europäischer Wirtschaftsraum
EWS	Europäisches Wirtschafts- und Steuerrecht
f.	folgende Seite
FAZ	Frankfurter Allgemeine Zeitung
ff.	fortfolgende Seiten
FIW	Forschungsinstitut für Wirtschaftsverfassung und Wettbewerb e.V.
FK	Frankfurter Kommentar zum Kartellrecht
Fn.	Fußnote
FS	Festschrift
FTD	Financial Times Deutschland
FusKontrVO	Fusionskontrollverordnung
GATT	General Agreement on Tariffs and Trade / Welthandelsabkommen
GD IV	Generaldirektion IV (Generaldirektion Wettbewerb)
GRUR	Gewerblicher Rechtsschutz und Urheberrecht
GRUR-Vereinigung	Deutsche Vereinigung für gewerbliche Rechtsschutz und Urheberrecht e. V.
GVO	Gruppenfreistellungsverordnung
GWB	Gesetz gegen Wettbewerbsbeschränkungen
h. M.	herrschende Meinung
HDE	Hauptverband des Deutschen Einzelhandels e.V.
Hrsg.	Herausgeber
Hs.	Halbsatz
i. V. m.	in Verbindung mit
IP	Pressemitteilung der Kommission
J. O.	Journal Officiel
JuS	Juristische Schulung
JZ	Juristen Zeitung
KartR	Kartellrecht
KartVO	Kartellverordnung
KOM	Dokumente der Europäische Kommission
Kommission	Europäische Kommission

lit.	Buchstabe
MarkenG	Markengesetz
MEMO	Hintergrundinformation der Kommission
Monopolkommission	Monopolkommission der Bundesregierung
n. F.	neue Fassung
NJW	Neue Juristische Wochenschrift
NotVO	Notverordnung
Nr.	Nummer
OECD	Organization for Economic Cooperation and Development / Organisation für wirtschaftliche Zusammenarbeit und Entwicklung
ORDO	Jahrbuch für die Ordnung der Wirtschaft und Gesellschaft
Rat	Rat der Europäischen Union
RGBl.	Reichsgesetzblatt
RGZ	Entscheidungen des Reichsgerichts in Zivilsachen
RIW	Recht der Internationalen Wirtschaft
Rn.	Randnummer
Rs.	Rechtssache
S.	Seite oder Satz
s. o.	siehe oben
s. u.	siehe unten
SLC-Test	Substantial Lessening of Competition Test
Slg.	Sammlung der Rechtsprechung des EuGH (Teil I) und des EuG (Teil II)
SPEACH	Rede eines Mitglieds der Europäischen Kommission
StGB	Strafgesetzbuch
UWG	Gesetz gegen den Unlauteren Wettbewerb
v. d.	von der
VerwR	Verwaltungsrecht
VO	Verordnung
VO 1/2003	Verordnung (EG) Nr. 1/2003
VO 17/62	Verordnung (EWG) Nr. 17/62
VO-Entwurf	Verordnungsentwurf
Vol.	Volume
WBL	Wirtschaftsrechtliche Blätter
Wirtschaftsdienst	Wirtschaftsdienst – Zeitschrift für Wirtschaftspolitik
WM	Wertpapiermitteilungen
WRP	Wettbewerb in Recht und Praxis
WTO	World Trade Organization / Welthandelsorganisation
WuW	Wirtschaft und Wettbewerb
www	World Wide Web

ZGV	Zentralverband Gewerblicher Verbundgruppen e.V.
ZHR	Zeitschrift für das gesamte Handels- und Wirtschaftsrecht
ZPO	Zivilprozessordnung
ZWeR	Zeitschrift für Wettbewerbsrecht

Literaturverzeichnis

Ackermann, Brunhilde, Wettbewerbsrecht, Berlin Heidelberg 1997 (zitiert: *Ackermann*, UWG)

Ackermann, Thomas, Art. 85 Abs. 1 EGV und die rule of reason, FIW-Schriftenreihe Heft 172, Köln 1997 (zitiert: *Ackermann*, FIW-Schriftenreihe Heft 172)

Ackermann, Thomas, Die neuen EG-Wettbewerbsregeln für vertikale Beschränkungen, EuZW 1999, 741-746

App, Michael, Vorlage an den EuGH in deutschen Gerichtsverfahren, DZWIR 2002, 232-237

van Bael, Ivo, The Antitrust Settlement Practice of the EC Commission, CMLRev. 23 (1986), 61-90

Barnikel, Hans-Heinrich, Kartelle in Deutschland – Entwicklung, Theoretische Ansätze und Rechtliche Regelungen, in Barnikel (Hrsg.), Theorie und Praxis der Kartelle, S. 1-64, Darmstadt 1972

Bartmann, Jeannine, Verträge sollten überprüft werden, abrufbar unter: http://www.legamedia.net/dy/articles/article_14553.php (zuletzt aufgerufen am 20. Juli 2004)

Bartodziej, Peter, Reform der EG-Wettbewerbsaufsicht und Gemeinschaftsrecht, Wirtschaftsrecht und Wirtschaftspolitik, Band 135, Baden-Baden 1994

Bartosch, Andreas, Von der Freistellung zur Legalausnahme – was geschieht mit der Rechtssicherheit?, WuW 2000, 462-473

Bartosch, Andreas, Von der Freistellung zur Legalausnahme: Der Vorschlag der EG-Kommission für eine neue „Verordnung 17", EuZW 2001, 101-107

Bartosch, Andreas / *Nollau*, Anne-Kathrin, Die zweite Generalüberholung der europäischen Fusionskontrolle – das Grünbuch der Kommission vom 11.12.2001, EuZW 2002, 197-208

Baudenbacher, Carl, Die Rolle der nationalen Gerichte im modernisierten EU-Wettbewerbsrecht, WuW 2000, 1171

Bauer, Michael / *Bronett*, Georg-Klaus de, Die EU-Gruppenfreistellungsverordnung für vertikale Wettbewerbsbeschränkungen, WS-Skript 311, Köln 2001

Becher, Klaus F., Reform des Wettbewerbsrechts aus der Sicht der Industrie, in Schwarze (Hrsg.), Europäisches Wettbewerbsrecht im Wandel, S. 35-41, Baden-Baden 2001

Bechtold, Rainer, Vorrang und einheitliche Anwendung des Gemeinschaftskartellrechts, in Niederleithinger (Hrsg.), Festschrift für Otfried Lieberknecht, S. 251-261, München 1997 (zitiert: *Bechtold*, Lieberknecht-FS)

Bechtold, Rainer, Modernisierung des EG-Wettbewerbsrechts: Der Verordnungsentwurf der Kommission zur Umsetzung des Weißbuchs, BB 2000, 2425-2431

Bechtold, Rainer, EG-Gruppenfreistellungsverordnungen – eine Zwischenbilanz, EWS 2001, 49-55

Bechtold, Rainer, Neuere Entwicklungen auf dem Gebiet des Kartellrechts, in Schwarze (Hrsg.), Europäisches Wettbewerbsrecht im Zeichen der Globalisierung, S. 143-161, Baden-Baden 2002 (zitiert: *Bechtold*, in: Europäisches Wettbewerbsrecht im Zeichen der Globalisierung)

Bechtold, Rainer, Maßstäbe der „Selbstveranlagung" nach Art. 81 Abs. 3 EG, WuW 2003, 343

Berg, Werner / *Ostendorf*, Patrick, The Reform of EC Merger Control: Substance and Impact of the Proposed New Procedural Rules, E.C.L.R. 2003, 594-603

Berneke, Wilhelm, Die Anwendung des EG-Kartellrechts durch nationale Gerichte in Deutschland, in Perez van Kappel (Hrsg.), Die dezentrale Anwendung des EG-Kartellrechts, S. 69-75, Köln 2001

Bien, Florian, Systemwechsel im Europäischen Kartellrecht – Zum Entwurf der EU-Kommission für eine Verordnung zur Durchführung der Art. 81 und 82 EG-Vertrag, DB 2000, 2309-2314

Bogdandy, Armin von, Rechtsgleichheit, Rechtssicherheit und Subsidiarität im transnationalen Wirtschaftsrecht – Zur unmittelbaren Anwendbarkeit von Art. 81 III EG und des WTO-Rechts, EWS 2001, 357-365

Bogdandy, Armin von / *Buchhold*, Frank, Die Dezentralisierung der europäischen Wettbewerbskontrolle, Schritt 2 – Der Verordnungsvorschlag zur dezentralen Anwendung von Art. 81 III EG, GRUR 2001, 798-805

Böge, Ulf, Europäisches Kartellrecht: Modernisierung ja aber nicht um jeden Preis, EWS 2001, H 4 – „Die erste Seite"

Böge, Ulf, Das deutsche Kartellrecht in der europäischen Rechtsordnung, in FIW Schriftenreihe Heft 182: Zukunft der Wettbewerbsordnung und des Kartellrechts, S. 15-25, Köln Bonn Berlin München 2001 (zitiert: *Böge*, FIW-Schriftenreihe Heft 182)

Böge, Ulf, Konvergenz kartellrechtlicher Normen und deren Anwendung auf globale Sachverhalte, WuW 2001, 922-928

Böge, Ulf, Muss die EU zum SLC-Test wechseln?, WuW 2002, 825

Böge, Ulf, Bonus- und Kronzeugenregelungen in Deutschland und der EU, in Baudenbacher (Hrsg.), Neueste Entwicklungen im Europäischen und internationalen Kartellrecht, S. 149-163, Basel Genf München 2002 (zitiert: *Böge*, in: Internationales Kartellrechtsforum)

Böge, Ulf, The Bundeskartellamt and the Competition Authorities of the German Länder, abrufbar unter: http://www.iue.it/RSCAS/Research /Competition/2002/200207CompBoege1.pdf (zuletzt aufgerufen am 20. Juli 2004; der Vortrag wird bei Ehlermann/Atanasiu (Hrsg.), European Competition Law Annual 2002, Constructing the EU Network of Competition Authorities, veröffentlicht) (zitiert: *Böge*, EUI)

Böge, Ulf, Das Netzwerk der EU-Wettbewerbsbehörden nimmt Gestalt an: Anforderungen an das Bundeskartellamt und Änderungsbedarf im deutschen Kartellrecht, EWS 2003, 441-445

Böge, Ulf / *Scheidgen*, Anja, Das neue Netzwerk der Wettbewerbsbehörden in der Europäischen Union, EWS 2002, 201-205

Bornkamm, Joachim, Anwendung des EG Kartellrechts durch den nationalen Zivilrichter – Bemerkungen zu einer Bekanntmachung der EG – Kommission, in FIW-Schriftenreihe Heft 158: Schwerpunkte des Kartellrechts 1992/93, S. 51-62, Köln Berlin Bonn München 1994 (zitiert: *Bornkamm*, FIW-Schriftenreihe Heft 158)

Bornkamm, Joachim, Anwendung europäischen Kartellrechts durch die Gerichte und die Behörden der Mitgliedstaaten, in Schwarze (Hrsg.), Neuere Entwicklungen auf dem Gebiet des europäischen Wettbewerbsrechts, S. 47-57, Baden-Baden 1999 (zitiert: *Bornkamm*, in: Neuere Entwicklungen auf dem Gebiet des europäischen Wettbewerbsrechts)

Bornkamm, Joachim, Die Masterfoods-Entscheidung des EuGH, ZWeR 2003, 73- 86

Bourgeois, Jacques H., Consultations between National Competition Authorities and the European Commission in a Decentralized System of EC Comptetion Law Enforcement, abrufbar unter: http://www.iue.it/RSCAS/Research/Competition/2002/200207CompBourgeois.pdf (zuletzt aufgerufen am 20. Juli 2004; der Vortrag wird bei Ehlermann/Atanasiu (Hrsg.), European Competition Law Annual 2002, Constructing the EU Network of Competition Authorities, veröffentlicht)

Braakman, August J., Die Anwendung der Artikel 85 und 86 des EG-Vertrags durch die Gerichte der Mitgliedstaaten, Brüssel 1997, abrufbar unter: http://europa.eu.int/comm/competition/publications/art8586_de.pdf (zuletzt aufgerufen am 20. Juli 2004)

Brinker, Ingo, Die neue Gruppenfreistellungsverordnung für vertikale Wettbewerbsbeschränkungen, in Schwarze (Hrsg.), Europäische Wettbewerbspolitik im Wandel, S. 131-149, Baden-Baden 2001

Bronett, Georg-Klaus de, Das Beschwerderecht von Personen und Personenvereinigungen bezüglich der Anwendung der Art. 85 und 86 EG-Vertrag durch die Europäische Kommission, WuW 1997, 865-873

Bundeskartellamt, Neue Perspektiven für die dezentrale Anwendung des EG-Wettbewerbsrechts, WuW 1998, 1070-1071

Bundesregierung, Stellungnahme der Regierung der Bundesrepublik Deutschland zum Weißbuch der Europäischen Kommission über die Modernisierung der Vorschriften zur Anwendung der Artikel 81 und 82 EG, Baden-Baden 1999, abrufbar unter: http://www.monopolkommission.de/sg_28/bureg_d.htm (zuletzt aufgerufen am 20. Juli 2004)

Bundesverband der Deutschen Industrie e.V., Stellungnahme zum Weißbuch der Europäischen Kommission über die Modernisierung der Vorschriften zur Anwendung der Art. 81 und 82 EG-Vertrag, Köln 25. August 1999, (zitiert: *BDI*, Stellungnahmen 1999)

Bundesverband der Deutschen Industrie e.V., Stellungnahme „Zur Modernisierung des Europäischen Kartellrechts“, Berlin 19. Januar 2001 (zitiert: *BDI*, Stellungnahme 2001)

Bundesverband der Deutschen Industrie e.V. / Bundesvereinigung Deutscher Arbeitgeberverbände e.V., Prioritäten für eine wettbewerbsfähige Europäische Union – Handlungsempfehlungen für die Europapolitik der kommenden Jahre, Köln, 15. September 1999 (zitiert: *BDI/BDA*, Prioritäten für eine wettbewerbsfähige Europäische Union)

Bundesverband des Deutschen Groß- und Außenhandels e.V. / Centralvereinigung Deutscher Wirtschaftsverbände für Handelsvermittlung und Vertrieb e.V. / Hauptverband des Deutschen Einzelhandels e.V. / Zentralverband Gewerblicher Verbundgruppen e.V., Stellungnahme zum Weißbuch über die Modernisierung der Vorschriften zur Anwendung der Art. 81 und 82 EG-Vertrag, Bonn 25. August 1999 (zitiert: *BGA, CDH, HDE, ZGV*, Gemeinsame Stellungnahme)

Bunte, Hermann-Josef / *Sauter*, Herbert (Hrsg.), EG-Gruppenfreistellungsverordnungen, München 1988

Coenen, Achim, Rechtsfragen zur Anwendung von Gruppenfreistellungsverordnungen gem. Art. 85 Abs. 3 EGV, Münster Hamburg Köln 1999

Dauses, Manfred (Hrsg.), Handbuch des EG-Wirtschaftsrechts, Band 2, Loseblattsammlung, München Stand April 2003

Deringer, Arved, Bericht im Namen des Binnenmarktausschusses zu den Konsultationen des Europäischen Parlaments durch den Rat der Europäischen Gemeinschaften betreffend eine erste Durchführungsverordnung zu den Artikeln 85 und 86 des EWG-Vertrags, Dokument 57/1961 (zitiert: *Deringer*, Bericht)

Deringer, Arved, Das Wettbewerbsrecht der Europäischen Wirtschaftsgemeinschaft, WuW-Loseblattsammlung 1962-1967, Düsseldorf Frankfurt (zitiert: *Deringer*, EWG-Wettbewerbsrecht)

Deringer, Arved, Stellungnahme zum Weißbuch der Europäischen Kommission über die Modernisierung der Vorschriften zur Anwendung der Art. 85 und 86 EG-Vertrag (Art. 81 und 82 EG), EuZW 2000, 5-11

Deringer, Arved, Europäisches Parlament billigt Reform des Wettbewerbsverfahrens, EuZW 2001, 739-740

Deselaers, Wolfgang / *Obst*, Silke, Weißbuch zum Europäischen Kartellrecht – Rechtssicherheit ade?, EWS 2000, 41-46

Deutscher Industrie- und Handelstag, Stellungnahme des Deutschen Industrie- und Handelstags zum Weißbuch über die Modernisierung der Vorschriften zur Anwendung der Artikel 81 und 82 EGV, Bonn 20. August 1999 (zitiert: *DIHT*, Stellungnahme)

Dörr, Dieter / *Haus*, Florian C., Das Wettbewerbsrecht des EGV, JuS 2001, 313-319

Edward, David, Competition and the Law – Where are we going?, WuW 2001, 1185-1190

Ehlermann, Claus-Dieter, Ist die Verordnung Nr. 17 noch zeitgemäß?, WuW 1993, 997-1001

Ehlermann, Claus-Dieter, The Modernization of EC Antitrust Policy: A legal and cultural Revolution, CMLRev. 37 (2000), 537-590

Ehlermann, Claus-Dieter, Artikel 3 des Kommissionsvorschlags vom September 2000 – wohlbegründet!, WuW 2002, 231

Ehricke, Ulrich, Die Bindungswirkung von Negativattesten und Verwaltungsschreiben im Gemeinschaftsrecht, ZHR 158 (1994), 170-181

Eilmansberger, Thomas, Zum Vorschlag der Kommission für eine Reform des Kartellvollzugs, JZ 2001, 365-374

Eilmansberger, Thomas, Reform des Vollzugs von Art 81 EG-V und Rule of Reason, in Kramer (Hrsg.), Festschrift für Hans-Georg Koppensteiner, S. 317-349, Wien 2001

Emmerich, Volker, Anmerkungen zu der „neuen" Wettbewerbspolitik der Europäischen Kommission, WRP 2000, 858-862

Emmerich, Volker, Kartellrecht, 9. Auflage, München 2001 (zitiert: *Emmerich*, KartR)

Esser-Wellié, Michael, Die Anwendung der Artikel 85 und 86 EG-Vertrag durch nationale Gerichte, WuW 1995, 457-474

Evans, Jonathan, Bericht über den Vorschlag für eine Verordnung zur Durchführung der in den Artikeln 81 und 82 EG-Vertrag niedergelegten Wettbewerbsregeln und zur Änderung der Verordnungen (EWG) Nr. 1017/68, (EWG) Nr. 2988/74 und (EWG) Nr. 3975/87, A5-0229/2001 endgültig, abrufbar unter: http://europa.eu.int/prelex/detail_dossier_real.cfm?CL=de&DosId=158821 (zuletzt aufgerufen am 20. Juli 2004)

Feldkamp, Hans-Martin, Frankfurter Institut – Stiftung Markwirtschaft und Politik, Perspektiven des Europäischen Kartellrechts, S. 52-60, Frankfurt 1999

Fikentscher, Wolfgang, Das Unrecht einer Wettbewerbsbeschränkung: Kritik an Weißbuch und VO-Entwurf zu Art. 81, 82 EG-Vertrag, WuW 2001, 446-458

Fikentscher, Wolfgang / *Heinemann*, Andreas, Der „Draft International Antitrust Code“: Initiative für ein Weltkartellrecht im Rahmen des GATT, WuW 1994, 97-107

Fikentscher, Wolfgang / *Immenga*, Ulrich, Draft International Anitrust Code, Kommentierter Entwurf eines Internationalen Wettbewerbsrechts mit ergänzenden Beiträge, Baden-Baden 1995

Fingleton, John, The Distribution and Attribution of Cases Among the Members of the Network: The Perspective of the Commission/NCAs, abrufbar unter: http://www.iue.it/RSCAS/Research/Competition/2002/200207Comp Fingleton.pdf (zuletzt aufgerufen am 20. Juli 2004; der Vortrag wird bei Ehlermann/Atanasiu (Hrsg.), European Competition Law Annual 2002, Constructing the EU Network of Competition Authorities, veröffentlicht)

Frankfurter Kommentar zum Kartellrecht, herausgegeben von Helmut Glassen u. a., Band VI EG-Kartellrecht/Sachregister, Loseblattsammlung, Köln Stand Mai 2003 (zitiert: *Bearbeiter*, in: FK, Bd. VI)

Gäbelein, Wolfgang, Einheit der Wettbewerbsordnung im europäischen Binnenmarkt, in Beisse (Hrsg.), Festschrift für Karl Beusch, S. 267-286, Berlin New York 1993

Gauer, Céline, Does the Effectiveness of the EU-Network of Competition Authorities Require a Certain Degree of Harmonisation of National Procedures an Sanctions?, abrufbar unter: http://www.iue.it/RSCAS /Research/Competition/2002/200207CompGauer.pdf (zuletzt aufgerufen am 20. Juli 2004; der Vortrag wird bei Ehlermann/Atanasiu (Hrsg.), European Competition Law Annual 2002, Constructing the EU Network of Competition Authorities, veröffentlicht)

Gauer, Céline / *Dalheimer*, Dorothe / *Kjolbye*, Lars / *Smijter*, Eddy de, Regulation 1/2003: a modernised application of EC competition rules, Competition Policy Newsletter Number 1 Spring 2003, S. 3-8, abrufbar unter: http://europa.eu.int/comm/competition/publications/cpn/cpn2003_1.pdf (zuletzt aufgerufen am 20. Juli 2004)

Geiger, Andreas, Das Weißbuch der EG-Kommission zu Art. 81, 82 EG – eine Reform besser als ihr Ruf, EuZW 2000, 165-169

Geiger, Andreas, Die neuen Leitlinien der EG-Kommission zur Anwendbarkeit von Art. 81 EG auf Vereinbarung über horizontale Zusammenarbeit, EuZW 2000, 325-328

Geiger, Andreas, Anmerkung zum EuGH-Urteil vom 14.12.2000 (Masterfoods), EuZW 2001, 116-117

Geiger, Rudolf, EUV/EGV, 3. Auflage, München 2000 (zitiert: *Geiger*, EUV/EGV)

Gerber, David J., Modernising European Competition Law: A Developmental Perspective, E.C.L.R. 2001, 122-130

Gierschmann, Sibylle, Dezentralisierungsmöglichkeiten im EG-Kartellrecht, Frankfurt/M. Berlin Bern Brüssel New York Wien 1999

Gillessen, Benedikt, Lockerung des Freistellungsmonopols zugunsten der EU-Staaten, Berlin 1998

Giotakos, Dimitri / *Petit*, Laurent / *Garnier*, Gaelle / *De Luyck*, Peter, General Electric/Honeywell – An insight into the Commission's investigation and decision, Competition Policy Newsletter Number 3 October 2001, S. 5-13, abrufbar unter: http://europa.eu.int/comm/competition/publications/cpn/cpn2001_3.pdf (zuletzt aufgerufen am 20. Juli 2004)

Gleiss, Alfred / *Hirsch*, Martin, Kommentar zum EG-Kartellrecht, Band 1: Art. 85 und Gruppenfreistellungsverordnungen, 4. Auflage, Heidelberg 1993

Glöckner, Jochen, Alles bleibt so, wie es wird! – Die EG-Verordnung Nr. 1/2003, die geplante 7. GWB-Novelle und der kartellrechtliche Schutz gegenüber im Vertikalverhältnis bewirkten Wettbewerbsbeschränkungen, WRP 2003, 1327-1337

Gloy, Wolfgang / *Loschelder*, Michael, Eingabe zum Weißbuch über die Modernisierung der Vorschriften zur Anwendung der Art. 85 und 86 EG-Vertrag, GRUR 2000, 217-219

Gloy, Wolfgang / *Loschelder*, Michael, Stellungnahme der Deutschen Vereinigung für Gewerblichen Rechtsschutz und Urheberrecht zu den Entwürfen einer Verordnung zur Anwendung von Art. 81 EG-Vertrag, GRUR 2000, 779-781

Grabitz, Eberhard / *Hilf*, Meinhard (Hrsg.), Das Recht der Europäischen Union, Band 1, Loseblattsammlung, München Stand August 2002 (zitiert: *Bearbeiter*, in: Grabitz/Hilf Bd. 1)

Grabitz, Eberhard / *Hilf*, Meinhard / (Hrsg.), Das Recht der Europäischen Union, Band 2, Loseblattsammlung, München Stand August 2002 (zitiert: *Bearbeiter*, in: Grabitz/Hilf Bd. 2)

Grabitz, Eberhard / *Hilf*, Meinhard / (Hrsg.), Das Recht der Europäischen Union, Band 1 -alt- (früherer Titel: Kommentar zum EWG-Vertrag), Loseblattsammlung, München Stand 1999 (zitiert: *Bearbeiter*, in: Grabitz/Hilf Bd. 1 -alt-)

Groeben, Hans von der / *Thiesing*, Jochen / *Ehlermann*, Claus-Dieter (Hrsg.), Kommentar zum EU-/EG-Vertrag, Band 1, 5. Auflage, Baden-Baden 1997 (zitiert: *Bearbeiter*, in: v. d. Groeben/Thiesing/Ehlermann Bd. 1)

Groeben, Hans von der / *Thiesing*, Jochen / *Ehlermann*, Claus-Dieter / (Hrsg.), Kommentar zum EU-/EG-Vertrag, Band 2/I, 5. Auflage, Baden-Baden 1999 (zitiert: *Bearbeiter*, in: v. d. Groeben/Thiesing/Ehlermann Bd. 2/I)

Groeben, Hans von der / *Thiesing*, Jochen / *Ehlermann*, Claus-Dieter (Hrsg.), Kommentar zum EU-/EG-Vertrag, Band 2/I, 5. Auflage, Baden-Baden 1999 (zitiert: *Bearbeiter*, in: v. d. Groeben/Thiesing/Ehlermann Bd. 2/II)

Groeben, Hans von der / *Thiesing*, Jochen / *Ehlermann*, Claus-Dieter (Hrsg.), Kommentar zum EU-/EG-Vertrag, Band 4, 5. Auflage, Baden-Baden 1997 (zitiert: *Bearbeiter*, in: v. d. Groeben/Thiesing/Ehlermann Bd. 4)

Groeben, Hans von der / *Thiesing*, Jochen / *Ehlermann*, Claus-Dieter (Hrsg.), Kommentar zum EU-/EG-Vertrag, Band 5, 5. Auflage, Baden-Baden 1997 (zitiert: *Bearbeiter*, in: v. d. Groeben/Thiesing/Ehlermann Bd. 5)

Gröning, Jochem, Die Gefahr divergierender Entscheidungen bei dezentraler Anwendung des EG-Kartellrechts, WRP 2000, 882-886

Gröning, Jochem, Die dezentrale Anwendung des EG-Kartellrechts gemäß dem Vorschlag der Kommission zur Ersetzung der VO 17/62, WRP 2001, 83-89

Haager, Bernd Christian, Die neue Gruppenfreistellungsverordnung, DStR 2000, 387-390

Hamer, Jens, Die Rolle des nationalen Richters im Rahmen der Kartell-Durchführungsverordnung 1/2003/EG, EWS 2003, 415-419

Haus, Florian C., Entflechtung nach der KartellVO?, WuW 2001, 659-664

Hirsch, Günter, Anwendung der Kartellverfahrensordnung (EG) Nr. 1/2003 durch nationale Gerichte, ZWeR 2003, 233-254

Hoeing, Joachim, Das EU-Kartellrecht soll aufgewertet werden, Handelsblatt vom 25.10.2000

Hossenfelder, Silke / *Lutz*, Martin, Die neue Durchführungsverordnung zu den Artikeln 81 und 82 EG-Vertrag, WuW 2003, 118-129

Immenga, Ulrich / *Mestmäcker*, Ernst-Joachim (Hrsg.), EG-Wettbewerbsrecht, Band 1, München 1997 (zitiert: *Bearbeiter*, in: Immenga/Mestmäcker Bd. 1)

Immenga, Ulrich / *Mestmäcker*, Ernst-Joachim (Hrsg.), EG-Wettbewerbsrecht, Band 2, München 1997 (zitiert: *Bearbeiter*, in: Immenga/Mestmäcker Bd. 2)

Immenga, Ulrich / *Mestmäcker*, Ernst-Joachim (Hrsg.), GWB, 3. Auflage, München 2001 (zitiert: *Bearbeiter*, in: Immenga/Mestmäcker GWB)

Immenga, Ulrich, Eine Wende in der gemeinschaftsrechtlichen Kartellpolitik?, EuZW 1999, 609

Ingerl, Reinhard / *Rohnke*, Christian, Markengesetz, 2. Auflage, München 2003

Jaeger, Wolfgang, Die möglichen Auswirkungen einer Reform des EG-Wettbewerbsrechts für die nationalen Gerichte, WuW 2000, 1062-1073

Jaeger, Wolfgang, Die Auswirkung der neuen Durchführungsverordnung zu Art. 81 und 82 EG auf die Rechtsprechung der einzelstaatlichen Gerichte, abrufbar unter: http://fiw-online.de /archiv/FIW/veranstaltungen/ innsbruck/innsbruck_archiv_vortrag_jaeger_ 2003.pdf (zuletzt aufgerufen am 20. Juli 2004)

Jahn, Susanne, Bericht über das 1. Treffen des Arbeitskreises „Forum Kartellrecht“, abrufbar unter: http://www.jura.uni-duesseldorf.de/fakultaet/gewrs/Kartellrecht/Diskussionsbericht.htm (zuletzt aufgerufen am 20. Juli 2004)

Jones, Tim, Regulation 17: The Impact of the Current Application of Articles 81 and 82 by National Competition Authorities on the Commission's Proposals for Reform, E.C.L.R. 2001, 405-415

Kamann, Hans-Georg / *Bergmann*, Ellen, Die neue EG-Kartellverfahrensordnung – Auswirkungen auf die unternehmerische Vertragspraxis, BB 2003, 1743-1749

Kamann, Hans-Georg / *Horstkotte*, Christian, Kommission versus nationale Gerichte – Kooperation oder Konfrontation im Kartellverfahren, WuW 2001, 458-468

Kantzenbach, Erhard, Diskussionsbeitrag zu: Wettbewerbsrecht und Wettbewerbspolitik in der Europäischen Union, in Gerken (Hrsg.), Europa zwischen Ordnungswettbewerb und Harmonisierung, S.213-217, Berlin Heidelberg New York 1995

Kerber, Wolfgang, An International Multi-Level System of Competition Laws: Federalism and Antitrust, German Working Papers in Law and Economics, Volume 2003 Paper 13, abrufbar unter: http://www.bepress.com/cgi/viewcontent.cgi?article=1065&context=gwp (zuletzt aufgerufen am 20. Juli 2004)

Kist, Anne Willem, Frankfurter Institut – Stiftung Markwirtschaft und Politik, Perspektiven des Europäischen Kartellrechts, S. 41-46, Frankfurt 1999, (zitiert: *Kist*, in: Perspektiven des Europäischen Kartellrechts)

Kist, Anne Willem, Exchange of Information: Scope and Limits Seen from the Perspective of a National Competition Authorities, abrufbar unter: http://www.iue.it/RSCAS/Research/Competition/2002/200207CompKist.pdf (zuletzt aufgerufen am 20. Juli 2004; der Vortrag wird bei Ehlermann/Atanasiu (Hrsg.), European Competition Law Annual 2002, Constructing the EU Network of Competition Authorities, veröffentlicht), (zitiert: *Kist*, EUI)

Klocker, Peter, Fit machen für den Kurswechsel, WuW 2002, 1153

Koch, N., Das Verhältnis der Kartellvorschriften des EWG-Vertrages zum Gesetz gegen Wettbewerbsbeschränkungen, BB 1959, 241-248

Koenigs, Folkmar, Die VO Nr. 1/2003: Wende im EG-Kartellrecht, DB 2003, 755-759

Kögel, Rainer, Die Angleichung der deutschen an die europäische Fusionskontrolle, Baden-Baden 1996

Langen, Eugen / *Bunte*, Hermann-Josef (Hrsg.), Kommentar zum deutschen und europäischen Kartellrecht, Band 1, 9. Auflage, Neuwied Kriftel Berlin 2001 (zitiert: *Bearbeiter*, in: Langen/Bunte Bd. 1)

Lässig, Peter, Dezentrale Anwendung des europäischen Kartellrechts, FIW-Schriftenreihe Heft 170, München 1997

Lieb, Christopher, Die Anwendung der Art. 81 und 82 EGV durch das BKartA – Praxis, Probleme und Perspektiven, Erlangen 2001

Lohse, Andrea, Kartellverbot und Schirm-GVO, Heidelberg 2001

Maurer, Hartmut, Allgemeines Verwaltungsrecht, 13. Auflage, München 2000

Meibom, Wolfgang von / *Zinsmeister*, Ute, Verbesserung der europäischen Wettbewerbsverfahren, in FIW-Schriftenreihe Heft 153: Schwerpunkte des Kartellrechts 1991/92, S. 53-64, Köln 1993

Meibom, Wolfgang von / *Geiger*, Andreas, Ein Weltkartellrecht als ultima ratio, EuZW 2002, 261-266

Merker, Nils, Subsidiarität und Delegation – Anwendung des Art. 85 EGV und Artikel 86 EGV durch die nationalen Kartellbehörden, Problematik des Artikels 85 III EGV und der „comfort letters", Berlin 1997

Merz, Friedrich / *Glos*, Michael, Antrag der CDU/CSU Bundestagsfraktion „Für ein modernes Europa", BT-Drucksache 14/6634 vom 3.7.2001

Mestmäcker, Ernst-Joachim, Wettbewerbsrecht und Wettbewerbspolitik in der Europäischen Union, in Gerken (Hrsg.), Europa zwischen Ordnungswettbewerb und Harmonisierung, S.191-211, Berlin Heidelberg New York 1995

Mestmäcker, Ernst-Joachim, Versuch einer kartellpolitischen Wende in der EU – Zum Weißbuch der Kommission über die Modernisierung der Vorschriften zur Anwendung der Art. 85 und 86 EGV a. F. (Art. 81 und 82 EGV n. f.), EuZW 1999, 523-529

Mestmäcker, Ernst-Joachim, The EC Commission's Modernization of Competition Policy: a Challenge to the Community's Constitutional Order, EBOR 1 (2000), 401-444

Mestmäcker, Ernst-Joachim, Begrenzt abschreckend, WuW 2000, 682

Miert, Karel van, Wettbewerbspolitik und Zusammenarbeit zwischen den Kartellbehörden in der Europäischen Union, in Gerken (Hrsg.), Europa zwischen Ordnungswettbewerb und Harmonisierung, S.219-228, Berlin Heidelberg New York 1995

Miram, Frank, Die dezentrale Anwendung durch das Bundeskartellamt: Länderbericht Deutschland, in Perez van Kappel (Hrsg.), Die dezentrale Anwendung des EG-Kartellrechts, S. 17-23, Köln 2001

Monopolkommission der Bundesregierung, Kartellpolitische Wende der Europäischen Union? – zum Weißbuch der Kommission vom 28. April 1999, 28. Sondergutachten vom 16. September 1999, Baden-Baden 1999, abrufbar unter: http://www.monopolkommission.de/sg_28/text_d.htm (zuletzt aufgerufen am 20. Juli 2004), (zitiert: *Monopolkommission*, 28. Sondergutachten)

Monopolkommission der Bundesregierung, Folgeprobleme der europäischen Kartellverfahrensreform, 32. Sondergutachten vom 30. Oktober 2001, Baden-Baden 2002, abrufbar unter: http://monopolkommission.de/sg_32/text_s32_d.pdf (zuletzt aufgerufen am 20. Juli 2004), (zitiert: *Monopolkommission*, 32. Sondergutachten)

Montag, Frank, The case for a reform of Regulation 17/62, abrufbar unter: http://www.freshfields.com/practice/comptrade/publications/eu-reform17-62/en.asp (zuletzt aufgerufen am 20. Juli 2004)

Montag, Frank / *Rosenfeld*, Andreas, A Solution to the Problems? Regulation 1/2003 and the modernization of competition procedure, ZWeR 2003, 107-135

Monti, Mario, The Application of Community competition law by the national courts in a directly applicable exception system, ERA-Forum 2001/1, 3-6

Monti, Mario, European Competition Policy: Quo Vadis?, SPEACH/03/195, vom 10. April 2003, abrufbar unter: http://www.europa.eu.int /rapid/start/cgi/guesten.ksh?p_action.getfile=gf&doc=SPEECH/03/195|0|AGED&lg=EN&type=PDF (zuletzt aufgerufen am 20. Juli 2004)

Möschel, Wernhard, Subsidiaritätsprinzip und europäisches Kartellrecht, NJW 1995, 281-285

Möschel, Wernhard, Europäische Wettbewerbspolitik auf Abwegen, Wirtschaftsdienst 1999, 504-512

Möschel, Wernhard, Frankfurter Institut – Stiftung Markwirtschaft und Politik, Perspektiven des Europäischen Kartellrechts, S. 25-32, Frankfurt 1999, (zitiert: *Möschel*, in: Perspektiven des Europäischen Kartellrechts)

Möschel, Wernhard, Systemwechsel im Europäischen Wettbewerbsrecht?, JZ 2000, 61-67

Möschel, Wernhard, Defätismus gegenüber Brüssel?, WuW 2000, 951

Möschel, Wernhard, Gutachten des wissenschaftlichen Beirats beim Bundesministerium für Wirtschaft und Technologie vom 1.7.2000, WuW 2000, 1096-1101

Möschel, Wernhard, Guest Editorial: Change of Policy in European Competition Law?, CMLRev. 37 (2000), 495-499 (Deutsche Fassung in: Kramer (Hrsg.), Festschrift für Hans-Georg Koppensteiner, S. 473-479, Wien 2001)

Möschel, Wernhard, „Effizienter Wettbewerbsschutz in einer erweiterten Gemeinschaft durch Einbeziehung der nationalen Wettbewerbsbehörden und nationalen Gerichte?", WuW 2001, 147-148

Möschel, Wernhard, Ex ante-Kontrolle versus ex post-Kontrolle im Recht der Wettbewerbsbeschränkungen, ORDO 52 (2001), 63-73

Möschel, Wernhard, Die 7. GWB-Novelle ante portas, WuW 2003, 571

Mussler, Werner, Das abgeschliffene Kartellrecht – Zur 7. GWB-Novelle, FAZ vom 13.10.2003, S. 11

Odersky, Walter, Art. 85/86 EG-Vertrag und die nationalen Gerichte. Einige Bemerkungen aus der Sicht des Bundesgerichtshofes, in Immenga (Hrsg.), Festschrift für Ernst-Joachim Mestmäcker, S. 699-709, Baden-Baden 1976

Oppermann, Thomas, Europarecht, 2. Auflage, München 1999

Palandt, Otto, Bürgerliches Gesetzbuch, 63. Auflage, München 2004 (zitiert: *Palandt/Bearbeiter*, BGB)

Paulweber, Michael / *Kögel*, Rainer, Das europäische Wettbewerbsrecht am Scheideweg – Die Reformvorhaben der Kommission zur Modernisierung des europäischen Kartellverfahrensrechts in der Kritik, AG 1999, 500-515

Pérez van Kappel, Antonio, Auf dem Weg zu Anwendung von Art. 81 Abs. 3 EGV durch die nationalen Gerichte, EWS 20001, 228-233

Pernice, Ingolf, Diskussionsbeitrag zu: Abgrenzung der Funktionen und Zuständigkeiten zwischen den nationalen Kartellämtern und der Wettbewerbsbehörde der Europäischen Union, in Gerken (Hrsg.), Europa zwischen Ordnungswettbewerb und Harmonisierung, S. 245-252, Berlin Heidelberg New York 1995

Pohlmann, Petra, Kommentar: Die 7. GWB-Novelle: Eine neue Chance für die Europäisierung des GWB, WuW 2003, 1007

Polley, Romina, Das neue EG-Kartellrecht für Vereinbarungen über horizontale Zusammenarbeit, WRP 2001, S. 494-506

Polley, Romina / *Seeliger*, Daniela, Die neue Mitteilung der Europäischen Kommission über den Erlass und die Ermäßigung von Geldbußen in EG-Kartellsachen, EuZW 2002, 397-401

Pukall, Kirstin, Neue Gruppenfreistellungsverordnungen für Vertriebsbindungen, NJW 2000, 1375-1379

Rehbinder, Eckard, Der Vorrang des EG-Kartellrechts vor nationalem Kartellrecht bei Freistellungen: Dogmatische Konstruktion, Sachargumente und politische Interessen, in Immenga (Hrsg.), Festschrift für Ernst-Joachim Mestmäcker, S. 711-724, Baden-Baden 1976

Rittner, Fritz, Wettbewerbs- und Kartellrecht, 8. Auflage, Heidelberg 1999 (zitiert: *Rittner*)

Rittner, Fritz, Zurück zum Mißbrauchsprinzip im EG-Kartellrecht – Zum Weißbuch der EG-Kommission, DB 1999, 1485-1486.

Rittner, Fritz, Lage und Entwicklung des europäischen Wettbewerbsrechts – 10 Thesen mit kurzer Begründung, in Schwarze (Hrsg.), Neuere Entwicklungen auf dem Gebiet des europäischen Wettbewerbsrechts, S. 43-46, Baden-Baden 1999 (zitiert: *Rittner*, in: Neuere Entwicklungen auf dem Gebiet des europäischen Wettbewerbsrechts)

Rittner, Fritz, Kartellpolitik und Gewaltenteilung in der EG, EuZW 2000, 129

Rittner, Fritz, Diskussionsbeitrag – Wandel des Europäischen Wettbewerbsrechts, in Schwarze (Hrsg.), Europäisches Wettbewerbsrecht im Wandel, S. 43-45, Baden-Baden 2001 (zitiert: *Rittner*, in: Europäisches Wettbewerbsrecht im Wandel)

Schaub, Alexander, Frankfurter Institut – Stiftung Markwirtschaft und Politik, Perspektiven des Europäischen Kartellrechts, S. 15-24, Frankfurt 1999 (zitiert: *Schaub*, in: Perspektiven des Europäischen Kartellrechts)

Schaub, Alexander, Konvergenz kartellrechtlicher Normen und deren Anwendung auf globale Sachverhalte, WuW 2001, 928-933

Schaub, Alexander, Wandel der Europäischen Wettbewerbsrechts, in Schwarze (Hrsg.), Europäisches Wettbewerbsrecht im Wandel, S. 13-25, Baden-Baden 2001 (zitiert: *Schaub*, in: Europäisches Wettbewerbsrecht im Wandel)

Schaub, Alexander, The Commission´s Position within the Network, abrufbar unter: http://www.iue.it/RSCAS/Research/Competition/2002/200207 CompSchaub.pdf (zuletzt aufgerufen am 20. Juli 2004; der Vortrag wird bei Ehlermann/Atanasiu (Hrsg.), European Competition Law Annual 2002, Constructing the EU Network of Competition Authorities, veröffentlicht), (zitiert: *Schaub*, EUI)

Schaub, Alexander, Die Reform der Europäischen Wettbewerbspolitik, in Baudenbacher (Hrsg.), Neueste Entwicklungen im Europäischen und internationalen Kartellrecht, S. 1-15, Achtes St. Galler Internationales Kartellrechtsforum 2001, Basel Genf München 2002 (zitiert: *Schaub*, in: Internationales Kartellrechtsforum)

Schaub, Alexander / *Dohms*, Rüdiger, Das Weißbuch der Europäischen Kommission über die Modernisierung der Vorschriften zur Anwendung der Artikel 81 und 82 EG-Vertrag, WuW 1999, 1055-1070

Schlecht, Otto, Europäische Wettbewerbspolitik im Widerstreit zwischen Harmonisierung und Subsidiarität, in Immenga (Hrsg.), Festschrift für Ernst-Joachim Mestmäcker, S. 747-762, Baden-Baden 1996

Schmidt, Ingo, Weißbuch – Ein Weg für mehr Rechtssicherheit und effizienten Wettbewerbsschutz, WuW 2002, 3

Schmidt, Ingo, Kommentar: SLC- oder Marktbeherrschungstest als Eingreifkriterium in der Fusionskontrolle, WuW 2003, 115

Schmidt, Karsten, Kartellverfahrensrecht – Kartellverwaltungsrecht – Bürgerliches Recht, Köln Berlin Bonn München 1976

Schmidt, Karsten, Umdenken im Kartellverfahrensrecht!, Gedanken zur Europäischen VO Nr. 1/2003, BB 2003, 1237-1245

Schnelle, Ulrich, Wesentliche Änderungen in der Anwendung des EG-Kartellrechts durch die VO 1/2003, abrufbar unter: http://www.forumrecht.com/syndikus/briefings/eu/eu_023.htm (zuletzt aufgerufen am 20. Juli 2004), (zitiert: *Schnelle*, Änderungen durch VO 1/2003)

Schnelle, Ulrich, VO Nr. 1/2003 und die Kartellrechtliche Compliance von Verträgen, abrufbar unter: http://www.forumrecht.com/syndikus/briefings/eu/eu_024.htm (zuletzt aufgerufen am 20. Juli 2004), (zitiert: *Schnelle*, Compliance von Verträgen)

Scholz, Ulrich / *Haus*, Florian C., Geldbußen im EG-Kartellrecht und Einkommenssteuerrecht, EuZW 2002, 682-688

Schütz, Jörg, Zur Änderung der Kartellverfahrens gemäß Artikel 81 EGV, WuW 2000, 686-696

Schwarze, Jürgen, Die Auswirkungen des Vorrangs des Gemeinschaftsrechts auf das deutsche Kartell- und Wettbewerbsrecht, JZ 1996, 57-64

Schwarze, Jürgen (Hrsg.), EU-Kommentar, Baden-Baden 2000, (zitiert: *Bearbeiter*, in: Schwarze)

Schweitzer, Michael / *Selmayr*, Martin, Ermittlungsbefugnisse der EG-Kommission im Kartellverfahren, abrufbar unter: http://www.uni-passau.de/cep/Deutsch/Links/Daten/Skriptum_Kartellrechtsverfahren.pdf (zuletzt aufgerufen am 20. Juli 2004)

Schwenn, Dirk, Die Dezentralisierung der Wettbewerbskontrolle nach dem „Weißbuch“, RIW 2000, 179-182

Semmler, Franz-Jörg / *Bauer*, Michael, Die neue EU-Gruppenfreistellungsverordnung für vertikale Wettbewerbsbeschränkungen – Folgen für die Rechtspraxis, DB 2000, 193-200

Soergel, Hans Theodor (Hrsg.), Bürgerliches Gesetzbuch, Band 5/2, 12. Auflage, Stuttgart Berlin Köln 1999 (zitiert: *Bearbeiter*, in: Soergel, BGB, Bd. 5/2)

Stein, Friedrich / *Jonas*, Martin (Hrsg.), Zivilprozessordnung, Band 2, 21. Auflage, Tübingen 1994 (zitiert: *Bearbeiter*, in: Stein/Jonas, ZPO, Bd. 2)

Steindorff, Ernst, Aufgaben und Zuständigkeiten im europäischen Kartellverfahren, ZHR 162 (1998), 290-317

Stillfried, Georg / *Stockenhuber*, Peter, Der Entwurf einer neuen Verfahrensordnung zum EG-Kartellrecht, WBL 2001, 145-153

Stockmann, Kurt, Frankfurter Institut – Stiftung Markwirtschaft und Politik, Perspektiven des Europäischen Kartellrechts, S. 47-51, Frankfurt 1999

Streinz, Rudolf, Europarecht, 6. Auflage, Heidelberg 2003

Temple-Lang, John, Decentralised Application of Community Competition Law, in Rivas/Horspool (Hrsg.), Modernisation and Decentralisation of EC Competition Law, S. 13-29, The Hague London Boston 2000

Tesauro, Giuseppe, Modernisation and Decentralisation of EC Competition Law, in Rivas/Horspool (Hrsg.), Modernisation and Decentralisation of EC Competition Law, S. 1-12, The Hague London Boston 2000

Thomas, Heinz / *Putzo*, Hans, ZPO, 24. Auflage, München 2002

Thorup, Kirsten, Coherent application of article 81 (3) and the role of the European Court of Justice and the Commission, ERA-Forum 2001/1, 6-8

Topel, Julia, Kohärenz der dezentralen Anwendung im System paralleler Kompetenzen, Vortrag auf der Konferenz über die Reform des Europäischen Rechts am 9.-10.11.2001 in Freiburg, abrufbar unter: http://europa.eu.int/comm/competition/conferences/2000/freiburg/speeches/topel_de.pdf (zuletzt aufgerufen am 20. Juli 2004), (zitiert: *Topel*)

Topel, Julia, Dezentralisierte Anwendung des europäischen Kartellrechts – Diskussionsstand unter besonderer Berücksichtigung des Art. 3 VO-E, in Schwarze (Hrsg.), Europäisches Wettbewerbsrecht im Zeichen der Globalisierung, S. 155-161, Baden-Baden 2002 (zitiert: *Topel*, in: Europäisches Wettbewerbsrecht im Zeichen der Globalisierung)

Ullrich, Hanns, Das Recht des Wettbewerbsbeschränkungen des Gemeinsamen Marktes und die einzelstaatliche Zivilgerichtsbarkeit, Berlin 1971

Waelbroeck, Dennis, „Twelve feet all dangling down and six necks exceeding long“: The EU Network of Competition Authorities and The European Convention on Human Rights, abrufbar unter: http://www.iue.it/RSCAS/Research/Competition/2002/200207CompWaelbroeck.pdf (zuletzt aufgerufen am 20. Juli 2004; der Vortrag wird bei Ehlermann/Atanasiu (Hrsg.), European Competition Law Annual 2002, Constructing the EU Network of Competition Authorities, veröffentlicht)

Wagemann, Markus / *Pape*, Fabian, Kartellrechtspraxis und Kartellrechtsprechung 2001/02, RWS Skript 162, 17. Auflage, Köln 2002

Wagner, Achim, Der Systemwechsel im EG-Kartellrecht – Gruppenfreistellungen und Übergangsproblematik, WRP 2003, 1369-1389

Weinand, Armin, Das Weißbuch zur Modernisierung des Europäischen Kartellverfahrensrechts und seine Folgen für Schiedsverfahren, abrufbar unter: http://www.forumrecht.com/syndikus/briefings/eu/eu_007.htm (zuletzt aufgerufen am 20. Juli 2004)

Weitbrecht, Andreas, Die Entwicklung des Europäischen Kartellrechts in den Jahren 1998 und 1999, EuZW 2000, 496-503

Weitbrecht, Andreas, Das Vorgehen der Kommission gegen internationale Kartelle: Bußgeldpolitik und Kronzeugenregelung, in Schwarze (Hrsg.), Europäisches Wettbewerbsecht im Wandel, S. 151-160, Baden-Baden 2001

Weitbrecht, Andreas, Europäisches Kartellrecht 2000/2001, EuZW 2002, 581-589

Weitbrecht, Andreas, Das neue EG-Kartellverfahrensrecht, EuZW 2003, 69-73

Wesseling, Rein, The Modernisation of EC Antitrust Law, Oxford Portland/Oregon 2000

Weyer, Hartmut, Konkurrierende Anwendung des Art. 81 EGV durch Kommission und nationale Gerichte, WuW 2000, 842-852

Weyer, Hartmut, Nach der Reform: Gestaltung der Wettbewerbspolitik durch die Kommission? – Zur Anwendung des Art. 81 EGV durch Kommission, nationale Gerichte und EuGH in einem neuen System der gesetzlichen Ausnahme, ZHR 164 (2000), 611-637

Wiedemann, Gerhard (Hrsg.), Handbuch des Kartellrechts, München 1999 (zitiert: *Bearbeiter*, in: Wiedemann)

Wils, Wouter P.J., The Optimal Enforcement of EC Antitrust Law, The Hague London New York 2002

Winterfeld, Achim von, Neuere Entwicklungen bei der Vereinfachung und Beschleunigung von Kartellverwaltungsverfahren vor der EG-Kommission, RIW 1984, 929-934

Wogau, Karl von, Bericht über das Weißbuch der Kommission über die Modernisierung der Vorschriften zur Anwendung der Artikel 85 und 86 EG-Vertrag, – Ausschuss für Wirtschaft und Währung – Sitzungsdokument A5-0069/1999 endgültig, abrufbar unter: http://europa.eu.int/prelex /detail_dossier_real.cfm?CL=de&DosId=145297 (zuletzt aufgerufen am 20. Juli 2004), (zitiert: *von Wogau*, Bericht)

Wogau, Karl von, Reform des Wettbewerbsrechts aus der Sicht des Europäischen Parlaments, in Schwarze (Hrsg.), Europäisches Wettbewerbsrecht im Wandel, S. 27-34, Baden-Baden 2001 (zitiert: *von Wogau*, in: Europäisches Wettbewerbsrecht im Wandel)

Wolf, Dieter, Zusammenwirken von EG-Kommission und Bundeskartellamt, in FIW-Schriftenreihe Heft 153: Schwerpunkte des Kartellrechts 1991/92, S. 1-11, Köln 1993 (zitiert: *Wolf*, FIW-Schriftenreihe Heft 153)

Wolf, Dieter, Abgrenzung der Funktionen und Zuständigkeiten zwischen den nationalen Kartellämtern und der Wettbewerbsbehörde der Europäischen Union, in Gerken (Hrsg.), Europa zwischen Ordnungswettbewerb und Harmonisierung, S.237-243, Berlin Heidelberg New York 1995 (zitiert: *Wolf*, in: Europa zwischen Ordnungswettbewerb und Harmonisierung)

Wolf, Dieter, Erlaß einer Gruppenfreistellungsverordnung für vertikale Wettbewerbsbeschränkungen EuZW 1999, 641

Wolf, Dieter, Intensive Fahndung nach Kartellen, Handelsblatt Nr. 196 vom 11.10.1999, S. 6

Wolf, Dieter / *Fink*, Reinhard, Mit der Verordnung Nr. 17 ins nächste Jahrtausend?, WuW 1994, 289-293

Woll, Udo, Die Konvergenz der Kartellgesetze in Europa – Parallelen der Entwicklung der nationalen Wettbewerbsrechts im 20. Jahrhundert, Baden-Baden 2001

Zinsmeister, Ute, Die Anwendung der Artikel 85 und 86 EG-Vertrag durch die nationalen Behörden, WuW 1997, 5-14

Zinsmeister, Ute, Die dezentrale Anwendung des EG-Wettbewerbsrechts durch die nationalen Kartellbehörden in der Praxis, WuW 1999, 115-120

Zinsmeister, Ute, Probleme der dezentralisierten Anwendung des EG-Kartellrechts, in Schwarze (Hrsg.), Europäisches Wettbewerbsrecht im Zeichen der Globalisierung, S. 163-174, Baden-Baden 2002 (zitiert: *Zinsmeister*, in: Europäisches Wettbewerbsrecht im Zeichen der Globalisierung)

Zinsmeister, Ute / *Lienemeyer*, Max, Die Verfahrensrechtlichen Probleme bei der dezentralen Anwendung des europäischen Kartellrechts, WuW 2002, 331-340

Zöller, Richard, Zivilprozessordnung, 23. Auflage, Köln 2002, (zitiert: *Zöller/Bearbeiter*, ZPO)

Zuber, Andreas, Die EG-Kommission als amicus curiae, FIW-Schriftenreihe Heft 185, Köln 2001

Kölner Schriften zu Recht und Staat

Herausgegeben von
Hartmut Schiedermair und Bernhard Kempen

Band 1 Bernhard Kempen: Die deutsch-polnische Grenze nach der Friedensregelung des Zwei-plus-Vier-Vertrages. 1997.

Band 2 Hans-Georg Maaßen: Die Rechtsstellung des Asylbewerbers im Völkerrecht. Überlegungen zu den völkerrechtlichen Rahmenbedingungen einer europäischen Asylrechtsharmonisierung. 1997.

Band 3 Udo Fink: Kollektive Friedenssicherung. Kapitel VII UN-Charta in der Praxis des Sicherheitsrats der Vereinten Nationen. 1999.

Band 4 Stephan Grigolli: Sprachliche Minderheiten in Italien, insbesondere Südtirol, und in Europa. Der Gebrauch der Sprache vor Behörden und Gerichten und die Vergabe öffentlicher Stellen. 1997.

Band 5 Uta Stoy-Schnell: Das Bundesverfassungsgericht und die Corte costituzionale. Ein Vergleich der Verfassungsgerichtsbarkeiten in Deutschland und Italien. 1998.

Band 6 Christian Hillgruber: Die Aufnahme neuer Staaten in die Völkerrechtsgemeinschaft. Das völkerrechtliche Institut der Anerkennung von Neustaaten in der Praxis des 19. und 20. Jahrhunderts. 1998.

Band 7 Jochen Seitz: Planungshoheit und Grundeigentum. Die verfassungsrechtlichen Schranken der städtebaulichen Entwicklungsmaßnahmen. 1999.

Band 8 Jochen Herbst: Rechtskontrolle des UN-Sicherheitsrates. 1999.

Band 9 Kristin Möller: Die Beschaffung naturschutzrechtlicher Ausgleichsflächen im Baurecht. 1999.

Band 10 Klaus Löffelbein: Genehmigungsfreies Bauen und Nachbarrechtsschutz. Die baurechtlichen Anzeige- und Freistellungsverfahren der Länder aus nachbarlicher Sicht. 2000.

Band 11 Patrick Mittmann: Die Rechtsfortbildung durch den Gerichtshof der Europäischen Gemeinschaften und die Rechtsstellung der Mitgliedstaaten der Europäischen Union. 2000.

Band 12 Martin R. Albus: Zur Notwendigkeit eines Internationalen Umweltgerichtshofs. Zugleich eine Analyse der Staatenpraxis zum Internationalen Umwelthaftungsrecht und der Rechtsschutzmöglichkeiten bei grenzüberschreitenden Umweltbeeinträchtigungen. 2000.

Band 13 Irene Baur: Die Haftung der Europäischen Zentralbank. 2001.

Band 14 Tobias R. Ehlen: Zentralisierungsmöglichkeiten der deutschen Börsenaufsicht. 2003.

Band 15 Ulrich Steiner: Wertsicherungsklauseln. Zur Europarechtskonformität des neuen § 2 PaPkG. 2003.

Band 16 Stephanie Vogel: Der Prüfungsumfang des Bundesverfassungsgerichts bei Verfassungsbeschwerden am Beispiel der Kunstfreiheitsrechtsprechung. 2004.

Band 17 Thomas Schmidt: Deutsche Hochschulräte. Begriff, Darstellung und rechtliche Analyse. 2004.

Band 18 Kirsten Schmalenbach: Die Haftung Internationaler Organisationen im Rahmen von Militäreinsätzen und Territorialverwaltungen. 2004.

Band 19 Gunter Warg: Von Verteidigung zu kollektiver Sicherheit. Der Nato-Vertrag *auf Rädern*. 2004.

Band 20 Bernhard Kempen / Yvonne Dorf: Bodenreform 1945–1949. Eine verfassungsrechtliche Neubewertung. 2004.

Band 21 Jeanette Nolte: Die völkerrechtliche Vertragspraxis der EG und die Haftung der Mitgliedstaaten am Beispiel der Fischereipolitik. 2004.

Band 22 Rüdiger Schmid-Kühnhöfer: Die Staatlichkeit von Beihilfen. Mittel- und Transferzurechnung nach Art. 87 Abs. 1 EG-Vertrag. 2004.

Band 23 Florian Schöler: Die Reform des Europäischen Kartellverfahrensrechts durch die Verordnung (EG) Nr. 1/2003. 2004.

www.peterlang.de

MIX
Papier | Fördert gute Waldnutzung
FSC® C083411

Kolibri 360 GmbH
Ferdinand-Jühlke-Straße 7
99095 Erfurt, Deutschland
produktsicherheit@kolibri360.de

Druck:
CPI Druckdienstleistungen GmbH
im Auftrag der
Kolibri 360 GmbH
Ferdinand-Jühlke-Str. 7
99095 Erfurt